Circus
Albert
Carré

CIRCUS BUSCH 1806 DAS HISTORISCHE MANEGE-SCHAUSTÜCK 6 BILDER AUS DEUTSCHLANDS TIEFSTER NOT

BEGEGNUNG DER KÖNIGIN LUISE MIT NAPOLEON IN TILSIT

Sylke Kirschnick

MANEGE FREI!

DIE KULTURGESCHICHTE
DES ZIRKUS

THEISS

INHALTSVERZEICHNIS

Die Angaben zu den Abbildungen der Kapitelauftaktseiten finden Sie auf Seite 199.

Antonet im charakteris-
tischen Weißclownkostüm,
um 1908/10.

PROLOG: ZIRKUS-VORSTELLUNGEN

Italien, Sommer 1970: „Meine Damen und Herren, traurige Neuigkeiten liegen in der Luft. Misjö August, der Clown, hat sich davongemacht, ist abgereist, ist … tot." Keine erheiternde Botschaft, gewiss. Zumal die gespielte Leichenbittermiene des Weißclowns, der sie verkündet, nicht dem leisesten Zweifel die kleinste Chance lässt. Mit dem Clown, ach was, mit dem Zirkus war es, glaubte man Federico Fellinis Fernsehreportage, endgültig vorbei. Ein Jammer! Bei Fellini hatten die Pariser Taxifahrer Besseres zu tun, als in den Zirkus zu gehen, und das wunderschöne Gebäude des ehrwürdigen CIRQUE MEDRANO, wo man einst stürmisch die Fratellinis und den Schweizer Clown Grock beklatschte, beherbergte eine Bierhalle. Wenige Jahre darauf riss man es ab. Von den vielen imposanten Palästen der alten Zirkusmetropole Paris steht heute nur noch der CIRQUE D'HIVER. Ja, sie waren betrüblich, diese Nachrichten. Aber besaßen sie wirklich Neuigkeitswert?

Gegen Ende des 18. Jahrhunderts in London entstanden, im 19. fest im europäischen Großstadtleben verankert, machte sich der Zirkus im 20. Jahrhundert vor allem durch die Ankündigung seines Verschwindens bemerkbar. Wie jemand, der beim Heurigen am Tresen einen ganzen Abend lang Fluchtachterl bestellt, aber nach jedem ‚letzten Glas' stets bleibt. Zuverlässig dreht in Abstän- den die Rede vom „Zirkussterben" ihre Runde. Sie betrifft vor allem die Fülle Konkurs anmeldender kleinerer und mittlerer Unternehmen, wird aber gern als unwiderruflicher Abgesang auf ein Medium genommen, das doch bloß seine Blütezeit

längst hinter sich hat. Dem Zirkus ergeht es nicht anders als dem modernen Roman. In Abständen erklärt man sein Aus. Es ist verlockend, die Geschichte des Mediums als eine seiner zahllosen Todeserklärungen zu erzählen. Man müsste schauen, wann sie sich erstmals häuften, wer sie wo und warum verbreitete und wieso sie sich immer wieder so hartnäckig widerlegten. Vielleicht würde man feststellen, dass gar nicht der Zirkus stirbt, sondern bloß sein co-abhängiger Diagnostiker am Tresen, der immerzu fortwill, aber nie geht, seinen Aufenthalt über Gebühr ausdehnt.

Was ist Zirkus?

Zirkus ist die verräumlichte Beziehung zwischen Mensch und Tier, ihre forcierte Nähe und An-Ähnelung. Es waren die Kunstreiter mit ihrer Akrobatik zu Pferde, die der Manege ihr Gepräge gaben. Stets beträgt deren Durchmesser dreizehn Meter. Dies gestattet die gleichmäßige, dem Zentrum zugeneigte, kreisende Bewegung des Pferdes; sie erlaubt den Kunstreitern, sich auf dem Pferderücken im Gleichgewicht zu halten. Immer wird die Manege von einer Barriere begrenzt, die zumeist über zwei Öffnungen, einen Ein- und einen Ausgang, verfügt. Sie verhindert, dass das Pferd „abbiegt", und ist seit der zweiten Hälfte des 19. Jahrhunderts oft so beschaffen, dass es darauf laufen oder zur Begrüßung des Publikums die Vorderhufe aufsetzen kann.

Der Cirque d'Hiver in Paris um 1905. Zu dieser Zeit
beherbergte das Gebäude ein Kino.

Im Zirkus beziehen sich die Nummern und Akteure
aufeinander. Es waren die Clowns, die zuerst die
Kunstreiter, später die Akrobaten, Seiltänzer, Haus-
und Raubtierdompteure parodierten. Es sind die Akrobaten, die sich biegsam und wendig wie Schlangen
bewegen oder wie Vögel durch die Luft fliegen. Es waren die Pantomimen, die das Zusammenspiel von
Pferd, Löwe, Tiger, Schlange und Mensch inszenierten.
Und es waren *last not least* die Tiere, die vermensch-
licht wurden, rechneten, buchstabierten, Kanonen
abfeuerten, Tee tranken, seiltanzten, Rad fuhren und

auf Pferden ritten. Im Zirkus ahmen alle einander
nach: die Menschen die Tiere und die Tiere die Menschen, die Tiere aber auch andere Tiere und die Menschen andere Menschen. Einerseits suggerieren die
Tricks, dass selbst Tiere das Alphabet und die Grund-
rechenarten beherrschen, andererseits erweist sich
der Clown als unbelehrbar und erziehungsresistent.
Während er seinem Sadismus und seinen Unartigkei-
ten freien Lauf lässt, sieht man die gefährlichen Wildtiere folgsam und brav wie wohlerzogene Kinder.
Immer wieder steht mit der inszenierten Ähnlichkeit

von Mensch und Tier auch die alte aufklärerische Frage im Raum, was der Mensch sei.

„Was für Menschen, diese Artisten! Aber sind es denn welche?", fragt sich bei Thomas Mann der Zirkusbesucher Felix Krull. Um in der Moderne als Mensch angesehen zu werden, muss man ein bestimmtes Geschlecht haben, sich wenigstens zeitweise als vernunftbegabt erweisen und sich altersgemäß verhalten. Auf all das pfeifen die Clowns. Aber auch die verwegenen Salto-mortale- und Twistsalto-Reiter, „fliegenden Menschen" und Sensationsartisten. Abend für Abend riskieren sie für ein bisschen Geld und ein wenig Applaus ihr Leben. Denn „mit dem Tode, dem Genickbruch", so Felix Krull, „spielen sie alle". So wohl kalkuliert und auf die Viertelsekunde berechnet auch jede Bewegung ist, sie kann jederzeit fehlschlagen. Um als Mensch zu gelten, muss man zudem über einen Namen, über Sprache und bestimmte Fähigkeiten verfügen. Vieles, wozu Menschen imstande sind, können im Zirkus aber auch die Tiere. Im Rund der Manege verlieren die klaren Grenzlinien zwischen Mensch und Tier ihre Geltung.

Zirkus ist dabei zugleich ein Ort der Widersprüche. Er zeigt die Ökonomisierung körperlicher Leistungsfähigkeit und eine ins Extrem gesteigerte Verschwendungs- und Risikobereitschaft. In ihm kann man die Techniken der Disziplinierung und ihr Fehlgehen verfolgen, die Fortschrittsutopien der Erziehbarkeit von Mensch und Tier bestaunen und sehen, wie sie die Clowns entspannt unterlaufen. All diese Grenzbereiche zu beschreiten und zu besiedeln, ist Besonderheit wie Vorrecht des zirzensischen Raums. Für die Dauer einer Vorstellung an einem dafür vorgesehenen Ort werden die Regeln menschlichen und tierischen Verhaltens spielerisch außer Kraft gesetzt.

Zirkusse entstehen und vergehen

Zwei Jahrhunderte lang entstanden immer wieder Zirkusunternehmen, prosperierten eine Weile und wurden aufgelöst, sobald es sich nicht mehr rechnete. Joseph Halperson, bekannter Liebhaber und begnadeter Kenner des Metiers, datierte das erste große Zirkussterben auf die Zeit um 1900 und das zweite auf

die Jahre unmittelbar nach dem Ersten Weltkrieg. Gerade einmal ein Zehntel der bestehenden Unternehmen hat die wirtschaftlich, politisch und sozial hoch angespannten Nachkriegsjahre überstanden. Gut über die Runden kam damals nur, wer, wie Halperson schrieb, in die „‚valutastarken' nordischen Länder" auswich. Die Wirtschaftskrise machte allen deutschen Zirkusunternehmern zu schaffen; waren sie jüdischer Herkunft, belastete sie zudem eine sich immer aggressiver gebärdende antisemitische Propaganda. Zur Zeit der NS-Diktatur wurde die alte, traditionsreiche und weitverzweigte deutsch-jüdische Zirkusfamilie Blumenfeld fast vollständig vernichtet. Ein Teil der Familie Strassburger, die ebenfalls Zirkusgeschichte schrieb, wurde ermordet, ein anderer überlebte im Versteck.

Für viele nichtjüdische deutsche Zirkusunternehmen entspannte sich die Situation in der zweiten Hälfte der 1930er-Jahre. Es hat sogar erfolgreiche Neugründungen wie den CIRCUS BARLAY gegeben. Nicht wenige Artisten zeigten sich von den Nationalsozialisten begeistert und bewiesen einen gehörigen Mangel an Abstand. Grock zum Beispiel folgte den persönlichen Einladungen der NS-Führungsspitze. Erst in seinen Memoiren distanzierte er sich. Und Charlie Rivel war ein aufrichtiger Bewunderer Adolf Hitlers. Fast alle Direktoren der mittleren und großen Unternehmen traten zum Teil vor, zum Teil nach 1933 der NSDAP bei. Manche aus Überzeugung wie die Brumbachs, Carl Krone und der junge Sarrasani, andere wie Paula Busch aus Opportunismus. Je nach Grad ihrer NS-Verstrickung wurden einige von ihnen nach 1945 vorübergehend enteignet.

Rasch entstanden nach dem Zweiten Weltkrieg in West wie Ost neue, zum Teil ausgesprochen erfolgreiche Unternehmen, etwa der CIRCUS WILLIAMS oder der CIRCUS PROBST. Andererseits kam es zu einer Reihe bedauerlicher Konkurse; auch traditionsreiche Unternehmen lösten sich auf. Dazu trug neben dem fortgesetzten Medienwandel auch das Bestreben bei, sich gegenseitig „an die Wand zu spielen". Paula Busch steckte 1961 auf, zwei Jahre später die Strassburgers in den Niederlanden. Auch die Williams mussten 1968 aufgeben; das Ensemble verabschiedete sich in die Vereinigten Staaten.

Dennoch erfuhr das Medium beachtlichen Zuspruch. Neben den von den DDR-Behörden nicht selten heftig bekämpften Privatzirkussen hatten sich in Ostdeutschland die staatseigenen Unternehmen AEROS, BEROLINA und ein neuer ZIRKUS BUSCH etabliert. Im Westen spielten neben KRONE die verschiedenen Unternehmen der Althoffs. Es gab Hagenbeck, Busch-Roland und Barum-Siemoneit. Auch Fritz Mey hatte mit seinem 1956 gegründeten neuen CIRCUS SARRASANI beachtlichen Erfolg. Um das historische Unternehmen handelte es sich jedoch nicht; Mey hatte, was in der Zirkusbranche nicht unüblich war, den Namen erworben und mit ihm den Nimbus. Neues Prestige verlieh dem Medium in den 1980er-Jahren dann Bernhard Paul mit seinem CIRCUS RONCALLI.

Keineswegs befand sich also der Zirkus seit 1900 im unausgesetzten Niedergang. Eher ähnelte sein beharrliches Fortleben einer Achterbahn mit verlässlichem Auf und Ab.

„En lumpjet Kind is frei!" – Wie erzählt man Zirkusgeschichte?

Wollte man Zirkusgeschichte als Geschichte berühmter Zirkusfamilien schreiben, wäre man rasch am Ende. Das hundertjährige Jubiläum, das der Münchner CIRCUS KRONE im Jahre 2005 feierte, ist eine Ausnahme, nicht die Regel. Nur die Knies in der Schweiz sind genauso renommiert wie die Krones und sogar noch etwas älter; diese beiden Familien sind die einzigen Eigentümer von Großzirkussen, die sich über mehrere Generationen zu halten vermochten. Renz und Busch gingen in der zweiten Generation Bankrott. Und Albert Schumann, der das Dreigestirn großer deutscher Zirkusunternehmer vor 1900 komplettierte, hatte sich 1918 ebenso wohl situiert wie weise vorausschauend zur Ruhe gesetzt. Gleichfalls nur auf zwei Generationen hat es der historische Sarrasani gebracht. Die Rede von den Zirkusdynastien ist, wie so vieles am Medium, bloß Aufschneiderei. Auf eine ‚Dynastie' im Sinne einer langen Generationenfolge konnten nur eine Handvoll mittlerer Unternehmen und Artistenfamilien wie die Althoffs zurückblicken. Auch den Blumenfelds und den Strassburgers wäre dies, hätte es die NS-Diktatur und den Holocaust nicht gegeben, vermutlich geglückt.

Wer heute über den historischen deutschen Zirkus schreibt, betritt kein Neuland. Neben einer Fülle von Memoiren, Chroniken, Monografien einzelner Unternehmen und Arbeiten zu bestimmten Aspekten gibt es auch zwei Werke im Rang von Klassikern. Joseph Halperson, ein jüdischer Publizist aus Wien, legte 1926 mit seinem *Buch vom Zirkus* die erste historisch umfassende Darstellung des Mediums in deutscher Sprache vor. Anders als Halperson erhob Jewgeni Kusnezow, ein Petersburger Publizist, in seiner Zirkusgeschichte einen wissenschaftlichen Anspruch. *Der Zirkus der Welt* von 1931 – im russischen Original einfach *Zirk* – beginnt mit Definitionen und Erläuterungen. Zirkus sei, so lautet seine seither viel zitierte, etwas lexikalisch anmutende Formel, „eine Einheit der Vielfalt". Sie verknüpfe „Darbietungen, die sich in Entstehung, Form, Charakter und Inhalt unterscheiden, zu einem Ganzen". In der Tradition der alten Zirkuschronisten stehen auch Gisela und Dietmar Winkler, Ernst Günther, Klaus-Dieter Kürschner und die polnische Theaterwissenschaftlerin Janina Hera.

Leicht ließe sich Zirkusgeschichte als eine der Verluste und des Verfalls erzählen. Sie würde damit beginnen, dass sich der moderne Zirkus seit dem letzten Drittel des achtzehnten Jahrhunderts, als ihn Philip Astley in London mit Pferdedressuren, Kunstreitern, Clownerien, Akrobatik und Pantomimen kreierte, unausgesetzt verändert hat. Schon der alte Renz sah die Zirkuskunst gelegentlich dem Grab entgegengehen: Als die Wasserpantomimen aufkamen, soll er wegen der unsäglichen „Plantschereien" in der Manege furchtbar gegrollt haben. Fragt man Ältere, einstige Zirkusartisten oder in die Jahre gekommene Zuschauer, vermissen sie am heutigen Zirkus die alte Ausstrahlungskraft. Vor allem aber seinen typischen Geruch, das besondere Aroma aus Schminke, Körpermühen und Tierdunst. Heute riecht Zirkus hauptsächlich nach Gummi und Plastik; er wirkt immer ein wenig antiseptisch.

Ebenso mühelos ließe sich Zirkusgeschichte als Katastrophengeschichte erzählen. Feuer, Wasser und Sturm spielten vielen Unternehmen übel mit. Dann die verunglückten Zirkusartisten! Berühmtheiten wie der Jockeyreiter Hubert Cooke oder die Parforcereiterin Miss Zephora starben beim Sturz vom Pferd auf die Manegenbarriere; die erst 25-jährige Emilie Loisset

Ein Elefantendompteur des Circus Holzmüller gibt
in Berlin ein Interview, 1952.

aus der gleichnamigen Schul- und Kunstreiterfamilie kam bei Franconi in Paris so unglücklich unter ihrem sich überschlagenden Pferd zu liegen, dass sie ihren inneren Verletzungen erlag. Noch gefährdeter waren Hochseilartisten, Trampolinspringer und Trapezkünstler. Und wie viele Wildtierdompteure wurden angegriffen, verletzt, totgebissen oder zerfleischt! Ganz zu schweigen von den Sensationsartisten, die einander durch immer riskantere Aktionen auszustechen suchten. Als die Bühnen- und Manegentechnik aufwändiger wurde und die Zahl der an den Pantomimen Mitwirkenden in die Hunderte ging, traf es manchmal auch die Bühnenarbeiter und Statisten. Rechtlich, sozial und für den Krankheitsfall abgesichert waren Artisten bis zur zweiten Hälfte des 20. Jahrhunderts entweder gar nicht oder aber notorisch schlecht. Zur Katastrophengeschichte gehört auch das Leiden der Tiere. Schnelldressur, die im 19. Jahrhundert vorherrschte, war und ist immer Gewaltdressur. Selten konnten die neben den Artisten wichtigsten Manegenakteure in den damals viel zu engen Stallungen ein tiergerechtes Leben führen. Häufig wurden sie dazu noch falsch ernährt oder starben an Krankheiten.

Am bequemsten schriebe sich Zirkusgeschichte als knallbunte Faszinationsgeschichte mit Gelächter, Nervenkitzel und Exotik. Alles im rasenden Wechsel: Exakt ausgeführte Akrobatik in einer kreisrunden Manege, souverän beherrschte Gefahren, pfeilschnell durch die Luft fliegende Menschen, elegant tänzelnde Pferde, reitende Löwen und Rad fahrende Elefanten, gelehrte Affen und Esel, die schreiben und rechnen können, Possen reißende Clowns, die immer ein Hauch Melancholie umweht. Ein bisschen Südsee und ein wenig Orient, ein Hauch Afrika, Asien oder Wildwest. Dazu das immer etwas schräg klingende Geschmetter des Zirkusorchesters. Ja, Zirkus war einmal ein atemberaubendes Spektakel, viel Glamour, Talmi, Tand und echtes Wagnis, gekrönt von einer einzigen langen Tonreihe klangvoller Namen wie Renz, Hinné, Carré und Salamonsky, Schumann, Krembser und Busch, Knie, Hagenbeck, Krone und Sarrasani, Althoff, Strassburger und Blumenfeld. Erfolgsgeschichten schrieben sie alle einmal. Naturgemäß fiel ihr Ruhm dabei nicht vom Himmel. Aber ebenso wenig hatten allein sie das Heft in der Hand. Ohne den Bevölkerungszuwachs, den die Industrialisierung der Residenzstadt

Berlin bescherte, hätte Ernst Jakob Renz seinen Zirkus in der jährlichen Wintersaison nicht füllen können; er wäre kaum imstande gewesen, die europäische Zirkuskunst zu beeinflussen.

Und wie schaut es mit der noch immer beliebten Ursprungs- und Entwicklungsgeschichte aus? Jegliches hat es seit Menschengedenken gegeben, glaubt man der anrührenden Darstellung Joseph Halpersons. „Ein authentischer Nachweis über die erste Ausführung eines Doppelsalto mortales zu Pferd in einem europäischen Zirkus ist nicht zu erbringen", lautet einer seiner typischen Befunde. Das zeigt, dass der erste und letzte Anfang im Grunde eine Chimäre und bar jeder Gewissheit ist.

Zuletzt könnte man der Versuchung erliegen, die Geschichte des Zirkus als Publikumsgeschichte, als Rezeptions- und Mediengeschichte zu schreiben. Heute zieht er hauptsächlich Kinder an. Im 19. und frühen 20. Jahrhundert aber war das Publikum bunt gemischt: Königinnen und Laufburschen, Dienstmädchen und Kaiser, Kommerzienratsgattinnen und Postbeamte, Kavalleristen und Professoren, Gymnasiasten und Wollspinnerinnen, Gassenjungen und Fabrikantentöchter. „En lumpjet Kind is frei!" – so betrieb man schon zur Zeit des alten Renz das, was man heute Nachwuchspflege nennt: Ein Erwachsener durfte ein Kind kostenlos mit in die Vorstellung nehmen. Zirkus war Massen- oder Populärkultur *sui generis*, weil er alle sozialen Milieus und Altersgruppen band.

Als „(etwas unheimlicher) Ort des Klassenfriedens" erschien der Zirkus Walter Benjamin im Jahr 1927; im Blick hatte er dabei das Personal. Weil sich „das Ineinanderspiel einer Herrenkaste von Pferdezüchtern und Dompteuren mit einem gefügigen Proletariat, der *plebs* der Clowns und der Stalljungen noch ohne Misston, ohne revolutionäres Grollen" vollzog, ähnele Zirkus einem „soziologischen Naturschutzpark". Treffend sprach der Philosoph von der Zirkusausstattung als „abgenutztem Trauminventar". Gerne hätte Philip Astley es wohl nicht gehört, wie sehr sich in den Augen Benjamins der Zirkus vom Theater unterschied. War doch Astley, der sich weigerte, sein Londoner und Pariser AMPHITHEATRE als Zirkus zu bezeichnen, immer bestrebt, die Unterschiede zwischen beiden Medien zu verwischen. Im Zirkus habe „die Wirklichkeit das Wort", schrieb Benjamin, und nicht, wie im Theater, der „Schein". Aber können Hunde wirklich rechnen, spielen Pferde wirklich Krieg und fahren Löwen wirklich anderswo als in der Manege in von Tigern gezogenen Triumphwagen herum? Wie Benjamin schätzte auch Ernst Bloch am Zirkus die Abwesenheit von „Vorhang", „Hinterräumen" und doppelten Böden. Deshalb käme ihm, so Bloch, auch „eine Art bürgerliche Rechtschaffenheit in der Kunst" zu. Die Saltos, Sprünge und Flickflacks, die ja tatsächlich nicht zur Fortbewegung für den Alltag taugen, seien nicht weniger als eine für die Kunst so charakteristische „Verfremdung". Kurzum, für Bloch war Zirkus eine „Wunschwelt aus Exzentrik und präziser Leichtigkeit".

Und das Publikum? Im Zirkus treffe, wie Thomas Manns Hochstapler Felix Krull feststellt, eine „Pferde-Lebewelt von roher Eleganz" auf einen „gierigen Schaupöbel". Zirkus appelliert vor allem an die Schaulust: „Das ist es: Zukucken soll man", schrieb im Jahre 1905 die Berliner Avantgardeautorin Else Lasker-Schüler. Ob Charles Dickens oder Edmond de Goncourt, Honoré de Balzac oder Karl von Holtei, ob Kurt Tucholsky oder Thomas Mann, Rainer Maria Rilke oder Franz Kafka, Frank Wedekind oder Joachim Ringelnatz, Günter Kunert oder Hans Magnus Enzensberger: Sie alle sehen im Zirkus einen Ort mit ganz eigenen Regeln.

Dann der Zirkus im Film. Früh wurden Artisten, Raubtierdompteure wie Akrobaten, für Stunts engagiert. Bald aber drehten sich die Filme selbst ums Medium. Charlie Chaplin parodierte es in *The Circus;* in *Freaks* spielte Tod Browning mit der Frage, wer die Monster sind: die Kleinwüchsigen und Behinderten in den Sideshows oder die Zirkusartisten, die sie seelisch misshandeln und verspotten. Die 1950er-Jahre, als das Kino seinerseits vom Fernsehen verdrängt zu werden drohte, waren die Zeit der großen Zirkusfilmklassiker. Federico Fellini und Ingmar Bergman, für die das Medium Faszinosum und Inspirationsquelle war, haben das Zirkusleben schonungslos entromantisiert. In Carol Reeds *Trapez* ist das Medium mehr Schauplatz als Thema; bei Alexander Kluge gerät der Zirkus schließlich zur bloßen Allegorie.

Wie zünftig kommen dagegen die Beatles auf ihrem Konzeptalbum *Sgt. Pepper's Lonely Hearts Club Band* daher: Wenn John Lennon in *Being for the benefit of Mr. Kite!* den Text eines alten Zirkusplakats aus dem Jahre 1843 singt, könnte man meinen, man habe es mit einem hochbegabten Rekommandeur zu tun, einem jener Ausrufer, die noch im 19. Jahrhundert vor den Stätten des Massenvergnügens, den Boulevardtheatern und Schaustellerbuden das Publikum anlockten. All diese mit Praktiken wie der Dressur, der Medialisierung, der Reklame verbundenen Zugänge sind Splitter und Mosaiksteine in der Kulturgeschichte des Zirkus. Aber sehen Sie am besten selbst: „Hereinspaziert!"

Dieses Plakat warb 1843 für Pablo Fanque's Circus Royal und inspirierte John Lennon 1967 zu dem Beatles-Song *Being for the benefit of Mr. Kite!*

CIRCUS SARRASANI
GRÖSSTER UND ELEGANTESTER ZELTCIRCUS EUROPAS

Dir. SARRASANI

Eine halbe Stunde vor Beginn der Vorstellung

KONZERT

der eigenen Zirkus=Kapelle unter Leitung des Kapellmeisters
Herrn Mathias Smat.

1. **Concurrenz - Doppel - Voltige**, geritten von Miß Agnes und Lucia.
2. **Darlon und Stehrson.**
3. **Apportierpferd „Kosak,"** vorgeführt von Herrn Jansly
4. **Dick Bezzon**, Matrosenspiele.
5. **Frau Direktor Sarrasani**, Dressuren.
6. **Musikal. Clown Mr. Ibss.**
7. **Mr. Hamerschmidt**, erstklassiger Jokey, (Clown Boetti.)
8. **Mr. Hoffland**, der Mann mit dem Löwengebiß.
9. **Miss Adeline**, Panneau=Reiterin (Original=August **Mr. Maxini.**)
10. **Amateur-Reiten. — 25 Mark Prämie** demjenigen, der im Stande ist, dreimal stehend auf dem galoppierenden Pferde herum zu reiten, ohne zu fallen. Es können sich 3 Personen melden.
11. **Claire Gontard**, Evolution auf dem Silberdraht.
12. **Direktor Sarrasani** mit seinen Freiheits=Dressuren 2c.
13. **Entrée comique** von Gigerlclown **Mr. Nelson** und Original=August **Mr. Maxini.**
14. **Kapt. van Niekerk und du Plessis**, Original=Burenschützen, in ihren heimatlichen Spielen.
15. **Mr. Ralph**, mit seinen 5 dressierten Havana=Schweinen.
16. **Brothers Boston** mit ihrem neuen gymnastischen Akt.
17. **Ungarische Czikos-Post**, geritten auf 9 Pferden von Mr. **Eduardo** und Mr. **Willy.**

Die Direktion behält sich das Recht vor, die eine oder andere Nummer des Programms zu ändern.

Vorzüglich eingerichtetes Buffet
im Zirkus unter Leitung des Ökonom
Herrn Richard Mieth.
Das Rauchen im Zirkus ist
polizeilich verboten.

AND OF COURSE HENRY THE HORSE DANCES THE WALTZ!

Hereinspaziert in die Zirkushistorie,
so sah die Show seinerzeit aus.
Sie sehen die besten Dressurpferde und Direktoren,
Schulreiterinnen und Kunstreiter!

Seite 20: Werbeplakat des Circus Sarrasani, um 1910.

Szenen im Pariser Cirque des Champs-Elysées um 1847.
Der Stich von Victor Adam zeigt die seinerzeit populären
Reiterakte und Tänze zu Pferd in der Manege.

ERNST JAKOB RENZ NIMMT
MIT HÖHERER REITKUNST UND PFERDEDRESSUR
BERLIN FÜR SICH EIN

Vier prächtige Schimmel im Gespann, die Speichen der Wagenräder vergoldet: Sofort ging die Wache in Habtacht, präsentierte das Gewehr und salutierte. Vermeintlich vor der Kaiserin. Aber nicht die Equipage Auguste Viktorias, der Gemahlin Kaiser Wilhelms II., fuhr vorüber. Es war die Kutsche von Alwine, der Gattin von Franz, Sohn und Nachfolger des weltbekannten, 1892 verstorbenen Zirkusdirektors Ernst Jakob Renz. Zu essen wie Gott in Frankreich, das hätte man millionenschweren Zirkuserben vielleicht noch gegönnt. Aber mit der Kaiserin gleichziehen zu wollen und die Wache zu düpieren, das war zu viel. Beamte, Polizisten, Journalisten waren empört. Zumindest die *Allgemeine Sport-Zeitung* machte aus dem Vorfall einen „Eklat". Im *Hamburger Echo* war der Nachhall dann noch Jahre später zu vernehmen. Wie ein Parvenü benahm sich als Studentin auch die Direktorentochter Paula Busch. Stolz auf ihre Jucker und von sportlichem Ehrgeiz gepackt, blockierte die Zirkusprinzessin einmal jeden Überholversuch der Staatskarosse und nötigte so Wilhelm II. ein Wagenrennen auf dem Ku'damm auf. Wenigstens schrieb sie das in ihren Memoiren.

Vielleicht sollte man all das aber auch als eine Art *déformation professionelle* ansehen. Geklapper, Übermut und Kräftemessen gehören zum Zirkus. Und um 1900 waren edle Zuchtpferde und elegante Kaleschen ja längst kein Vorrecht des Hochadels mehr.

„Allez valser!" – Zirkuskönige und preußische Monarchen

Was immer die Allüren von Frau Renz und Fräulein Busch veranlasste, antimonarchische Gesinnung steckte nicht dahinter. Bei Renz widmete man dem Kaiser und der Kaiserin Geburtstagsvorstellungen. Und mindestens ebenso stolz wie auf ihre flinken Wagenpferde war Paula Busch auf das Konfirmationsgeschenk und die Besuche der kaiserlichen Familie im väterlichen Unternehmen. Ernst Jakob Renz und nach ihm sein Sohn Franz trugen wie später Paul Busch und Albert Schumann den Titel eines königlich preußischen Kommissionsrats. Ihn bekamen in Preußen erfolgreiche Geschäftsleute verliehen, die ihre Loyalität unter Beweis gestellt und sich um das Gemeinwesen verdient gemacht hatten. Ernst Renz, angewiesen auf die Gewährung einer Konzession, war im Frühjahr 1860 bestimmt nicht ungern dem „allerhöchsten Befehl" gefolgt, eine Galavorstellung für das preußische Königshaus zu geben. Bloß ein guter Untertan war Renz ganz sicher nicht. Es adelte ja gleichsam auch sein Unternehmen. Und es festigte vor allem seine Vorrangstellung in Berlin. Also erging am 14. April 1860 an die Paarhufer das Kommando „Allez valser!", und die beiden Dressurpferde Emir und Negus tanzten vor den hochwohlgeborenen Augen „sämmtlicher" preußischer Prinzen und Prinzessinnen Walzer.

Hatte Kronprinzessin Victoria sonst auch keinen Einfluss am preußischen Hof, so könnte doch gerade sie diese Vorstellung angeregt haben. Als Tochter Queen Victorias in London aufgewachsen, war die Gemahlin des Kronprinzen Friedrich Wilhelm dem Zirkus vermutlich noch gewogener als das übrige preußische Königshaus. Denn weder in London noch in Paris waren royale Zirkusbesuche etwas Besonderes. Queen Victoria berief Zirkusartisten zu Vorstellungen an ihren Hof und Philip Astley, der Begründer des modernen Zirkus, war sowohl von George III. als auch von Marie Antoinette gefördert worden. Sporadisch hatte es auch schon vor der Ankunft der Kronprinzessin königliche Zirkusbesuche gegeben. Aktenkundig geworden sind die Besuche der Prinzen Wilhelm, Carl und Adalbert mit ihren Gattinnen bei CUZENT & LÉJARS in der Saison 1845/46. Die preußische Theaterpolizei, die sich immer mal wieder unangekündigt zu einer Vorstellung einfand, schrieb auch auf, ob sich Mitglieder des preußischen Königshauses oder anderer regierender Fürstenhäuser unter den Zuschauern befanden. Sonst erteilte die Theaterpolizei die Erlaubnis, Gastspiele zu geben, kontrollierte, ob die Zirkusbetreiber die feuerpolizeilichen Vorschriften einhielten, und passte auf, dass nichts geschah, das den guten Sitten zuwiderlief.

Doch so verbunden wie mit Renz zeigte sich der preußische Hof zuvor mit keinem Zirkusunternehmen. 1858 hatte das frisch vermählte Kronprinzenpaar seinen Wohnsitz in der preußischen Residenzstadt bezogen. Ab 1860 nahmen die hohen Zirkusbesuche zu, war auf den Programmzetteln häufiger von „allerhöchstem Wunsch", „Begehr" oder „Befehl" die Rede. Kronprinz Friedrich habe kaum eine Vorstellung seines Renz-Gastspiels im Frühjahr 1860 versäumt, prahlte später in seinen Memoiren der Trapezkünstler Jules Léotard.

Zwölf Reiter im „Sarazenen-Costüm" ritten am 22. März 1866 in der Manege eine Quadrille, um dann auf der Bühne ein „Pferde-Tableau" zu bilden und Wilhelm I. auf einem großen ausgerollten Transparent zum Geburtstag zu gratulieren. Bislang waren Geburtstagsvorstellungen für den regierenden Monarchen eine Ausnahme. Nun erwies Renz dem König bis zu dessen Ableben 1888 unregelmäßig, aber beständig seine Reverenz. Wirklich populär geworden ist der preußische König allerdings erst als deutscher Kaiser. Ins Gedächtnis der Berliner hatte er sich zuvor als „Kartätschenprinz" katapultiert. Sein Plädoyer für mi-

litärisches Eingreifen gegen die aufgebrachte Menschenmenge in den Märztagen 1848 blieb lange unvergessen. Einstweilen mochte es verblasst sein.

Auch Wilhelms Enkel wurde mit Geburtstagsvorstellungen geehrt. Seine erste erhielt Wilhelm II. freilich bereits als neunjähriger Prinz auf ausdrücklichen „Wunsch" seiner Mutter Victoria, ebenjener Tochter der Queen.

Im Jahr der Reichsgründung führte Renz zum ersten Kaisergeburtstag sechs Rapphengste und einen arabischen Schimmel vor. Zu bewundern gab es auch die gefeierte Schul- und Springreiterin Elise Petzold. Später avancierte sie zur Reitlehrerin Kaiserin Elisabeths von Österreich und heiratete einen Baron. Nicht wenige Schul- und Kunstreiterinnen erwarben sich über ihre Auftritte in der Manege ein ‚Adelsdiplom'. Zum Schluss der Vorstellung ritt Renz' jüngste Tochter Antoinette die Hohe Schule. Ihre Reitkünste hatten bereits im Februar 1870 die Aufmerksamkeit des Kronprinzenpaars erregt. Man hatte sie mit ihrem Vater in die Hofloge gebeten und der jungen Schulreiterin allerhöchsten Respekt gezollt. Als wenige Monate darauf der Deutsch-Französische Krieg ausbrach und die Pferde des Unternehmens requiriert werden sollten, habe Wilhelm I. persönlich interveniert, berichtet Halperson. Für den Zirkus waren die kostbaren Dressurpferde überlebenswichtig. Renz' Reputation am Hof sicherte damals nicht weniger als seine berufliche Existenz.

Dem reichsdeutschen Nationalismus nach 1871 ganz verschließen konnte sich schon Ernst Jakob Renz nicht mehr. Doch allzu politisch wird der Zirkusdirektor nicht gedacht haben. Als Analphabet – das war keine Seltenheit unter Fahrenden – las Renz keine Zeitung. Und über Zeit, sich anders zu unterrichten, dürfte der Prinzipal kaum je verfügt haben.

Anders als durch eine stramme Arbeitsethik, ganz wie die aufstrebenden mittelständischen Manufakturbesitzer und Handelsunternehmer, hätte sich ein Zirkusunternehmen dieser Dimension wirtschaftlich kaum stabilisieren lassen. Renz entwarf nicht nur das wechselnde Programm, in dem er dann selbst auftrat, sondern führte auch ein äußerst strenges Regiment. Despotisch und kontrollwütig sei er gewesen, wird kolportiert. Und außerdem, so sein Biograf Alwill Raeder, ein Ausbund preußischer Tugenden wie „Ordnung, Pünktlichkeit und Sauberkeit in allen Dingen". Vielsagend und ehrfürchtig schrieb Joseph Halperson später: „Er hieß der ‚alte Renz', so etwa, wie man vom ‚Alten Fritz' sprach."

Als Unternehmer war Ernst Renz zugleich ein musterhafter Bürger. Wohltätigkeitspflege gehörte zu jeder Berliner Saison. Neben den im Zirkus üblichen Benefiz-Vorstellungen von Artisten für Artisten gab es Reinerlösspenden und Gratisvorstellungen für Obdachlose, Arme und jüdische Waisenkinder, Frauenvereine, die Feuerwehr und die Presse, für die „Hinterbliebenen" der beim Wiener Ringtheaterbrand „Verunglückten", für Sturmflutopfer an der Ostsee und für Versehrte von Schiffskatastrophen, um nur eine Handvoll Begünstigte aufzuzählen. Seine erste Benefizvorstellung zugunsten der „hiesigen Armen" gab Renz im Februar 1848. Auch in Berlin war die Massenarmut angestiegen, folgten auf Missernten Lebensmittelknappheit und erhöhte Preise. Arme Handwerker, Fabrikarbeiter und Tagelöhner aus den Berliner Vorstädten überfielen im April 1847 Kartoffelhändler, plünderten Marktstände und Geschäfte.

In der Saison vom Herbst 1847 bis zum Frühjahr 1848 bezog Renz im Zirkus am Dönhoffplatz Quartier. Während der Barrikadenkämpfe, als auch der inzwischen verwaiste Zirkus am Brandenburger Tor niederbrannte, fielen die Vorstellungen aus. Doch am 21. März 1848 trat Renz' Gesellschaft *Zum Besten der Hinterbliebenen der im Kampf gefallenen Bürger* auf. Hauptattraktion war das „Große Cürassier-Manöver" acht „altdeutsch" kostümierter, geharnischter und behelmter Kunstreiter. Historisches, theatral aufbereitetes Militär in der Manege scheinen die Berliner – andernfalls hätte Renz die Nummer abgesetzt – gebilligt, ja mit Beifall aufgenommen zu haben. Das war bemerkenswert, hatten sie doch während der revolutionären Unruhen gefordert, die echten Garde-Kürassiere wie überhaupt alle Regimenter aus der Stadt abzuziehen.

Zuvor schon war bei Renz mit dem *Leben eines Soldaten* ein Klassiker der mimischen Verwandlungsszenen zu Pferde zu sehen gewesen. Als Zivilist, der zum Militärdienst ausgehoben wird, ritt Wilhelm Carré in die Manege ein, verwandelte sich auf dem Pferderücken in einen Rekruten, der nacheinander

Krieg und Zirkus

Ernst Jakob Renz und seine Familie waren durchaus patriotisch. Während des Deutsch-Dänischen Kriegs 1864 erhielt das Militär zur „Anschaffung von wollenen Socken und Unterkleidern" den gesamten Reinertrag einer Galavorstellung. Franz, der älteste Direktorensohn, hatte bei den Garde-Dragonern gedient und 1866 am Deutschen Krieg teilgenommen, so wie später seine Brüder, Renz' Söhne Adolf und Ernst jr., am Deutsch-Französischen. Schon im März 1871 präsentierte man eine kleine, vom Kriegsgeschehen inspirierte mimische Episode zu Pferd. Und am 16. Juni 1871, dem Tag, als die umjubelten „Siegestruppen" durch das Brandenburger Tor einzogen, gab es in Renz' Manege erneut eine Galavorstellung. 25 Jahre später sollte Franz Renz den Triumphzug der kaiserlichen Truppen in seiner militärischen Jubiläumspantomime

1870–71 reinszenieren. Fast von selbst versteht sich, dass am 18. Januar 1896 auch an die Versailler Kaiser-Proklamation erinnert wurde. In den auf die Reichsgründung folgenden Jahren hatte sich Renz am „National-Dank" für die Veteranen der Befreiungskriege beteiligt und eine Gedenkfeier für die Preußenkönigin Luise ausgerichtet. Ab September 1891 – nach der Unterzeichnung des Helgoland-Sansibar-Vertrags zwischen dem deutschen Kaiserreich und Großbritannien im Juli 1890 – sah man sich bei Renz die Nordseeinsel in einer Wasserpantomime schön. Deutschland hatte auf rechtlich ohnehin kaum belastbare Gebietsansprüche auf der Inselgruppe im Indischen Ozean verzichtet und im Gegenzug Helgoland erhalten. Dabei ging es im CIRCUS RENZ vermutlich nicht in erster Linie um Propaganda. Das Sujet war gerade populär und deshalb auch für den Zirkus attraktiv. Außerdem passte es hervorragend zum damals aufkommenden Genre der Wasserpantomime.

exerzierte, in die Schlacht zog, vorwärtsstürmte, focht und um sich schoss, verwundet wurde, weiterkämpfte, die Siegesfahne schwenkte und so lange befördert wurde, bis die Uniformen sämtlicher Dienstgrade einmal am Publikum vorbeigeritten waren.

Das Herzstück aber, das den alten Adel, das Militär und den modernen Zirkus miteinander verband, war das Pferd.

Am Anfang war das Pferd

Weder die Pferdedressur noch die Kunst- und Schulreiterei waren eine Erfindung der Moderne. Man kannte sie – neben Pferde- und Wagenrennen – bereits im Altertum, in Ägypten wie in der griechisch-römischen Antike. Nur boten sie sich dort kaum so raffiniert dar und waren nicht so landläufig, wie das in Europa seit Beginn der Renaissance der Fall sein sollte. Auf den mittelalterlichen und neuzeitlichen Jahrmärkten zeigten Reiter bereits den einen oder anderen equestrischen Akt, sprangen von einem Pferd aufs andere oder auf dem Pferderücken stehend über

Hindernisse. Es gab das Ringstechen und Wettrennen. Die mittelalterlichen Ritterturniere, die man in den Zirkusmanegen des 19. Jahrhunderts als kostümierte Spektakel auferstehen ließ, waren in ihrer historischen Form freilich kleine kriegerische Manöver auf schwerfälligen Schlachtrossen. Erst die Reitakademien, die sich zur Zeit der Renaissance von Italien aus über Frankreich europaweit ausbreiteten, entwickelten das, womit Ernst Jakob Renz sein Unternehmen später bewarb: die „höhere Reitkunst und Pferde-Dressur" mit erlesenen Zuchtpferden, spanischen Geneten, Arabern, Neapolitanern, Friesen, Trakehnern oder englischen Jagdpferden.

Einst zur Erziehung und Ausbildung Adliger eingerichtet, hatten die Reitakademien, anders als die Kavallerieschulen des 18. und 19. Jahrhunderts, ihren ausschließlich militärischen Zweck bald verloren. Schon in der Renaissance dienten Figuren der Hohen Schule und das klassische Paradereiten mehr und mehr der Schaulust und Repräsentation. Auch darum eigneten sich höfisch-barocke Reiterspiele wie das Karussell, Quadrillen und Pferdeballette mit Musikbegleitung so ausgezeichnet zur Wiederaufführung in der Zirkusmanege. Aber die Grundausbildung sowohl der Militär- als auch der zivilen Jagd-, Dressur- und Kunstreiter blieb stets die gleiche.

Für den Kriegseinsatz waren die Figuren der Hohen Schule bald zu artifiziell und die Dressurausbildung zu langwierig. Wenigstens sieben Jahre sollte sie nach Meinung von François Robichon de La Guérinière dauern. Er leitete in Paris eine Reitakademie. Seine 1733 publizierte *Ecole de cavaleri* avancierte bald zum Klassiker der modernen Reitausbildung. Hatte ihmzufolge der Reiter erst einmal das Vertrauen des Pferdes gewonnen, brauchte er neben der Liebe zur Gattung vor allem eines: unermesslich viel Geduld. Penibel sollte der Reiter den individuellen Körperbau des Pferds kennen und seinen Charakter studieren, um all dies bei der Arbeit zu berücksichtigen. Gewalt lehnte La Guérinière strikt ab. Strafen sollten sanft und selten sein. Gut verlief eine Ausbildung dann, wenn das Pferd von sich aus den nächsten Dressurschritt anbot. Bereits die Reitlehrer der Renaissance hatten beobachtet, dass Pferde im Freien schulähnliche Bewegungen vollziehen. Es kommt also in der Dressur nur noch darauf an, sie zu perfektionieren und den Pferden beizubringen, sie auf Kommando auszuführen.

Tatsächlich sind sowohl eine Reihe Schulschritte als auch viele Freiheitsdressuren dem Verhaltensrepertoire der Pferde entlehnt. Tritt zum Beispiel ein Hengst auf der Wiese trabartig auf der Stelle oder trabt er in leicht verzögertem Tritt voran, als wolle er abheben, dann sucht er andere Pferde zu beeindrucken und seine Stellung in der Herde zu festigen. Daraus entstanden in der Hohen Schule die Piaffe und die Passage. Ritt allerdings ein Mensch, meist ein König oder General, ein Pferd im spanischen Tritt, dann suchte er anderen Menschen zu imponieren, denn es handelte sich um einen Paradeschritt zum Renommieren und Repräsentieren.

Militärisch einmal von Bedeutung war die Levade. Hier steigt das Pferd auf der Hinterhand stehend hoch und zieht dabei die Vorderbeine an. So schützte das Pferd wie ein Schutzschild den Reiter vor Angriffen mit Hieb- und Stichwaffen. Auch eine Fülle Sprünge wie die Kapriole, in der das Pferd in der Luft mit der Hinterhand ausstreicht, zählen zur Hohen Schule. Beim Walzertanz, den Renz 1860 der preußischen

Königsfamilie präsentierte, vollführen die Pferde mit der Pirouette ebenfalls eine Schulfigur. Dabei läuft das Pferd abwechselnd geradeaus und dreht sich einmal um die eigene Achse. Früher richtete sich das begleitende Zirkusorchester im Tempo nach den Bewegungen der Pferde. Heute spielt nur noch selten eine Live-Band, etwa bei RONCALLI oder bei Krone im Festbau.

Die sanfte, pferdegerechte Methode, die den Vorstellungen La Guérinières nahekommt, praktizieren heute am ehesten die Knies. Um dem Pferd beizubringen, dass es – wie beim spanischen Tritt – das Vorderbein heben und das Unterbein fast waagerecht strecken soll, bindet man ihm dort in der Dressur gepolsterte Riemen an jeweils einer Leine über die Hufe. Helfer ziehen das Bein dann jeweils sanft nach vorn und nach oben. Dazu gibt der Dresseur ein Kommandowort und tippt das Bein mit der Peitsche leicht an.

Die Stimme, vor allem der wechselnde Tonfall, und die Körperhaltung des Dresseurs sind neben der Peitsche, die nie schlagen, sondern nur berühren soll, die wichtigsten Signalgeber. Pferden sagt man ein großes Beobachtungsvermögen und ein unschlagbares Gedächtnis nach. Und ebendies macht sich der Dresseur zunutze. Für La Guérinière war die Ausbildung der individuellen Anlagen des Pferdes das Ziel der Dressur. Seine Methode kostete freilich etwas, das sich später kaum wer mehr nahm: Zeit.

Die hatte man beim Zirkus nicht. Renz warb damit, die Schimmelstute Odaliske „in 6 Wochen meisterlich dressirt" zu haben. Schnelldressur aber ist immer Gewaltdressur – und die war damals weithin üblich.

Kaum weniger eilig als im Zirkus hatte man es zuvor beim Militär. Unter Friedrich II. wurde die Kavallerieausbildung der Mannschaften vereinfacht und verknappt. Das Landschaftsreiten war die Hauptsache beim preußischen Militär. Die Kavalleristen des Alten Fritz hatten vor allem schnell und geländesicher zu sein, in möglichst kurzer Zeit möglichst große Distanzen auch durch unwegsames Gebiet mit Hindernissen wie Hängen, Gräben, Wällen, Hecken oder Flüssen zu bewältigen. Sonst mussten die Rekruten die Gangarten Schritt, Trab und Galopp beherrschen, abbiegen, das Pferd rückwärts richten, Parade reiten und zu Pferde exerzieren können. Besonders wendig zu sein, war nur beim Reiten als Truppe in geschlossenen Reihen vonnöten.

Manegetauglich wäre all das nicht gewesen. Im Zirkus spielte die preußische Kavallerie später vor allem als Kostüm- und Schaubild eine Rolle – sei es in den Pantomimen, wie bei Busch in den 1920er-Jahren, oder sei es bei den Quadrillen, die man, wie bei Renz 1892, in „Parade-Uniform aus der Zeit Friedrichs des Großen" ritt. Vor allem musste die Reiterausbildung des preußischen Militärs ab 1740 rasch voranschreiten. Allein die Erbfolgekriege, die Friedrich II. dreimal vom Zaun brach, forderten unausgesetzt Nachschub.

Philip Astley und die Dressur in der Manege

Am dritten und letzten der Schlesischen Kriege, dem sogenannten Siebenjährigen, nahm aufseiten der mit den Preußen alliierten Briten auch der Pferdeenthusiast Philip Astley teil.

Bis zum Oberfeldwebel hatte es Astley als Reitausbilder der Rekruten in der britischen Kavallerie gebracht. 1766 quittierte er seinen Dienst, um im Londoner Süden, in Lambeth, eine Reitschule zu eröffnen. Am Nachmittag, wenn der Unterricht beendet war, gab Astley gemeinsam mit seiner Frau Kunstreiter- und Dressurvorstellungen. Ein Vorgesetzter hatte ihm zum Abschied ein spanisches Reitpferd geschenkt; dieses Soldatenpferd ließ Astley mit den Hufen das Datum klopfen, seinen Namen in den Sand schreiben, im Publikum die Besitzer bestimmter Gegenstände ausmachen, sich schlafend oder tot stellen. Anfangs mochte Astley nicht sehr viel mehr als beliebte Jahrmarkts- und Kunstreiterattraktionen geboten haben. Doch bald ergänzte er seine Vorstellungen um Clowns, Akrobaten und Pantomimen. Astley war keineswegs der Einzige, der um diese Zeit in London einen Zirkus betrieb. Und Kunstreiter waren vor ihm zuerst in England und dann auf dem Kontinent populär, vornehmlich in Paris und Wien, wo man sie Halperson zufolge lange Zeit einfach die ‚englischen Reiter' nannte. Vielleicht war Astley noch nicht einmal der Erste, der mit solchen zirzensischen Programmen aufwartete. Anders als sein früherer Mitstreiter und späterer Rivale Charles Hughes sollte er übrigens zeit seines Lebens

davon absehen, sein Unternehmen als ‚Zirkus' zu bezeichnen. Er nannte es ‚Amphitheatre'. Wenn die Londoner, später auch die Pariser seine Zirkusvorstellungen besuchten, gingen sie in Astleys Theater. In die Geschichte des Zirkus aber ist Astley dennoch als dessen moderner Begründer eingegangen. 1780 wies sein neu errichtetes, überdachtes Amphitheater mit Manege, Bühne, Orchester und Zuschauerraum bereits die künftige Standardausstattung europäischer Zirkusbauten auf.

Seit Astley beträgt der Durchmesser der Manege dreizehn Meter. Die darin mögliche gleichmäßige, dem Zentrum zugeneigte, kreisende Bewegung des Pferdes erlaubt den Kunstreitern, sich im Gleichgewicht zu halten, Saltos zu drehen, menschliche Pyramiden zu errichten oder kurze Geschichten in Körpersprache zu erzählen – etwa die vom Matrosen, der in Seenot gerät, heftigen Stürmen ausgesetzt ist und Schiffbruch erleidet. In der Kreisform der Manege verräumlicht sich die bereits in der Antike bekannte Praxis des Longierens. Allgemein üblich wurde das Longieren allerdings erst in den – übrigens quadratischen – Sälen der Reitakademien, wo man das Pferd an einer Leine im Kreis führte. Vom Mittelpunkt aus stellte der Zureiter oder Dresseur im Zusammenspiel von Bewegung, Stimme und Longierpeitsche seine Dominanz über das Pferd her. Pferde sind Herdentiere, und so bezieht der Dresseur die Position des Leithengstes. Die Peitsche aber soll, wie gute Reitlehrer betonen, vor allem „treiben", vielleicht auch einmal „drohen", nie aber „schlagen", sondern das Pferd vielmehr dazu anhalten, sich zu „lockern", zu „lösen", zu „beugen" und zu „biegen". So wird es geschmeidig und wendig. Wie beim Longieren treiben die Dresseure im Zirkus einzelne oder mehrere Pferde im Kreis, halten sie mit der Zirkuspeitsche, Chambrière genannt, durch leichtes Touchieren in der Bahn, geben ihm Richtung wie Gangart vor und erinnern es gelegentlich daran, die einstudierten Bewegungen auszuführen. Gern spricht man in Zirkuskreisen von der Peitsche als von einem Taktstock, den der Dresseur wie ein Dirigent gebraucht.

Pferde legen ihre Rangfolge untereinander übrigens selbst fest. Bei Gruppendressuren wird der erfahrene Dresseur sie beachten und in Rangeleien nur eingreifen, um sie, falls nötig, als Ranghöchster zu

Fredy Knie sen. führt 1966 eine Freiheitsdressur mit achtzehn Pferden im Circus Knie vor.

schlichten. Legt er die Reihenfolge der einzelnen Pferde in der Manege fest, wird er auf das achten, was sie von sich aus tun.

In der Bahn bleiben und das vorgegebene Tempo halten müssen Pferde vor allem bei Kunstreiterakten. In der Manege geht ihnen deshalb der Stallmeister, manchmal auch der Direktor mit der langen Zirkuspeitsche in einer diagonalen Kreisbewegung nach. Nur wenige Kunstreiter verzichten auf solche Hilfen. Denn

beim Voltigieren, bei Saltos, Sprüngen über Schärpen und Seile, durch Fässer oder mit Seidenpapier bespannte Reifen würden die Kunstreiter unweigerlich abstürzen, wechselte das Pferd plötzlich das Tempo oder die Bahn.

Und so stand sicher auch ein Stallmeister oder gar der Zirkusdirektor selbst Mademoiselle Price bei, die im April 1786 in Astleys Pariser Dependance den *Saut du ruban* vollführte, das heißt, vom Pferderücken aus

Der Kunstreiter Addi Enders präsentiert einen Salto über zwei Pferde in der Manege des Circus von Adolf Althoff.

über Bänder sprang. Drei Jahre zuvor hatte Astley sein AMPHITHÉÂTRE ANGLOIS am Boulevard du Temple eröffnet und pendelte seither zwischen London und Paris. 1786 präsentierte der Clown Saunders eine komische Dressurnummer mit Hunden, spielte ein etwas über dreijähriges Kind Klavier, und führte die gesamte Truppe die Pantomime *Die englischen Wäscherinnen oder: Der Sieg des Harlekin* auf. Die Hauptrolle in Astleys Programmen spielten immer die Pferde. Zwölf von ihnen tanzten ein Menuett, Astley selbst führte eine Freiheitsdressur vor, sein Sohn John, der beim Publikum ungeheuer beliebt gewesen sein soll, präsentierte ein Menuett auf dem Pferderücken, und der Kunstreiter Price zeigte ebenfalls zu Pferd eine Verwandlungsszene, bei der er einen Bauern mimte.

Freiheitsdressuren sind Lektionen – beispielsweise das Kompliment, also die Verbeugung, das Steigen, das Hinknien oder Hinlegen –, die ohne Zügel vom Boden und nicht vom Pferderücken aus einstudiert und vorgeführt werden. Wie Piaffe und Passage gehören auch das Steigen und das Hinknien zu Bewegungen und Verhaltensweisen von Hengsten in der Herde: Sie knien, um bei Rangeleien untereinander sensible Körperregionen zu schützen. Beim Einstudieren ziehen die Helfer dem Hengst behutsam die

Vorderbeine weg; der Dresseur wiederholt dabei das Kommandowort, bis der Hengst eines Tages, sobald er es hört, von selbst niederkniet. Steigt ein Hengst, so will er Eindruck schinden und die Rangfolge festlegen. In der Manege simuliert der Dresseur mittels Gebärden nichts anderes als einen solchen, allerdings vorab bereits entschiedenen Rangfolgekampf, indem er zwei drohend erhobene Peitschen, die Chambrière und den Handstock, wie zwei Pferdebeine in die Höhe ragen lässt. Ausweis guter, also pferdegemäßer Dressur ist immer die Art und Weise, wie das Pferd in der Manege steigt. Wirkt es ‚hochgescheucht' und lässt die Vorderbeine hängen, hat man es vermutlich durch Druck und gewaltsam zum Steigen gebracht.

Gehorsam war schon bei La Guérinière entscheidend. Nur war und ist die Frage, wie man ihn erreicht. Verweigert ein Pferd die Unterordnung, wird es bei pferdegerechter Dressur nicht durch Schläge, sondern durch Rückwärtsrichten zur Raison gebracht, denn auch untereinander weichen Pferde vor dem ranghöheren Leithengst zurück. Das kann durch Ermahnung geschehen, durch leichtes Berühren mit dem Stöckchen an der Brust oder durch Helfer, die das Pferd an der Leine nach hinten ziehen. So wenigstens arbeiten die Knies.

Rechts: Es heißt, Fredy Knie sen. habe immer wieder Kinder als Dresseure ins Manegenrund gebeten, wobei er sich diskret zurückzog. Die Pferde hörten auf die von den Kindern gegebenen Kommandos.

Unten: Ein Gastronompferd und ein Clown im Londoner Stadtteil Woolwich im Jahre 1910.

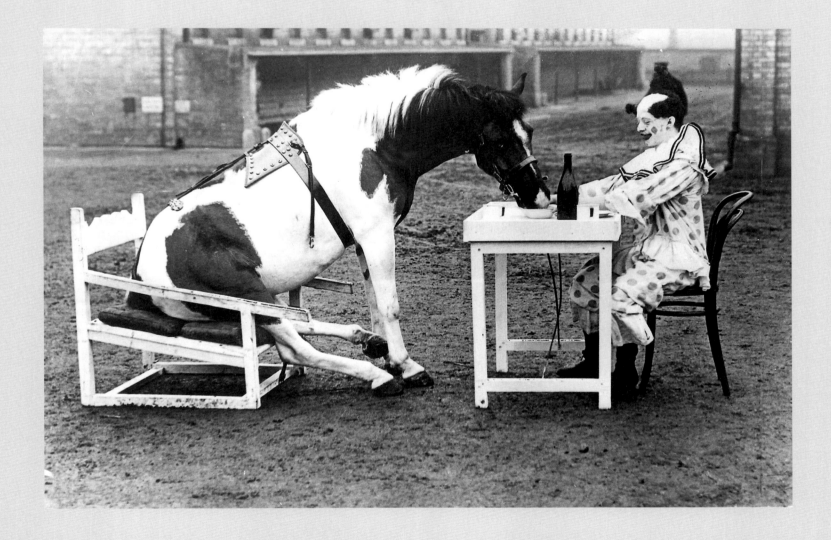

Ein Pferd beim Tunnel-
sprung durch eine mit
Seidenpapier bespannte
Tonne im Circus Knie.

Bei der Dressurarbeit in den Manegen früherer Jahrhunderte wurde noch brutal geprügelt. Man solle, so
heißt es in einem Dressurbuch von 1898, dem unge-
horsamen Pferd die Beine zusammenbinden, es um-
werfen und auspeitschen, „ohne ihm allzu wehe zu
tun". Man arbeitete mit dem Zufügen kleiner Wunden
an den Schenkeln, die man offen hielt; Dressurtricks
wie das Kopfwenden wurden durch Nadelstiche an-
trainiert. In La Guérinières Sinne war all das gewiss
nicht.

Ingen War schon Astleys Soldatenpferd, das rechnete
und schrieb, eine Illusionsnummer *par excellence* – es
reagierte, ganz wie beim Herausfinden der Besitzer

von Taschentüchern, auf feinste Gesten oder leiseste
Äußerungen des Dresseurs –, so stellten die Tänze und
Verwandlungsszenen mit ihren Kostümen Theater im
besten Sinne dar. Noch in den Harlekinaden von Astleys Sohn John waren Pferde wichtige Akteure und
manchmal, wie 1815 in *Leben, Tode und Auferstehung
des feurigen Rennpferds; oder: Harlekin zu Pferd,* sogar
das Hauptsujet. Gezeigt wurde die Geschichte eines
Renn- und Jagdpferds, das sich, in die Jahre gekommen, als Post- und Zugpferd verdingen muss, schließlich stirbt, minutenlang wie tot in der Manege liegt,
um von Harlekin mit dem Zauberstab erweckt zu werden und wieder aufzuerstehen.

Fast alle Apportiertricks funktionieren mit Hafer. Mit ihm versieht man noch heute das Taschentuch, die Schnur, die Glocke oder die Bettdecke, kurzum all die Gegenstände, die das Pferd ins Maul nehmen soll. Wiederholt man die Tricks, verbindet das Pferd die Gegenstände und den Hafer irgendwann von selbst miteinander. Solche Tricks, aber auch das Gastronompferd, das eine Tischglocke bedient und von einem Teller Brotstücke frisst, gehen Halperson zufolge auf John Astley zurück. Auch Renz zeigte ein Gastronompferd namens Moricon und überdies noch eines, das Fleisch fraß. 1860 ließ Renz das Pferd Said einen lebenden Karpfen aus einem Wasserbehälter apportieren. Und Renz' arabischer Schimmelhengst Aly konnte eine vierzehnstufige Treppe hinaufgehen und, oben angelangt, ein Feuerwerk aushalten.

Nicht immer war Renz die Berliner Presse gewogen. Als „Feuer-Pferd" Aly später durch vier in der Manege aufgestellte brennende Reifen sprang, nannte die *Berliner Morgenpost* das eine „directionelle Tactlosigkeit", beschwor die „Gefährlichkeit der Production in Bezug auf Feuerverbreitung", fantasierte einen am Reifenrand hängenbleibenden Pferdehuf, der das brennende terpentindurchtränkte Werg ins Publikum schleudern und den ganzen Zirkus in ein flammendes Inferno verwandeln würde. Man appellierte an Renz, die Nummer, die er seit Jahren unbeanstandet gezeigt hatte, zu streichen. Man mahnte mit dem Wiener Ringtheaterbrand und dem soeben in Bukarest abgebrannten Circus Krembser. Schließlich drohte man indirekt mit polizeilichem Verbot der „Piece". In Raeders Chronik wird sie in der betreffenden Saison nicht mehr erwähnt.

Dagegen waren die Schaukelpferde in der Piece *La Balançoir* völlig unbedenklich. Auf einer Wippe, bestehend aus einer Längsachse und einem Holzbrett, das darüberlag, mussten zwei Pferde ihr Gleichgewicht finden. Manchmal sprang noch ein drittes in der Mitte zwischen den beiden schaukelnden hindurch und dabei über zwei kleine, links und rechts aufgestellte Hindernisse hinweg. Lange Tradition hatten auch die Tunnelsprünge. Das Pferd sprang dabei durch eine Tonne, deren Ein- und Ausgänge manchmal mit Seidenpapier bespannt waren.

Auch die poetische Verwandlungsszenen auf dem Pferderücken waren schon in Astleys Amphitheatre zu sehen. Andrew Ducrow sollte sie in den 1820er-Jahren vervollkommnen. 1796 geboren, avancierte Ducrow bei Astley schon im Kindesalter zum Kunstreiter. Nach Engagements beim Royal Circus und im Pariser Cirque Olympique der Franconis übernahm er 1824 schließlich Astleys Haus. 1841 vernichtete ein Brand das Zirkusgebäude. Ducrow starb im Jahr darauf, psychisch schwer angeschlagen, an den Spätfolgen der Verletzungen, die er sich bei der Feuerkatastrophe zugezogen hatte. Seine plastischen Posen und kleinen Geschichten auf dem Pferderücken aber wurden Manegenklassiker. Ducrow mimte mythische Figuren, historische Typen und Berufe. Man sah ihn im Kostüm und mit Requisiten als römischen Gladiator, als Ritter, mittelalterlichen Pagen und als Troubador, als Araber und Indianer, als Pastor, Jäger, Matrose, Soldat, Bandit oder Schnitter. Die Szenen aus dem Soldatenleben, die Wilhelm Carré 1848 auf dem Pferderücken vorführte, gingen auf die Astleys und Ducrow zurück.

1792, während des ersten Koalitionskrieges, an dem Astley aufseiten der Briten gegen die Franzosen teilnahm, leitete sein Mitarbeiter Antonio Franconi die Pariser Dependence. Nach Astleys Rückkehr begründete Franconi sein eigenes Unternehmen. Seine beiden Söhne Laurent und Victor führten das Familienunternehmen nicht nur fort, sondern erregten mit ihrem 1807 als Cirque Olympique eröffneten Haus internationales Aufsehen. Wie die Astleys galten die Franconi-Brüder als vorzügliche Reiter. 1798 hatten sie als Reitertruppe in verschiedenen Pantomimen am Théâtre de la Cité Variétés mitgewirkt. Sie spielten Generäle und tanzten – wie schon 1786 Astleys Sohn John – Menuett und Gavotte auf dem Pferderücken. Den Franconis sagt man nach, neben Pferde-Carousells und Quadrillen à la Louis XV. auch die Schulreiterei in die Manege eingeführt zu haben. Für den europäischen Zirkus um 1800 waren die Astleys wie die Franconis stilbildend, bis Renz neue Maßstäbe setzte. Nicht zufällig, sondern ganz gezielt das Prestige der Pariser nutzend, führte er sein Unternehmen erst einmal als Cirque equestre und als Olympischen Circus in der preußischen Residenzstadt ein. Später sprach er von seinem Zirkusunternehmen gern als von seinem „Institut". Überhaupt wurde anfangs bei Renz noch viel auf Französisch annonciert, sowohl

Ernst Renz mit den Dressurpferden Arabeska und MacDonald, um 1865.

die Nummern als auch die Akteure. So hießen die Pferde ‚cheval' und ‚chevaux', die Reiter ‚Monsieur', die unverheirateten Reiterinnen ‚Demoiselle' – und selbst seine Gattin kündigte er damals noch als Madame Renz an.

Renz erobert die Residenzstadt Berlin

Als sich Ernst Jakob Renz 1846 anschickte, in Berlin Fuß zu fassen, lebten fast 400 000 Menschen in der Residenzstadt. Ihre Einwohnerschaft hatte sich in den letzten beiden Dekaden verdoppelt und sollte im Zuge der fortschreitenden Industrialisierung noch weiter anwachsen. Die entstehenden Maschinen-, Chemie- und Seidenfabriken, Spinnereien, Porzellanmanufakturen und Kattundruckereien lockten Zehntausende Handwerker und Dienstboten an, aber auch Arbeiter, die damals zumeist die nördlichen und östlichen Vorstädte bewohnten. Um einen stationären Zirkusbetrieb unterhalten zu können, bedurfte es eines wech-

selnden, gemischten Publikums. Anfangs kamen zu Renz' Vorstellungen vor allem Soldaten, Angehörige bürgerlicher und kleinbürgerlicher Milieus, Gewerbetreibende, Handwerker, Bedienstete, Fabrikarbeiter. Mit steigendem Ansehen und dem Ausbleiben der französischen Tourneezirkusse fanden sich auch der Adel und die Diplomatie bei ihm ein.

Im ersten Berliner Jahrzehnt des Unternehmens war der Konkurrenzdruck hoch. Den Zirkus vor dem Rosenthaler Tor bespielte die Truppe des berühmten Kunstreiters Alessandro Guerra und den Zirkus vor dem Brandenburger Tor die ausgezeichnete Gesellschaft von Eduard Wollschläger. 1846 gastierte Carl Price, 1851 Tourniaire, 1853 Krembser, 1854 Hinné und Ducrow sowie François Loisset in der Stadt.

Renz war damals Anfang dreißig und geschäftlich nicht mehr ganz unerfahren. Nach Rudolf Brilloffs Tod 1842 hatte er kurzzeitig dessen Kunstreitergesellschaft geleitet, im Jahr darauf aber schon sein eigenes Unternehmen gegründet, mit dem er in Thüringen und im Fränkischen, in Bayern und in Posen, im heutigen Polen, spielte. In München stand Renz dann im Wettbewerb

Rudolf Brilloff und seine Schüler

Der Kunstreiter und Zirkusunternehmer Rudolf Brilloff (1788–1842) muss ein begnadeter Lehrer gewesen sein, seine Schülerschaft aber auch außergewöhnlich begabt. Viele seiner Eleven wurden erstklassige Schul- und Kunstreiter. Nicht wenige begründeten international renommierte Zirkusunternehmen und bildeten ihrerseits hervorragende Dresseure, Schul- und Kunstreiter aus. Wilhelm Carré etwa, eine Zeitlang bei Renz engagiert, machte sich schließlich selbständig und ließ sich in Amsterdam nieder. Bald firmierte sein Unternehmen als KÖNIGLICH NIEDERLÄNDISCHER CIRCUS. Bei Renz hatte Wilhelm Carré mit seinem Illuminationssprung auf ungesatteltem Pferd über 48 brennende Kerzen von sich reden gemacht. Charles Hinné schloss sich später in Paris zunächst mit Andrew Ducrow zusammen, der sein Schwager und Astleys Nachfolger war, um dann mit einem eigenen Zirkus Asien, den Orient und Osteuropa zu bereisen; schließlich eröffnete er in Moskau und St. Petersburg feste Häuser. Gotthold Schumann, ebenfalls Brilloffs Eleve, hatte jahrzehntelang für Renz gearbeitet, bevor er sich 1871 zunächst mit Heinrich Herzog zu einem eigenen Unternehmen zusammenschloss. In Kopenhagen begründete er 1881 den dänischen CIRCUS SCHUMANN, den sein Sohn Max später übernahm. Albert Schumann, sein zweiter Sohn, sollte mit einer eigenen Gesellschaft auftreten und Renz' letztes Domizil in Berlin, den Zirkus in der Karlstraße, übernehmen. Vor Renz aber hatte Albert Salamonsky, der Sohn von Brilloffs Schüler Wilhelm Salamonsky, dieses Berliner Gebäude, das man Markthallenzirkus nannte, bespielt. Bevor Albert Salamonsky 1873 sein Zirkusunternehmen gründete und dem „alten Renz" in Berlin Konkurrenz machte, hatte er 1861 beim ihm debütiert und war eine Zeit lang als Voltigeur, Parforce- und Barebackreiter engagiert. In Salamonskys Unternehmen sollten sich Mitte der 1870er Jahre der Schulreiter Paul Busch und die Kunstreiterin Miss Constance kennenlernen, die später gemeinsam den CIRCUS BUSCH begründeten. 1879 verließ Salamonsky Berlin, um sich endgültig in Moskau niederzulassen. Seinen Markthallenzirkus bezog der „alte Renz".

Ausgebildet hatte Brilloff auch Eduard Wollschläger, der Dresseur, Parforce- und Springreiter war und ab 1841 mit einem eigenen Zirkus reiste. Er bespielte zunächst vor Renz die Berliner Häuser, dann mit ihm gleichzeitig. Allerdings löste er sein Unternehmen schon 1859 auf. Gegen die Konkurrenz von CUZENT & LÉJARS appellierte Wollschläger an den Lokalpatriotismus der Berliner und bewarb sein Unternehmen demonstrativ als „preußischen Zirkus". Genutzt haben soll es nichts.

mit dem CIRCUS SOULIER. Der soll ihm so viele Mitglieder abgeworben haben, dass er selbst zwangsläufig als „Akrobat, Jongleur, Forcereiter, Dresseur, Tremplinspringer und Verwandlungsreiter" auftrat. Ein äußerst strapaziöser Kraftakt, der sich am Ende auszahlte: Renz gewann an Ansehen, die Einnahmen stiegen.

Immerhin war er auf solche artistischen Einsätze gut vorbereitet. 1815 wurde er als Sohn einer vielköpfigen Seiltänzerfamilie geboren, im Alter von sechs Jahren nahm ihn der Seiltänzer und Kunstreiter Maxwell als Pflegesohn und Schüler in seine Gesellschaft auf. Mit elf kam er dann zu Christoph de Bach, einem damals hoch geschätzten Kunstreiter und Zirkusunternehmer. De Bach hatte 1808 im Wiener Prater den CIRCUS GYMNASTICUS eröffnet, reiste aber weiterhin.

Bei ihm konnte Renz seine Reitkünste, seine Fertigkeiten im Seiltanzen, Jonglieren und in der Kraft- und Sprungakrobatik vervollkommnen. Sicher schulte seine Elevenzeit bei de Bach auch seinen Sinn für eine anspruchsvolle Programmgestaltung. Wie Astley und die Franconis, wenn auch weit weniger aufwändig, zeigte der CIRCUS GYMNASTICUS Pantomimen. Klassiker wie *Don Quichotte* und den *Heldentod des Marlborough* nahm Renz später selbst ins Repertoire. Seinen letzten Schliff als Zirkusartist aber bekam er als Mitglied der Kunstreitergesellschaft von Rudolf Brilloff. Zu ihm, der dafür laut Raeder an de Bach eine „Abstandssumme" zahlte, wechselte Renz im Jahre 1829. Man sah in ihm schon einen hochtalentierten Gymnastiker, Kunstreiter, Pferdedresseur und Athleten.

„Der Name Therese Renz reitet von janz alleene"

So sah das jedenfalls Minna Schulz, die „Wasserminna", langjähriges Mitglied des *Corps de Ballet* und Sensationsartistin im CIRCUS BUSCH, als die berühmte Schulreiterin dort im Jahre 1909 ihren fünfzigsten Geburtstag beging. Früh schon und recht zahlreich traten Kunst- und Schulreiterinnen in den europäischen Manegen auf. Zunächst vor allem, aber nicht ausschließlich Ehefrauen, Töchter, Nichten und Enkelinnen von Zirkusdirektoren. Astleys Frau ritt ebenso wie die Gattinnen der Franconis. Gleiches gilt für Demoiselle Price, für Philippine Tourniaire, für Laura de Bach, Elise und Elvira Guerra oder Virginie Kénébel. Antonetta Renz, die ihren Beruf bald zugunsten ihrer siebenköpfigen Familie aufgab, Käthchen Carré und Constance Busch waren angesehene Kunstreiterinnen, lange bevor sie ihre Ehen schlossen. Desgleichen Lina Schwarz, die laut Halperson wie eine der „geschicktesten Ballerinen Fußspitzentänze auf ungesatteltem Pferde ausführte" und mit ihrem Gatten Albert

Salamonsky „in der Nibelungenpantomime" auf dem Pferderücken „als Siegfried und Brünhilde" brillierte. Pas de deux, Menuett oder Gavotte genügten in den 1830er-Jahren schon längst nicht mehr, um auf dem Pferderücken *bella figura* zu machen. Angeregt durch Ballette wie *La Sylphide* (1832), adaptierten Kunstreiterinnen im ersten Drittel des 19. Jahrhunderts Choreografien zu Pferde. Clotilde Guerra, Tochter von Alessandro Guerra und zukünftige Gattin des Zirkusdirektors Andreas Ciniselli, tanzte *La Sylphide* im Januar 1857 bei Renz. Dessen Nichte Käthchen zeigte 1853 gemeinsam mit Virginie Blennow, Tochter des späteren Zirkusdirektors August Blennow, einen *Danse à la Pepita,* der einer damals populären spanischen Balletttänzerin nachempfunden war. So manche Kunstreiterin, wie etwa Louise Loisset Anfang der 1850er-Jahre bei Renz, absolvierte ihren Spitzentanz nun im Tutu, dem ausgestellten weißen Röckchen des klassischen *Ballet blanc*. Seitdem Frauen in den Manegen begannen, auf dem Pferderücken Sprünge, Tänze und Pirouetten zu vollführen, gab es kurze Gewänder; sie waren anfangs aber ungleich schlichter.

Die Kunstreiterin Magdalena Krenzow als tanzende Sylphide auf dem Pferderücken.

Oben: Mademoiselle Adelina auf ihrem Jagdpferd Mirza
im Circus Renz bei ihrem berühmten Sprung in die Manege.

Rechts: Therese Renz auf ihrem Dressurpferd „Last Rose",
um 1930.

Louise Loisset war übrigens die Tochter des alten und die Schwester des jungen Baptiste Loisset. Alle drei Loisset-Geschwister, auch François, der die legendäre Schul- und Springreiterin Caroline Loyo heiratete – sie war im Januar 1852 bei Renz im Engagement – und einen eigenen Zirkus gründete, sowie Emilie und Clotilde, die beiden Enkelin des alten Loisset, waren dem CIRCUS RENZ eine Weile eng verbunden. Immerhin waren die Loissets eine berühmte Kunst- und Schulreiterdynastie.

Nach ihrer Heirat mit Baptiste Loisset jun. wurde auch Demoiselle Adeline ein Teil davon. Sie gehörte zu Renz' besten Parforce- und Springreiterinnen. Wie in Franz Kafkas *Auf der Galerie* die „schöne Dame, weiß und rot, hereinfliegt, zwischen den Vorhängen, welche die stolzen Livrierten vor ihr öffnen", so praktizierte bereits Adeline das legendäre Hineinfliegen in die Manege, indem sie zu Pferd über ein Hindernis am Eingang setzte. Berühmte Kolleginnen wie Mathilde

Monnet gestalteten auf diese Weise sehr effektvoll ihren Abgang. Die Hohe Schule ritt die Monnet im Übrigen auch ohne Sattel und Zaum. Und das stellte im Damensitz eine bravouröse Leistung dar, denn Schulreiterinnen trugen um diese Zeit noch weite, fast krinolinenartig gewölbte Röcke. Das elegante, enger geschnittene schwarze Kostüm kam erst im letzten Drittel des 19. Jahrhunderts auf.

Renz' Nichte Käthchen ritt sowohl Panneau – das war ein ausladendes, gepolstertes Brett, auf dem die Kunstreiter ihre Tänze vollführten, Saltos sprangen oder auf einem Stuhl sitzend Trinkgelage veranstalteten – als auch bareback, das heißt auf ungesatteltem Pferd. 1854, im Jahr nach Käthchens Debüt, trat bei François Loisset in Berlin Miß Ella auf. Hinter dem Namen verbarg sich ein junger Mann namens Omar Kingsley – was damals niemand ahnte –, der sich den glamourösen Nimbus der Kunstreiterinnen zunutze machte, sich als Frau ausgab und im Tutu präsentierte.

Miß Ella schlug auf dem Pferderücken nicht nur halsbrecherische Saltos vor- und rückwärts, sondern sprang auch durch sensationelle 50 mit Seidenpapier bespannte Reifen, sogenannte Ballons. Das forderte den Ehrgeiz von Käthchen Renz und Virginie Blennow heraus. Halperson notierte noch 1926 begeistert, dass „die stets lebendige Berliner Galerie die Ballons", welche die drei durchsprangen, „laut mitzählte und frenetisch applaudierte, wenn die gewohnte Anzahl einmal überboten wurde". 1860 schaffte auch Louise Loisset die fünfzig Ballonsprünge hintereinander und ihr Bruder Baptiste „übertraf" sich selbst in „Rückwärts-Vorwärts-Salto-mortales". Bei Renz ritt Omar Kingsley übrigens im März 1862 als *Herr Omar, Productionen zu Pferde à la Miß Ella im Damen-Costum*. Der ‚Schwindel' mit der angemaßten Weiblichkeit war aufgeflogen.

All das aber war bereits ein Vorgeschmack auf die Fülle von Konkurrenzen, die im Circus Renz in den 1870er-Jahren inszeniert werden sollten. Um den Beifall des Publikums wetteifernd, traten mehrere Kunstreiter und Kunstreiterinnen mit der gleichen Produktion gegeneinander an. So auch Elise Petzold, Fräulein Constance – die zukünftige Direktorin Constance Busch –, Oceana Renz und eine gewisse Therese Stark, Tochter von Wollschlägers Elevin Lina Wunderlich und Zirkusdirektor Wilhelm Stark.

Als Stehendreiterin trat Fräulein Therese Stark 1874 beim „alten Renz" ins Engagement und als zukünftige Frau Therese Renz wieder aus. Wie sämtliche in seinem Unternehmen angebahnte Liebesgeschichten, hatte der „alte Renz" die Verbindung zwischen ihr und seinem Neffen Robert missbilligt und mit einem Hinauswurf streng sanktioniert. Erst unter der Direktion seines Sohnes Franz sah man sie dann wieder im Circus Renz. Inzwischen war sie zur Schul- und Springpferdreiterin mit internationalem Renommee avanciert, „von hoher Geschicklichkeit und Eleganz", so Halperson, „süperb in Sitz und Haltung". Wie die berühmte Caroline Loyo dressierte Therese Renz ihre Pferde nicht nur selbst, sondern ritt sie auch selbst ein. Zwischenzeitlich führte sie nach dem Tod ihres Gatten einen eigenen Zirkus. Während des Ersten Weltkriegs ging sie in Konkurs und nahm wieder Engagements an. Noch in den 1930er-Jahren, als über 70-Jährige, ritt sie Hohe Schule. Und dies, obgleich das keineswegs mehr

zwingend war, im Damensattel. Im Circus Busch wurde sie jahrzehntelang gefeiert und verehrt. Therese Renz blieb im 20. Jahrhundert nicht ohne Nachfolgerinnen. Micaela, die Enkelin des alten Busch und später selbst Zirkusdirektorin, kann als ihre Elevin gelten. Die letzte Schulreiterin alten Schlags, jenes geradezu aristokratischen Zirkus-Stils, ist Therese Renz aber ganz gewiss gewesen.

Attraktionen jenseits der Manege

Zu Reklamezwecken hatte Renz bereits in seinen Anfangsjahren Kunstwettrennen mit Preisen außerhalb der Manege veranstaltet. Im Frühjahr 1847 wurde zweimal auf dem Schützenplatz an der Linienstraße „nach Art der Tscherkessen", also in raschem Tempo und mit Überhängen kopfabwärts, um die Wette geritten. Man konnte, wie Raeders Renz-Chronik berichtet, auch im „Griechischen Rennen" als Stehendreiter auf zwei „ungesattelten Pferden" oder im vierfachen „Cäsar-Ritt", im Damen-Rennen und bei der Steeple Chase miteinander wetteifern. Wer sich zu beteiligen wünschte, musste in Renz' Privatwohnung in der Rosenthaler Straße 50 Bescheid geben. Gewinnen konnte man etliche Taler, Louisdors, eine goldene Kette und eine goldene Uhr. Als Renz 1863 auf „Allerhöchste Cabinetsordre" erneut ein Wettrennen, dieses Mal auf dem Hippodrom nahe dem Zoologischen Garten, veranstaltete, gab es in Deutschland bereits über dreißig größere Rennplätze.

Wer aber war sattelfest und schnell genug, es mit einem Zirkusreiter aufzunehmen? Neben Kavalleristen und Adligen mehr und mehr Bürgerliche. Im 18. Jahrhundert hatte sich das akademische Reiten als Fach an den Universitäten etabliert. Die ersten Tattersalls waren bereits in den späten 1770er-Jahren in England entstanden. Dort konnte man Pferde mieten und

Miss Darling im Nouveau Cirque in Paris, auf dem Pferderücken entspannt ein Saiteninstrument spielend, um 1880. In dieser Haltung tranken Kunstreiterinnen auch Wein und Champagner.

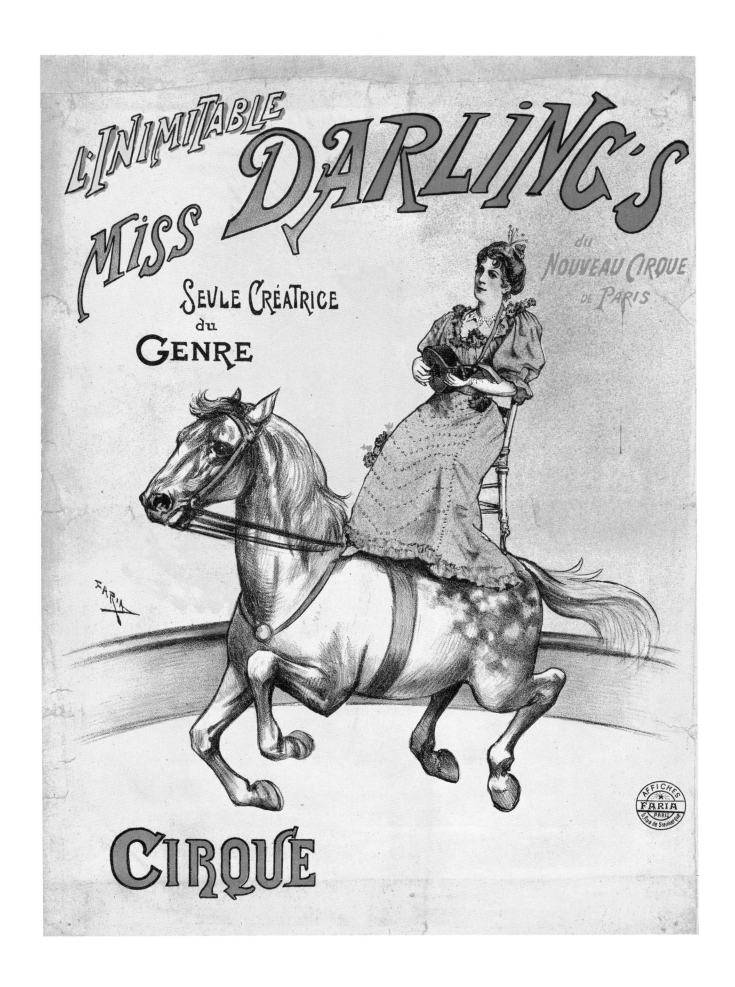

In der 62 Meter langen Zelt-Manege des Circus Krone. Gegeben wurden „altrömische Arenaspiele und Wagenwett-kämpfe".

reiten lernen. Zum Massensport wurde das Freizeitrei-ten in Deutschland allerdings erst um 1900.

In der dafür viel zu kleinen Manege konnten Wett-, Jagd- und Hindernisreitereien wie das im Februar 1852 angekündigte, von Frauen und Männern gerittene „Great Steeple Chase" mit Kaskaden-, Brücken- und Barrieresprüngen naturgemäß immer nur simuliert werden. Manchmal inszenierte Renz dergleichen auch als „englische Hirschjagd".

Steeple Chase-Rennen – über Hindernisse quer-feldein, von einem festgelegten Punkt zum nächsten –, waren in England seit Mitte des 18. Jahrhunderts schwer in Mode. Dazu gehörten auch Sturzsprünge von einer erhöhten Ebene in die Tiefe. Als dramatische Höhepunkte ließen sich solche Kaskaden- oder Todes-sprünge gut in Pantomimen einfügen. So 1898 in Paul Buschs *Persien*. Um die Prinzessin zu befreien, stürzte dort der Prinz auf dem Pferd von der als Fels gestalte-ten Kaskade in die mit Wasser angefüllte Manege. Beim Brückensprung sprang der Reiter auf das obere Querbrett eines Rahmens – das konnte auch ein zwi-schen zwei Stangen befestigter Tisch sein –, um bei der nächsten Runde wieder auf dem Pferderücken zu lan-den. Künstliche Zäune, Hügel, Gräben oder schlichte

Balken bildeten Barrieren, die Stehendreiter oder Springreiter im Sattel überwanden. Als Stunts waren solche Kunstreiterfertigkeiten auch beim Film gefragt, etwa im Western oder in Mantel- und Degenfilmen.

Renz als Stilbildner für die Zirkuskunst

Renz bot eine Fülle internationaler Koryphäen der Schul- und Kunstreiterwelt auf. Anfangs vermerkte er, wenn sie von Astleys Theater, vom Pariser Cirque Olympique oder vom Cirque des Champs Elysées kamen. Später war es umgekehrt: Es galt im Zirkus-metier als Empfehlung, bei Renz engagiert gewesen zu sein. James Morton, Parforce- und Grotestreiter, soll Ende der 1840er-Jahre das Panneau bei Renz ein-geführt haben. Pierre Monfroid sprang durch Reifen, die an den Innenseiten mit Dolchen besetzt waren. Davis Richards vollführte Lendenritte – dabei bewegte sich der Reiter im Lendenbereich des Pferdes –, Über-hänge kopfabwärts, Hand- und Kopfstände auf dem Pferderücken. Nach seinem tödlichen Sturz vom Pferd im Jahr 1866 kam die „Voltige à la Richards" auf. Die

Geschwister Chiarini und die Geschwister Briatore, die auch als Parterre-Akrobaten auftraten, voltigierten und bauten Pyramiden zu Pferd. Hubert Cooke wirbelte als englischer Jockey ohne Sattel in den Zirkusmanegen viel Staub auf. Dazu trug er die typische Kappe, eine farbige Seidenbluse, eng anliegende, weiße Reithosen und Stulpenstiefel. Gewöhnlich galoppierte der Jockeyreiter in die Manege, durchritt sie einmal rasant, als hätte er Verfolger, stand plötzlich aufrecht, winkte in die Menge, ließ sich auf den Pferderücken fallen, saß rückwärts und im Schneidersitz, voltigierte, balancierte, absolvierte das gesamte Kunstreiterrepertoire aus Saltos und Pirouetten. Zu den Höhepunkten zählten die abschließenden Sprünge aufs galoppierende Pferd. John Frederik Clarke, als „phänomenaler Reiter" plakatiert, vollführte dazu noch Flickflacks und Twistsaltos mit Drehungen in der Luft. Vom Clown Grimaldi bereits auf der Theaterbühne parodiert, hatte sich die Jockeyreiterei durch die englischen Jagd- und Wettrennen etabliert. Berufsreiter wurden Jockeys, sieht man vom Zirkus ab, jedoch nicht vor Ende des Ersten Weltkriegs.

Kurz, im Verlauf einiger Jahrzehnte zog Renz alles an, was in der Zirkuswelt Rang und Namen entweder bereits hatte oder noch erwerben sollte. Und präsentierte einmal einer seiner Rivalen eine Koryphäe vor ihm, so dauerte es nicht lange und sie arbeitete auch für Renz. 1892 machte der namhafte englische Reitlehrer James Fillis erstmals im Wellblechzirkus bei Gotthold Schumann von sich reden. Noch im gleichen Jahr trat er, als „anerkannt bester Schulreiter der Welt" angepriesen, auch im Circus Renz auf. Das allerdings hat der „alte Renz" nicht mehr erlebt.

Solange Ernst Jakob Renz übrigens noch ritt, lenkte er selbst alle Blicke auf sich. Er war nicht nur ein glänzender Stehend- und Temporeiter, der sich mühelos mit zwölf ungesattelten Pferden in voller Karriere durch die Manege bewegte, voltigierte, in römischer Tracht exerzierte, Verwandlungsszenen und Kraftathletik zeigte, sondern auch ein vorzüglicher Schulreiter. Als Dresseur wie als Reiter erfolgreich waren dann auch viele seiner Kinder und Enkel. Doch aus seinem Schatten zu treten, vermochte aus Renz' Familie niemand – bis auf eine, zu allem Überfluss auch noch angeheiratete Reiterin: Therese Renz, geborene Stark.

Albert Schumann übernimmt das Berliner Gebäude des Circus Renz

Am Sonntag, dem 3. April 1892, fiel die Vorstellung im Circus Renz aus. Vier Tage lang blieb der Zirkus in der Karlstraße geschlossen. Als er am 7. April wieder eröffnete, war der Platz leer, auf dem Ernst Jakob Renz üblicherweise ‚Posto bezog'. Der „Alte Fritz" der Zirkuswelt war an jenem Sonntag in den frühen Morgenstunden gestorben. Ein Musikcorps der Gardeartilleristen ging bei seiner Bestattung dem Trauerzug voran; dem Sarg folgten nach Renz' Familie und den Mitgliedern des Ensembles auch bekannte Zirkusdirektoren, darunter Gotthold Schumann, Oskar Carré, August

Die Brüder Reinsch als Jockey-Reiter vor einem Zirkuswagen.

Krembser und Paul Busch. Alle erwiesen sie ihm voller Respekt und Bewunderung die letzte Ehre. Da Ernst Jakob Renz inzwischen einen bewährten, jahrzehntelang erprobten Mitarbeiterstab beschäftigte, ging der Zirkusbetrieb nach der Bestattung des alten Prinzipals reibungslos weiter. Sich in Berlin niederzulassen, wagte Paul Busch im Übrigen erst nach dem Tod des „alten Renz". Und Albert Schumann sogar erst nach dem Konkurs des jungen Renz, obwohl der den Mittelpunkt seines Geschäfts längst nach Hamburg verlegt hatte.

Dem CIRCUS RENZ sollten nun nur noch fünf Jahre beschieden sein. Ausreichend Zeit, um 1896 das fünfzigjährige Bestehen des Berliner Domizils zu feiern, aber schon nicht mehr, um auch die Jubiläen der Wiener und Hamburger Dependancen zu begehen. Gab es eine Premiere, zog der gesamte Marstall in die Mane-

Gruss aus Berlin   Circus Alb. Schumann

Eine Postkarte zeigt das Berliner Zirkusgebäude von Albert Schumann. Zuvor, man kann es noch lesen, hatte Renz das Haus bespielt.

ge ein. Stolze 200 Pferde im kostbaren Geschirr. Dazu das gesamte Personal, die „Damen in großer Toilette" und die „Herren im Frack". So wollten es wenigstens die Presseberichte. Die Pantomimen, so las man dort, seien zum Schluss sündhaft teuer gewesen. Dies freilich kann kaum ein Grund für den Niedergang des Unternehmens gewesen sein. Paul Busch, der Rivale, der seit 1895 ein großes, festes Haus am Hackeschen Markt in Berlin unterhielt, investierte ebenfalls nicht wenig in pompöse Prachtpantomimen – und er verfügte nicht annähernd über die Mittel von Renz, dem man in der Presse ein geerbtes Vermögen von sechzehn Millionen Mark andichtete. Von der Choleraepidemie, die im August 1892 in Hamburg ausbrach und den Spielbetrieb wochenlang lahmlegte, war Busch ja kaum weniger betroffen als der junge Renz. Letzterem jedoch warf man öffentlich vor, das Luxusleben eines „Grandseigneurs" geführt zu haben und lieber auf Jagd gegangen zu sein, als sich um den geerbten Zirkus zu kümmern. Über Franz Renz fällte die Presse ein erbarmungsloses Urteil: Verschwendungssucht und Trägheit. Er galt als „untüchtig", wie man sich damals in Unternehmerkreisen auszudrücken pflegte. Überprüfbar aber ist das meiste, das Franz Renz nachgesagt wurde, nicht.

Mitte Juli 1897 gab Franz Renz in einem Rundbrief bekannt, dass er sein Geschäft per 31. des laufenden Monats „aufgebe". Am gleichen Tag sollte in Hamburg die letzte Vorstellung stattfinden. Der Versuch seines Neffen Ernst jun., einen neuen CIRCUS RENZ zu begründen, blieb erfolglos. Als Franz Renz im Juli 1901 in seiner Villa in Reinbek bei Hamburg starb, fand man kaum ein freundliches Wort für den gescheiterten Erben. Er hatte vermutlich vor allem das Pech, der Sohn eines jahrzehntelang unangefochtenen, oft als herrisch beschriebenen Zirkuskönigs zu sein. Sich selbstständig zu machen, hat Franz vor dem Ableben des „Alten" nicht vermocht. In den beginnenden Aufstieg seines Vaters hineingeboren, kannte er wohl kaum Niederlagen, sondern nur eine allenfalls mäßig gebremste, selten getrübte Erfolgsgeschichte.

Renz' Zirkus an der Karlstraße erlebte zunächst ein Intermezzo als OLYMPIA-RIESENTHEATER, bevor Albert Schumann das Gebäude 1899 erwarb – wie im Jahr zuvor das Hamburger Renz-Domizil. Pünktlich im Herbst 1899 eröffnete Schumann seine neue Berliner

Musikpferde im Circus
Sidoli 1904.

Spielstätte. Für fast zwanzig Jahre sollte es nun – mit zweijähriger Unterbrechung – zwei rivalisierende Großzirkusse in der wilhelminischen Reichshauptstadt geben. Anders als Franz Renz hatte sich der 1858 in Wien geborene Albert Schumann früh vom väterlichen Unternehmen gelöst. Seit 1885 bereiste er mit einem eigenen Unternehmen Skandinavien, das Baltikum, Russland und Polen. Debütiert haben soll er bereits als Dreijähriger in einer Pony-Voltige. Später brillierte er als Voltigeur und Jockeyreiter in Brüssel und Paris. Eine Verletzung zwang ihn, sich ganz auf die Pferdedressur zu konzentrieren. In Schumanns kleinem Mimodrama *Soldatenpferde* etwa marschierten die Hengste wie exerzierende Soldaten, Augen nach links, Augen nach rechts, in die Manege. Ein heransprengendes Pferd gab den Auftakt zur simulierten Schlacht. Die Hengste liefen wie beim Nahkampf durcheinander und bedienten, mit dem Maul an einer Schnur ziehend, sogar Kanonen. Abschließend schwenkten die Sieger eine Fahne im Maul. Ähnlich

ließ Schumann seine Pferde auch eine Schulklasse mit einem Lehrer spielen. Sie apportierten Hut, Mantel und Bestrafungsliste, läuteten die Schulglocke, rechneten und schrieben. Auch seine *Spielkartenpferde,* die *Musikalischen Hengste* und der *Kindergarten* waren populäre Dressurnummern. Schumanns *Bettpferd Good Night,* bei dem sich das Pferd im Bett mit dem Maul eine Decke überzieht – ein Hafer-Trick –, wurde später viel adaptiert. Beim *Drehenden Kreuz* bewegten Pferde durch ihre Vorderbeine mit Rollen versehene Holzarme, über die andere Pferde in der Gegenrichtung sprangen. Viel gezeigt – später auch von Paul Busch – wurde Schumanns Pferdepyramide. Dabei stieg ein Pferd nach dem anderen auf die übereinander montierten Ebenen. Oben auf dem Podest stand der Dresseur mit der Chambrière. Waren sämtliche Stufen besetzt, liefen die geschmückten Pferde jeweils in der Gegenrichtung im Kreis. So tummelten sich bei einer Nummer manchmal über hundert Pferde in der Manege. Aufs Detail, das resümiert Halperson zu Recht,

Oben: Ein Bettpferd im Circus Knie. In die Decke ist Hafer eingenäht.
Darum nimmt sie das Pferd gern ins Maul.

Rechts: Plakatwerbung des Circus Blumenfeld 1891/92.

kam es hier nicht mehr an. Gezählt hat tatsächlich nur noch die Wirkung der Masse an Pferden auf die Massen von Zuschauern. Mochte Schumann nicht alle seine Pferdenummern selbst erfunden haben, so galt er doch weithin als der geschickteste Dresseur. In ihm sah man den würdigen Nachfolger von Ernst Jakob Renz. Wie er wurde Schumann für seine Schnelldressuren gerühmt. Sechsundzwanzig Pferde soll er einmal innerhalb von nur zweiundzwanzig Tagen zur Zirkusreife gebracht haben. Allerdings heißt es über ihn auch, er habe allein schon mit seiner Stimme eine nachgerade magische Wirkung auf Pferde ausgeübt.

Um 1900 war die Zahl der Pferdenummern, die einmal das Herzstück der Zirkusprogramme gewesen sind, deutlich geschrumpft. Längst hatte der Raubtier- und Exotenzirkus dem Pferdezirkus den Rang abgelaufen. Im CIRCUS RENZ bestritten Freiheitsdressur, Kunst- und Schulreiterei noch wenigstens die halbe

Vorstellung. Sowohl Busch als auch Albert Schumann legten ebenfalls großen Wert auf erstklassige Darbietungen mit und auf Pferden, die sie auch selbst vorführten. Doch sie sollten die letzten Direktoren von Großzirkussen sein, die ihre Unternehmen auf Reitkunst und Pferdedressur gründeten. Um Raubtiere und Exoten, Kunstradfahrer und Automobilüberfahrten haben natürlich auch sie ihre Programme erweitert.

Zu den mittleren Unternehmen mit langer equestrischer Tradition zählten neben den Althoffs oder den Knies auch die beiden jüdischen Zirkusfamilien Strassburger und Blumenfeld – durch die Bank Dresseure, Kunst- und Schulreiter von beachtlichem Format. Emanuel Blumenfeld, geboren 1811, und Adolph Strassburger, 1812 zur Welt gekommen, gehörten zur gleichen Generation wie Ernst Jakob Renz. Beide begründeten eine über hundertjährige Zirkustradition, die

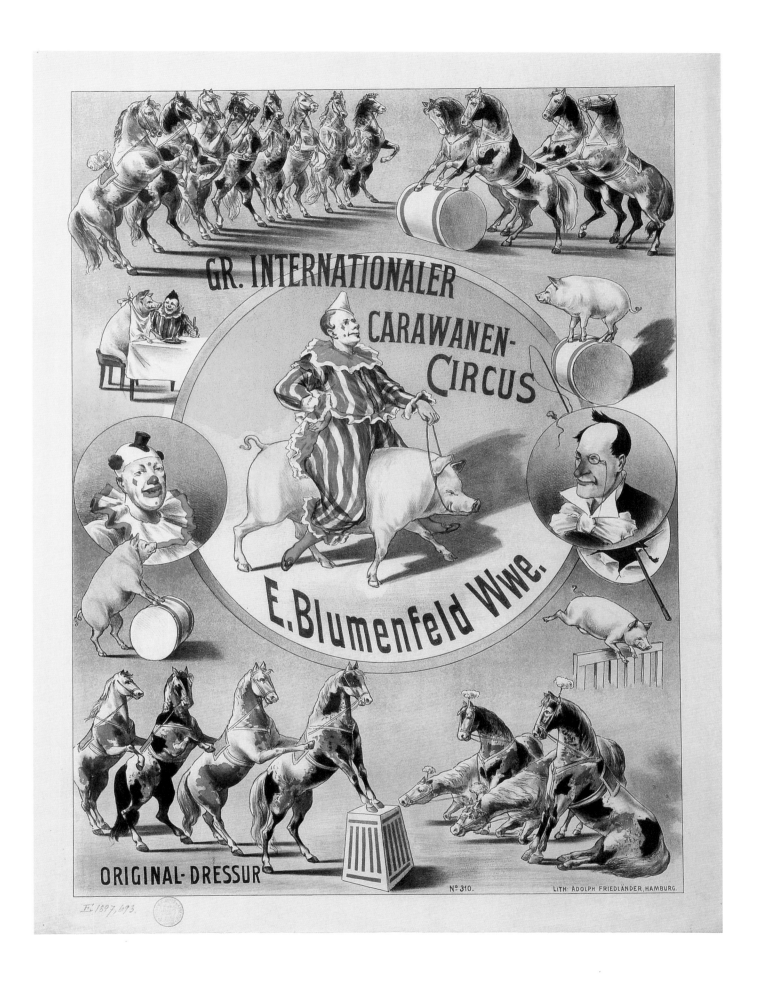

erst die NS-Diktatur brutal zerstörte. Die Strassburgers wurden entrechtet und vertrieben, die Blumenfelds in den NS-Vernichtungslagern fast vollständig ausgelöscht.[1]

Doch zunächst gründeten die Nachkommen aus den beiden Ehen des Kunstreiterprinzipals Blumenfeld eigene Unternehmen, so Meyer Blumenfeld im Jahre 1875 gemeinsam mit seinem Kompagnon François Goldkette, ebenfalls Spross einer jüdischen Kunstreiter- und Seiltänzerfamilie. Die Söhne Alex, Hermann, Adolf und Simon aus der zweiten Ehe mit Jeannette Stein führten später das elterliche Unternehmen fort, das nach dem Tod des „Stammvaters" im Jahre 1885 zunächst von seiner Witwe geleitet wurde und den Zusatz „E. Blumenfeld Wwe." erhielt. Die Enkel Alex, Arthur und Alfons eröffneten 1918 den Circus Gebr. Blumenfeld jun. und bezogen 1920 in Magdeburg einen festen Zirkusbau, den sie, waren sie auf Tournee, an andere Zirkusunternehmen vermieteten. Mit ihrem „Operettenpferd Puppchen", das nach dem Schlager *Puppchen, du bist mein Augenstern* Schul-

figuren ausführte, traten sie auch bei Krone und Sarrasani auf.

Antisemitische Übergriffe gehörten zum Alltag der Weimarer Republik. Sie belasteten die Blumenfelds zusätzlich zur allgemein schwierigen wirtschaftlichen Lage, die allen deutschen Zirkusunternehmern zu schaffen machte. Boykottaufrufe gegen jüdische Unternehmen hatte es lange vor der nationalsozialistischen Machtübernahme gegeben. Ein stationäres Unternehmen in einer lediglich mittelgroßen Stadt ließ sich unter diesen Bedingungen nicht halten. 1928 gingen die Blumenfelds in Konkurs. Von den Brüdern, die das Magdeburger Unternehmen einst leiteten, hat lediglich Arthur den Holocaust überlebt. Nach dem Zweiten Weltkrieg gründete er in Berlin erneut ein kleines Zirkusunternehmen, das er aber schon 1949, noch immer geschwächt durch die Berlin-Blockade der Sowjets, wieder aufgeben musste. Zwei Jahre später starb er.

Wie die Blumenfelds, so traten auch die Strassburgers seit dem ersten Drittel des 19. Jahrhunderts als wandernde Kunstreiter und Seiltänzer auf. Adolph

Plakatwerbung des Circus Strassburger mit einer Pferdepyramide, gekrönt von einem Elefanten, aus dem Jahre 1934. Pferde- und Exotenzirkus sind vereint. Dies war Ruth Malhotra zufolge eines der letzten Plakate der Lithographischen Anstalt Friedländer.

Ritterspiele in der Zirkusmanege. Sie waren seit
Astley ein beliebtes Sujet
von Pferdenummern und
Pantomimen.

Strassburger hatte die artistische Familientradition begründet, doch erst sein Sohn Salomon brachte es als Zirkusunternehmer zu nennenswertem Erfolg. Dessen Söhne Adolf und Leopold unterhielten jeweils eigene Unternehmen. Und Carl, Adolfs 1899 geborener Sohn, verhalf dem Namen Strassburger in den 1920er-Jahren zu hohem zirzensischen Ansehen. Die Strassburgers blieben Wanderunternehmer, bereisten in den 1920er-Jahren Deutschland, Frankreich, Belgien, Russland, die Niederlande und Schweden und bespielten zeitweilig ein Dreimanegenzelt. Gut ausgestattet, aber in seiner Dimension überschaubar, absolvierte das Unternehmen auch kürzere Gastspiele in kleineren Städten. Einen Großzirkus hätte das logistisch wie technisch überfordert.

Anders als die Blumenfelds, die jüdische Partner vorzogen, ehelichten einige Strassburgers Katholikin-

nen aus der alten Zirkusfamilie Kossmeyer. Nach Hitlers Machtantritt begannen dennoch die Boykotte. Um das Unternehmen zu schützen, trat der nicht-jüdische Geschäftsführer der NSDAP bei, gründete eine „Betriebs-Zelle" der Deutschen Arbeitsfront – Carl Strassburger stiftete eine im Zirkus eingeweihte Fahne – und erwirkte einen sogenannten Schutzbrief von Rudolf Hess. Doch was immer die Strassburgers unternahmen, um die Attacken abzuwehren, nichts half. Im August 1935 gab Carl Strassburger auf und verkaufte seinen Zirkus weit unter Wert an Paula Busch.

Gewiss, Paula Busch hat vom Zwangsverkauf profitiert. Eine kaltschnäuzige Arisiererin aber war sie nicht. Sie verfügte nicht über die Mittel, Carl Strassburger einen auch nur halbwegs angemessenen Preis für sein Unternehmen zu zahlen. Ohne den Verkauf zwischen den beiden befreundeten Zirkusunternehmern, hätte der NS-Staat das Unternehmen vermutlich beschlagnahmt. 1936 hat Carl Strassburger in Belgien ein neues Unternehmen eröffnet. In den Niederlanden wurden die Strassburgers heimisch. Während des Kriegs und der deutschen Besatzung bereisten sie vornehmlich die Länder Dänemark und Schweden. Ein Teil der alten Zirkusfamilie wurde ermordet, einem anderen gelang es, im Versteck zu überleben. Nach der Befreiung blühte das Unternehmen noch einmal auf. Doch schon im Mai 1953 starb Carl Strassburger an Herzversagen. Zehn Jahre später lösten Regina und Elly Strassburger den Zirkus endgültig auf.

Géraldine Knie zeigt den schönen alten Manegeklassiker *Königliche Post.*

Von den traditionellen Pferdezirkussen gab es neben den Althoffs nun nur noch die Knies. Mit viel Zeit, Geduld und enger emotionaler Bindung Pferde dressiert hat wahrscheinlich erst der Schweizer Zirkusdirektor Fredy Knie. Die Knies entstammten ebenfalls einer alten Artistenfamilie aus dem frühen 19. Jahrhundert. Vier Brüder begründeten 1919 gemeinsam den Schweizer National-Circus. Fredy Knie dirigierte eine seiner Dressurgruppen tatsächlich einmal nur mit seiner Stimme. 1957 gab er, der sich selbst außerhalb der Manege befand, seinen „Radiopferden" die Kommandos durch große Lautsprecherboxen. Sein Sohn

Fredy Knie jun. führt das Unternehmen weiter, dressiert seine Pferde nach den geerbten Grundsätzen und reitet Hohe Schule sowohl mit als auch ohne Sattel. Eine der Glanznummern seiner Enkelin Géraldine ist die *Königliche Post*. Breitbeinig auf zwei schwarzen Pferden stehend, nimmt sie die Zügel der nacheinander zwischen ihnen hindurch laufenden weißen Hengste auf, die sie wie ein herrschaftliches Gespann vor sich hertreibt. Solche Kunstreiterstücke sind heute eine Rarität. Alltäglich waren sie zuletzt beim „alten Renz" .

LET'S ALL DRINK TO THE DEATH OF A CLOWN

*Da torkeln sie in die Manege, stolpern in den
Haufen Seidenpapierreifen und
kippen aufgescheucht über den Manegenrand,
die geistreichsten Clowns der Welt!*

Die Fratellinis. Von oben nach unten: Paul, François und Albert.

DER CLOWN STIRBT UND
STEHT WIEDER AUF

Purzelbaum schlagende Clowns in der Manege. Das Publikum gähnt. Da stürmt, von einem Cop verfolgt, Tramp Charlie herein, macht jede Nummer zur Posse – und das Publikum lacht, klatscht, trampelt vor Vergnügen, buht die Clowns aus, brüllt, als der vermeintliche Taschendieb die Manege wieder verlassen hat: „Bring on the funny man!" Charlie ist *die* Sensation. Was das Zirkuspublikum im Film nicht so genau, der Zuschauer im Kino aber sehr wohl weiß: Die Räuber-und-Gendarm-Klamotte ist kein Scherz.

In Chaplins Stummfilm *The Circus* von 1928 gibt die Manege der Komik nicht mehr nur Raum, sondern das Zirkusmetier selbst der Lächerlichkeit preis. Die Gags spielen nicht mehr bloß in der Manege, sondern auch um sie herum. Chaplin schaute wie durch eine mehrfach gebrochene Linse auf die Zirkusclownerie. So erzeugte er eine Optik, die Abstand hält und darum mehr zeigt. Obschon ein Spielfilm, hat *The Circus* eine dokumentarische Note. Er präsentiert Bilder von Bildern, ebenjene Vorstellungen, die dem Medium am Ende der 1920er-Jahre, als es seine Hoch-Zeit längst hinter sich hatte, noch anhafteten. Man findet die Karikatur des Zirkusdirektors als Menschendompteur, sieht den Ballonsprung der anmutig-schönen Kunstreiterin, einen halsbrecherischen Drahtseilakt – und klassische Clown-Entrées, über die außer Charlie, der sich über sie prächtig amüsiert, schon längst keiner mehr lacht. Gerade deshalb bleibt er Zuschauer und ist als Zirkusclown nicht zu gebrauchen. Eher beiläufig als gezielt bannte Chaplin ein paar Eigenheiten des Medi-

ums auf Zelluloid. Weil sie bis heute höchst auskunftsfreudig sind, lohnt es sich, sie näher anzuschauen.

Der Tramp sprengt die einzelnen Zirkusnummern nicht einfach. Das allein hätte kaum komisch gewirkt. Vielmehr nötigt er den Cop, sich aufzuführen wie ein Clown, auf der Drehscheibe ziellos im Kreis zu rennen, bemüht, sich aufrecht und im Gleichgewicht zu halten, ein verfolgter Verfolger – Charlie heftet sich mit seinem Stock an seine Schulter –, der schließlich auf die Nase fällt. Mit ihm am Boden liegen die Macht und das Gesetz, die er vertritt. Einen Augenblick lang verkehren sich die Rollen.

Bei der Tricknummer des Magiers, der die hübsche, junge Assistentin abwechselnd vom Stuhl in den Schrank und zurück zaubert, erscheint an deren statt immer Charlie – bis der Cop mit dem Knüppel auf die von einem Tuch verdeckte Person einprügelt, die er für den Tramp hält, die aber tatsächlich die Assistentin ist. Aus der Verbindung von Zaubertrick, Verfolgungs- und Versteckspiel wird eine kleine Verwechslungskomödie. Sie macht den Cop abermals lächerlich und obendrein zum Grobian.

Chaplin hebelt die Nummern dadurch aus, dass er sie karikiert. Und dies tut er, indem er die ihnen eigene Möglichkeit fehlzuschlagen ausreizt. So verfuhren auch die frühen Komiker im Zirkus, wenn sie als Pausenfüller die Programmnummern parodierten.

„Genies in der Klemme" – Reiterkomik und Pferdepossen

Typisch für die frühe Zirkusclownerie waren komische Intermezzi auf und mit Pferden. Gymnastische oder musikalische Clownerien boten schließlich auch die Seiltänzergesellschaften, Schaubuden, Jahrmärkte, Wanderbühnen und Boulevardtheater. Doch die Reiter- und Dressurkomik, durch die sich der Zirkus selbst zugleich feierte und auf die Schippe nahm, war originär zirzensisch. Zu den ersten August-Nummern bei Renz in den 1870er-Jahren gehörten Reiterparodien wie *August als Kunstreiter vor 30 Jahren* oder *August als Schulreiter*. Es gab sogar eine komische Nummer, in der August und Auguste einen Pas de deux zu Pferde parodierten. Und noch in der letzten Berliner Saison 1895/96 produzierte sich Gobert Belling, der Sohn des mutmaßlichen August-Erfinders Tom Belling, in der Nummer *Der Kolossal-Mensch als Salto-mortale-Reiter*. Parodieren ließen sich so gut wie alle Pferdenummern – und Möglichkeiten, auf kunstgerechte Weise Misslingen zu fingieren, gab es unzählige.

Viele frühe Zirkusartisten waren Generalisten. Auch wenn sie sich auf ein Genre spezialisiert hatten, verfügten sie oft über erstaunliche Gewandtheit in benachbarten Disziplinen. Das erstaunt weniger, wenn man bedenkt, dass sämtliche Fächer äquilibristische Fertigkeiten, außergewöhnliche Biegsamkeit und Akribie in der Motorik verlangen. Um wie Tramp Charlie einem zusammengeklappten Rasiermesser gleich in ein Fass zu fallen, ohne sich dabei sämtliche Gelenke auszurenken, Knochen zu verstauchen, diverse Wirbel oder das Genick zu brechen, brauchte es im hohen Maß koordinierte, punktgenau ausgeführte Bewegungsabläufe. Balanceakte, Sprünge, Saltos, Flickflacks, Pirouetten oder Arabesken, kurzum, das Standardrepertoire der ebenerdigen Akrobatik, beherrschten Kunstreiter von Format sogar auf dem Pferderücken.

So spielte der junge Ernst Renz bei Brilloff einen betrunkenen, dicken Bauern, der kaum stehen kann, aber reiten will. Überaus gewandt mimten die Kunstreiter die Unbeholfenen, verfielen in täppische Posen, vollführten allerlei linkische Gebärden, verfehlten das Aufsitzen, drohten, das Gleichgewicht zu verlieren, fielen gekonnt vom Pferd oder ließen dieses absicht-

lich all das tun, was es sonst gerade nicht durfte: sich aufbäumen, scheuen, ausschlagen oder in die verkehrte Richtung laufen. Als komisch-equestrische Szene annonciert, trugen die Nummern Titel wie *Der närrische Kunstreiter, John Bull und sein Jockey* oder *Die zu früh eintreffende Estafette*. In seinen frühen Berliner Direktionsjahren trat Renz auch selbst noch in Intermezzi wie *Die drei übermüthigen reitlustigen Clowns* oder *Die zwei Rekruten* auf. Am beliebtesten waren komödiantisch inszenierte Reitstunden und Reisen zu Pferde. In der Reitstunde kippte eine herausgeputzte Dame oder ein feiner Lord unter Angstgeheul vom Pferd, landeten sämtliche Kostümteile wie Perücke und Rock auf dem Boden, während der um Hilfe angerufene Reitlehrer, die Chambrière geschultert, ungerührt durch die Manege spazierte. Solche Szenen bezogen ihre Komik aus dem unangemessenen Rollenverhalten und dem sozialen Rangunterschied.

In den Reiseszenen vertauschten Pferd und Reiter einfach die Dominanzposition. Astleys Pferdeposse *Die Reise des Schneiders nach Brentford; oder, die unschätzbare Weisheit seines Pferds* aus den frühen 1770er-Jahren war Janina Hera zufolge ein viel kopierter Klassiker. Auf dem Weg zu seiner Kundschaft stößt dem Schneider allerhand zu; sein Pferd manövriert ihn immer wieder aus heiklen Situationen, weil es sich als klüger und weitsichtiger erweist als sein Reiter. Franconi adaptierte 1795 die kleine Burleske und arbeitete sie zu *Rognolet et Passe Carreau* um. Sie hielt sich über Jahrzehnte in den europäischen Manegen. In der stummen Szenenfolge – Sprechpartien kamen erst später hinzu – warf das Pferd den Schneider nicht nur ab, sondern verfolgte den restlos Erschöpften am Ende auch bis hinein in seinen Laden. Bei Renz spielte Wilhelm Qualitz, der Pojatz, die Posse *Anton und Pasquaron, Die beiden unglücklichen reisenden Genies in der Klemme*. Sie folgte dem gleichen Muster. Pojatz oder Bajazzo – nach einer Figur der Commedia dell'Arte, jener um 1550 entstandenen italienischen Stegreifkomödie – nannte man in Deutschland die frühen Zirkuskomiker. Sie waren noch keine eigenständigen Clowns-Figuren wie später der August. Meist übernahmen Akrobaten oder Kunstreiter diese Rolle. Qualitz wirkte bei Renz am Formationsreiten mit, an Quadrillen und bei der Steeple Chase. Gewiss, er riss auch Witze und kalauerte. Aber sein eigentli-

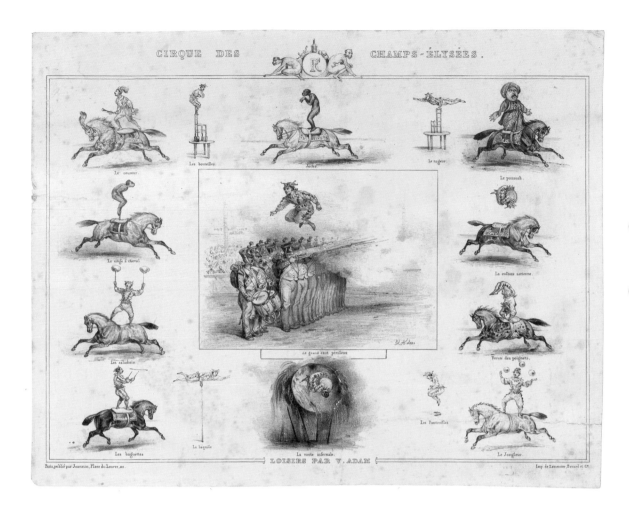

Der Clown Auriol mit seinen Paradenummern.

ches Metier bestand in der grotesken Nachahmung der Programmnummern.

Die Pferdeclownerien waren höchst theatralisch. Sie alle nahmen die alten Strukturelemente von Verwandlung, Verkleidung, Rollentausch und Rollenkontrast auf, die auf die Commedia dell'Arte, Shakespeares Dramen und die Englischen Komödianten zurückgehen. Noch die Pferde-Gags in Chaplins Stummfilm illustrieren das. Etwa jener mit dem kranken Zirkuspferd, dem Charlie auf Geheiß des Stallmeisters eine tennisballgroße Pille durch ein Glasrohr in den Schlund blasen soll, die er dann selbst verschluckt, weil, wie er behauptet, das Pferd zuerst gepustet hat. Überhaupt hat der Tramp vor den Huftieren einen Höllenrespekt. Wann immer sich eins zeigt, gibt Charlie Fersengeld. Rasch macht sich das der Stallmeister zunutze, indem er – *Rognolet et Passe Carreau* lassen grüßen – immer aufs Neue eine Verfolgungsjagd vom Zaun bricht. Es genügt, dass sich das Pferd kurz am Eingang blicken lässt, um Charlie blitzartig in die Manege zu treiben, wo dann wie von selbst ein Malheur das andere nach sich zieht. Eine im Einzelnen nicht vorhersehbare, aber in ihrem Eintreten zuverlässige Kettenreaktion nimmt ihren Lauf, ganz einfach, weil die Mischung aus Charlies Begriffsstutzigkeit und seiner unangemessenen Akkuratesse pünktlich komische Effekte gebiert. Es ist die ganz überflüssige Sorgfalt, die Charlie darauf verwendet, zwei, drei verlorene Teller vom Stapel fürs Jonglieren einzusammeln, die dem Pferd erst Gelegenheit verschafft, ihn in Panik zu versetzen und durch die Manege zu jagen, wobei sämtliche Teller zu Boden gehen und Charlie über den Manegenrand fällt. Mit sparsamsten Mitteln richtet der Tramp in der Manege das größtmögliche Chaos an. Und am Anfang steht meistens ein Ross. Mit den Pferden, neben den Reitern die mit Abstand wichtigsten Akteure des frühen Zirkus, steht Charlie nun einmal auf Kriegsfuß.

Nikulin und Schuidin im
russischen Staatszirkus,
1970.

Der Clown stirbt und steht wieder auf

Reprisenclowns zu Pferd und zu Fuß

Anders die ersten Reprisenclowns. Präsentierten anfangs Kunstreiter die komischen Intermezzi, so waren umgekehrt die frühen Zirkusclowns im Kunstreiten geschult. Das war schon bei Astley so. 1857 hatte Renz' Hausclown Wilhelm Qualitz gemeinsam mit fünf Kollegen den Klassiker *Cavallerie zu Fuß* aufgeführt. Das war eine damals beliebte, viel gespielte Reprise mit Pferdeattrappen, in der man sämtliche Reiterkunststücke parodierte. Hierfür wurden entweder Pferdekostüme aus Stoff und Pappmaché genutzt oder man ritt auf einem Stab, an dem vorn ein Pferdekopf aus Holz befestigt war. Reprise hießen solche Zwischenspiele, weil sie das zirzensische Nummernrepertoire auf spezielle, in diesem Fall grotesk verzerrte Weise wiederholten.

Gelegentlich produzierten sich die Clowns auf dem Pferderücken sogar als Schlangenmenschen, wie die Kontorsionisten landläufig hießen. Ihre überdurchschnittliche Gelenkigkeit erlaubte es ihnen, scheinbar mühelos Schultern und Hüftgelenke zu drehen, den Kopf durch die Beine zu stecken, die Arme hinter dem Kopf auf die jeweils andere Schulter zu legen oder die Beine weiter als in einem einfachen Spagat zu spreizen. 1847 gastierte der Pariser Clown Francisque Populaire vom Pariser CIRQUE DES CHAMPS-ÉLYSÉES mit *Le disloqué à cheval* bei Renz. Solche Darbietungen gingen über die herkömmliche Akrobatik zu Pferd weit hinaus.

Überboten wurden sie, als Renz in der Saison 1850/51 den Pariser Clown Louis Auriol engagierte, den er, seinen außerordentlichen Rang in der Zirkuswelt herausstreichend, als „ersten Clown der Welt" ankündigte. Auriol verstand es, Kunstreiterei, Theatralisches, Sprung-, Geschicklichkeits- und Gleichgewichtskünste perfekt miteinander zu verbinden. Zu den Glanzleistungen des Pariser Clowns zählten halsbrecherische Sprünge – entweder über ein Dutzend Grenadiere, die Schüsse abgaben, wenn er in der Luft über ihren Köpfen „Feuer" rief, oder aber über die Rücken von nicht weniger als acht nebeneinander stehenden Pferden. Aufsehen erregten sein Kopfstand und seine Tänze auf Flaschenhälsen. Man beklatschte seine Jongleurkünste mit Salatschüsseln, seine Sprün-ge und Saltos aus einem Paar Pantoffeln heraus, in denen er anschließend wieder landete, seine Handstände und Überschläge am Boden und zu Pferd. Schwebte er, mit einer Hand auf eine Stuhllehne gestützt, waagerecht in der Luft, während er mit der freien Hand die Luft zu zerteilen schien, präsentierte er sich als „Schwimmer". Und wenn er, beide Arme verschränkt, zwischen zwei Stuhllehnen, den Nacken auf die eine, den Knöchel auf die andere gelegt, entspannt ein Bein von sich streckte, spielte er „Ruhebett". Maßlos amüsiert haben soll die zeitgenössischen Zuschauer der augenfällige Kontrast zwischen dem riesigen Pferd und seinem feingliedrigen Reiter.

In Auriols Tiermimik beherrschte noch akrobatische Wendigkeit den theatralen Aspekt. Sein Zeitgenosse, der in London geborene Gymnastiker Edward Klischnigg, dem die akrobatische Figur des Klischnigg ihren Namen verdankt, debütierte im Juli 1836 als Affendarsteller im THEATER AN DER WIEN. Um Klischniggs Tiermimik dramatisch zu umkleiden, hatte der Wiener Autor Johann Nestroy die Posse *Der Affe und der Bräutigam* verfasst. Kurz darauf schrieb Nestroy noch das Stück *Moppels Abenteuer im Viertel unter dem Wiener Wald, in Neuseeland und in Marokko* für die beiden Londoner Clowns Lawrence und Redish. Im Theater wie im Zirkus auftretend, erinnerten beide Clowns in ihren schwarzroten und weißen Kostümen an die keineswegs unübliche partielle Allianz beider Medien. Ungeachtet aller Abgrenzungsgebärden hatten frühe Zirkusunternehmer wie Astley immer auch den Austausch mit dem Theater gepflegt, für ihre Vorstellungen Schauspieler vom DRURY LANE oder vom COVENT GARDEN engagiert und dort ihrerseits Auftritte absolviert. Harlekinaden der Londoner und Pariser Volkstheater wurden so nicht von ungefähr zum Inspirationsquell der Zirkusclownerie.

Wo der Clown herkam – Commedia dell'Arte, Harlekinaden und Travestie

Die Harlekinaden des späten 18. Jahrhunderts gingen auf die karnevalesken Stegreifspiele der italienischen Commedia dell'Arte zurück und bildeten das Grundgerüst vieler Unterhaltungsspektakel. Das waren zumeist Pantomimen mit viel Musik, Akrobatik und Tanz. Sowohl in Frankreich als auch in England besaßen bis weit ins erste Drittel des 19. Jahrhunderts nur wenige Bühnen die behördliche Erlaubnis, Sprechtheaterstücke aufzuführen; allein schon die Rivalität der Ensembles und Truppen garantierte eine sichere Kontrolle über die Einhaltung des Sprechverbots.

In der Commedia dell'Arte wie bei den Harlekinaden waren die Figurenkonstellation und das Handlungsskelett, um die man die jeweils aktualisierten Stücke herumbaute, weitgehend fix: Der angejahrte Pantalone – ein gut betuchter Kaufmann, ein reicher Gutsbesitzer oder gar ein Baron – möchte die schöne, junge Columbine heiraten. Sie ist Dienerin oder Zofe in einem anderen Haus und liebt den Diener Harlekin ebenso so sehr wie er sie. Die beiden fliehen; es entspinnt sich eine Verfolgungsjagd, strukturiert durch Zaubereien, Verkleidungs-, Verwechslungs- und Ver-

wandlungsszenen. Pantalones eigener Diener, später meist der Clown, beteiligt sich an der Jagd auf Harlekin und Columbine und übertölpelt die beiden ebenso oft wie sie ihn. Am Ende aber wird Pantalone bezwungen. Die beiden jungen Liebenden sind vereint und heiraten.

Masken und Rollen des Harlekin, des Pedrolino oder Pierrot und des Paggliaccio oder Bajazzo waren in der Commedia dell'Arte *Zanni*-Figuren, ehemalige Bauern, die sich als Diener in den Städten oder bei einem Gutsbesitzer verdingten. Sie stellten Prototypen der Schlechtweggekommenen dar, die sich brutal an allen rächten, Intrigen gegen ihre Herren spannen, voll abgründiger Bosheit steckten, die logen, betrogen, stahlen und selbst vor einem Totschlag nicht zurückscheuten. Sie konnten als geistreiche Spötter und komisch-hilflose Fratzenschneider auftreten, durchtriebene Spaßvögel und fürchterliche Prahlhänse sein, entsetzliche Feiglinge und unschlagbare Dummköpfe,

Der Mensch als Affe und der Affe als Mensch

In der Nummer *Le singe à cheval – Der Affe zu Pferd* trat Auriol als Affe Jocko auf. Ein Mensch präsentierte in der Manege einen Menschen, den Clown, der einen Affen imitiert, welcher einen Menschen, den Kunstreiter, nachahmt. Damit sorgte Auriol seinerzeit kaum für mehr als enormes Gelächter. Doch war die Nummer entschieden beziehungsreicher, als Auriol und seine Zeitgenossen ahnten.

Was war daran neu? Sicher nicht, dass Menschen Tiere und Tiere Menschen imitieren – man denke nur an die wechselweise Übertragung von Eigenschaften, die endlosen Verwandlungen antiker Götter, Mischwesen wie Zentauren oder Sphinxe, Tierfabeln, fantastische Geschichten und Märchen. Dergleichen gab es zu Karnevalszeiten, bei wandernden Gauklertruppen und auf den Volksbühnen zu sehen. Doch siedelte all dies

im Bereich des Fantastischen, in Büchern, in der Narrenzeit, in Possen auf der Bühne oder auf dem Jahrmarkt. ‚Der Mensch als Affe oder der Affe als Mensch‘ aber war um die Mitte des 19. Jahrhunderts ein Thema, dem sich Forscher ernsthaft widmeten. Seit der Antike wurde die Überlegenheit des Menschen gegenüber dem Tier immer wieder herausgestellt; die Schöpfungsgeschichte hatte dem Menschen als Gottes Ebenbild den ersten Rang unter den Lebewesen eingeräumt. Im Zuge der Aufklärung sprach man dem Menschen als zu Selbstreflexion und Selbstgesetzgebung befähigtem Wesen eine einzigartige Würde zu, die ihn vor allen anderen Lebewesen auszeichnen sollte. Seit Darwins Lehre von der „Entstehung der Arten" galt der Unterschied zwischen Tier und Mensch nur noch als ein gradueller. Friedrich Nietzsche, der im Übrigen kein Darwinist war, sprach später vom Menschen als von einem „klugen Thier", das von seinem Intellekt, der den verlorenen Instinkt kompensiere, zu viel Aufhebens mache, dabei aber mit den Affen doch die Vorfahren teile. Nach der Barbarei der NS-Diktatur mit ihrer industriell betriebenen Menschenvernichtung beschlossen die Vereinten Nationen die Allgemeinen

denen, was immer sie anstellten, gründlich missriet. *Lazzi* nannte man ihre derb-komischen Einlagen. Ihr Nachklang lässt sich noch in den Clown-Entrées vernehmen, die Mitte des 19. Jahrhunderts Einzug in die Manege hielten. Für die Zirkusclowns sollten vor allem zwei *Zanni*-Kostüme Vorlage sein: Harlekins aus vielfarbigen, manchmal auch roten und schwarzen Karos zusammengesetztes Flickenkleid und das weißleinene, viel zu groß geratene Gewand des Bajazzo.

Aus den Fastnachtspielen kannte man tölpel- und possenhafte Dienerfiguren wie den gefräßigen, einfältigen und bauernschlauen Hanswurst. Zu Beginn des 18. Jahrhunderts zollte ihm in Wien Joseph Stranitzky, der ihn neu gestaltete, wieder Tribut. Zuvor hatten die englischen Komödianten, die im 17. Jahrhundert Deutschland bereisten, mit dem Pickelhering eine zugleich gerissene und linkische Figur eingeführt. In ihren Shakespeare-Parodien ließen sie den toten Macbeth in seinem Grab herumlärmen oder trieben ihren Schabernack mit King Lear. Aus dieser Tradition kamen die zuweilen als *Shakespearean jester* bezeichneten Zirkuskomiker, die in der Manege die Figuren des Dramatikers *ex tempore* karikierten: Sie improvisierten und rissen ihre Possen ohne Textvorlage. Daneben führten sie wie Stonette auch Tierdressuren vor oder waren wie Little Wheal bemerkenswerte Akrobaten. Im CIRCUS RENZ traten beide auf. Wie Auriol vollführte Little Wheal in der Spielzeit 1861/62 halsbrecherische Saltos, zeigte Gags mit Requisiten und balancierte eine Staußenfeder auf der Nase – eine damals viel gespielte Reprise. Hauptattraktion blieben indes seine Shakespeare-Parodien.

Den „Geist des Hamlet" beschworen hatte bei Renz fünf Jahre zuvor schon Stonette in der Saison 1856/57. Sein Spiel mit den Geschlechterrollen – er verwandelte sich in Renz' Manege *coram publico* in eine Frau – hatte Entsprechungen nicht nur in den Inhalten von Shakespeares Stücken und in der Auffüh-

Menschenrechte. Sie gewähren seither dem Menschen einen besonderen Schutz.

Immerhin mangelt es dem Affen noch an Selbstbewusstsein, verstanden als Bewusstsein eines Bewusstseins. Ein Affe kann sowohl Affen als auch Menschen nachäffen. Zu mimen, als Rolle darzustellen vermag er weder die einen noch die anderen. Daher verwischte Auriols *Le singe à cheval* den Unterschied zwischen Tier und Mensch nicht; seine Nummer hob ihn nachgerade heraus.

Es war gewiss kein Zufall, dass Auriol einen Affen imitierte. Beider Geschäft, das des Affens wie das des Clowns, ist das Nach*äffen*. Doch hält der Clown damit andere immer zugleich zum Besten, veralbert, verspottet, überbietet er alles und jeden. Der Clown verknüpft den Akt des bloßen Nachäffens mit einem zusätzlichen Handlungsaspekt. Wenn das Äffchen, das bei Charlies Hochseil-Nummer in *The Circus* über ihm sitzt, eine Frucht wegwirft, von der es genug hat, macht es nichts weiter als dies. Wenn aber Charlie die Frucht, die in seinem Zylinder landet, unter der Kuppel achtlos nach unten sausen lässt und dabei einen Herrn an der Stirn trifft, beleidigt er zugleich sein Publikum.

Ein Äffchen kann sich das erlauben, ein Hochseiltänzer nicht. Erst recht nicht, wenn er noch dazu gar keiner ist, sondern nur einen nachäfft. Charlies Hochseilakt, den die versehentlich frei gelassenen Äffchen des abwesenden Seiltänzers Rex begleiten und stören, ist noch viel symbolischer als Auriols Affenritt auf dem Pferd. Rex, der Seiltänzer, entledigt sich gewöhnlich auf der Mitte des Seils seines Anzugs; dabei kommt ein Sportdress zum Vorschein, in dem er auf dem Rad das Schrägseil hinab seinen Abgang nimmt. Doch Charlie trägt unter der geborgten Robe nur seine Unterwäsche. Als Rex' Äffchen ihn nun im dafür vorgesehenen Moment förmlich auszieht, ist er so nackt wie der sprichwörtlich gewordene Kaiser und in jeder Hinsicht bloßgestellt. Blitzschnell klammert sich Charlie wie ein Äffchen ans Seil und hangelt zum rettenden Mast. Im erzwungenen Nachäffen der Äffchen bestätigt er sich am Ende nur abermals als unfreiwilliger Clown. Sein Versuch, den Seiltänzer Rex als Artist und als Rivale um die Gunst der Kunstreiterin durch Nachahmung auszustechen, ist gescheitert.

Whimsical Walker
(XX) am Grab von Joe
Grimaldi.

rungspraxis des elisabethanischen Theaters, das sämtliche Rollen, auch die der Frauenfiguren, mit Männern besetzte. Wie in den Harlekinaden der Commedia dell'Arte, so hallten auch bei Shakespeare noch die mittelalterlichen Karnevalstraditionen der ‚verkehrten Welt' nach. Zur Reprise in der Manege verselbstständigt, sowohl dem Karnevalsrahmen enthoben als auch seiner szenischen Handlungszusammenhänge in den Pantomimen beraubt, verlor der Geschlechterrollentausch jedoch seine jeweils speziellen Funktionen. Stonette verwandelte – gleichsam planlos und narrensicher – einfach eine männliche Figur in eine weibliche. Das pointierte den Geschlechterwechsel als solchen. Diesem Vorgang Aufmerksamkeit zu widmen, sich darüber königlich zu amüsieren, war nicht nur ungewöhnlich, sondern setzte voraus, dass das Geschlecht mit erkennbaren Gesten, Gebärden und Posen verbunden war, in denen Eigenschaften augenfällig zum Vorschein kamen.

Die Vorstellung, dass Männer und Frauen einen bestimmten, nicht nur klar erkennbaren, sondern gegensätzlichen Charakter und eine natürliche Bestimmung hätten, hat erst das 18. Jahrhundert entwickelt und durchgesetzt. Als Mann eine Frau darzustellen, war nun nicht mehr einfach ‚verkehrte Welt', sondern die Verletzung einer Norm, selbst auf der Theaterbühne, wo sie das Vorrecht von Harlekinaden, Possen, Burlesken und später von Filmkomödien wie *Charlies Tante* blieb. Kurzum, dergleichen hatte ausschließlich in der Komik seinen Platz – und dies zunächst vor allem in der Manege. 1857, in der gleichen Saison, in der Stonette sich in eine Frau verwandelte, parodierte der Clown Qualitz in Renz' Manege die damals allseits bekannte und beliebte spanische Tänzerin Pepita de Oliva, so wie Charlie Rivel am Beginn der 1970er-Jahre unter anderem im CIRCUS KRONE als Carlotta Rivela die Operndiva Maria Callas travestierte. 1880 stellten die bei Renz engagierten Clowns eine ganze Damenkapelle dar. Stonette begnügte sich 1857 noch mit einer Spielzeug-Trompete, auf der er populäre Melodien zum Besten gab, und einem Blasebalg, dem er eine Arie entlockte. Doch fürs Erste war in Deutschland selbst das noch reine Zukunftsmusik.

Hier hatte jahrzehntelang Eiszeit geherrscht für alle harlekinähnlichen Figuren. Seinem bürgerlichem Distinktionsbedürfnis gegenüber dem ‚Pöbel' folgend und weil sie seinem Ordnungssinn widerstrebten, ließ der Leipziger Literaturprofessor Johann Christoph Gottsched mit seiner Theaterreform von 1730 zeitweilig alle Harlekine aus dem Repertoire deutschsprachiger Bühnen verschwinden. Ihre sittliche Liederlichkeit, ihre Torheiten, obszönen Gebärden und schäbigen Betrügereien vertrugen sich schlecht mit Gottscheds Vorstellungen von bürgerlicher Vernunft und Moral. Ganz zu Recht und dies in einem weiteren Sinn, denn das Wegzaubern gehörte schließlich zum Grundinventar jeder ernst zu nehmenden Posse, nannte Lessing diesen Bühnenbann Gottscheds später die ihrerseits „größte Harlekinade". So wurde die Harlekin-Figur wenigstens theoretisch rehabilitiert. Entscheidend war freilich nicht so sehr, was Gottsched dekretierte oder Lessing später darüber dachte, sondern was bedeutsame Theatertruppen wie die der Caroline Neuberin tatsächlich taten. Und die hatte Harlekin in einem Vorspiel symbolisch begraben. In Deutschland und Österreich stand die Figur erst wieder in literarisierter Form auf, in der Romantik und in den Possen und Lustspielen von Ferdinand Raimund und Johann Nestroy.

Die ersten großen Bühnenclowns: Grimaldi und Deburau

In Frankreich und England war das Klima für Harlekinaden ungleich günstiger. Um 1800 lief auf den Londoner Volksbühnen der Clown Joseph Grimaldi, von seinen Bewunderern ‚Joey' oder ‚Old Joe' genannt, dem Harlekin-Helden den Rang in der Beliebtheitsskala beim Publikum ab. Gewogen blieb ihm, und das ist für einen Bühnenkünstler bemerkenswert, selbst noch die Nachwelt. Nach seinem Tod – er starb 59-jährig, gelähmt und erschöpft von den körperlichen Strapazen seiner Bühnenlaufbahn, am 31. Mai 1837 in London – kamen Verehrer, Kollegen und Clownsnachfahren gelegentlich an seinem Grab zusammen. Seit nun schon einem halben Jahrhundert versammeln sich in London alljährlich Clowns aus der ganzen Welt zu einem Grimaldi-Gedächtnisgottesdienst.

Kaum ein späterer Kapazunder unter den Memoiren schreibenden Zirkusclowns, Varieté- und Filmkomikern – von Whimsical Walker über Grock und die Fratellinis bis hin zu Charlie Chaplin –, der Grimaldi nicht wenigstens beiläufig erwähnt hätte. Das liegt auch daran, dass man durch Charles Dickens über den *King of Clowns* in unbestritten anspruchsvoller Form Bescheid erhalten hat. Grimaldi hatte seine Lebensgeschichte selbst verfasst. Dickens bearbeitete die Aufzeichnungen im Auftrag eines Verlegers, kürzte manches, formulierte dieses um und dramatisierte jenes, weshalb Grimaldis Erinnerungen nun zusätzlich vom Stilwillen des Schriftstellers gefärbt sind, von seinen Vorlieben für Merkwürdigkeiten und Pointen.

Was Grimaldi erinnerte und Dickens in ästhetische Form brachte, mag *en détail* nicht gerichtsfest sein. Doch allein die Vorstellungswelten des Erzählten sind aufschlussreich. Etwa was Grimaldi über seinen ebenfalls als Clown am Theater beschäftigten Vater Guiseppe zu berichten wusste, den er als „Exzentriker" beschrieb. Wie dieser den soeben erworbenen, verfrorenen Garten aus purer Ungeduld mit künstlichen Früchten, Blumen und Blättern ausstaffierte, um Sommer im Winter zu haben. Oder wie sehr er den Tod fürchtete und seine Nähe in endlosen Spaziergängen über Friedhöfe zugleich obsessiv suchte, in bleischwere Grübeleien über die Todesarten der Grabinsassen vertieft. Nicht ganz unbegründet – damals kam so etwas vor – fürchtete er, als Scheintoter lebendig begraben zu werden, weshalb er verfügte, dass sein Leichnam geköpft werden müsse. All das, so vermutete sein Sohn, soll den alten Grimaldi befähigt haben, das Schaudern in einer von ihm selbst erfundenen komischen Skelettszene auf der Bühne überaus plastisch darzustellen. Doch Joes Erinnerungen an seinen Vater atmen die Aura der Totengräberszene – „Alas, poor Yorick!" – aus Shakespeares *Hamlet;* sie zeigen einen Clown, der sich die Welt auch jenseits der Bühne so zurechtmacht, wie sie ihm passt, erinnern an geläufige Zaubertricks wie Köpfen und Zersägen und lassen die alte Karnevalsstrategie erkennen, Angst vor dem Tod durch Gelächter zu bändigen. Und dies mit einer bedeutsamen Verschiebung, die sofort ins 19. Jahrhundert versetzt. Vorher hätte sich vermutlich niemand darüber gewundert, „dass der Hypochonder am schnellsten bereit ist, über die Dinge zu lachen, die ihn

Rechts: Joe Grimaldi
(links) parodiert die
Jockeyreiterei.

Unten: Tom Belling jun.,
der Sohn des mutmaß-
lichen August-Erfinders,
vollführt mit zu Wagen-
pferden umfrisierten
Hunden eine Kutschfahrt
beim Berliner Circus
Busch, um 1928.

Mr Grimaldi & Mr Norman in the Elsing Hunt from the Popular Pantomime of the Red Dwarf

in the Popular Pantomine of *HARLEQUIN & ASMODEUS*, now Performing at the Theatre Royal Covent Garden, Setting to with a Grotesque Figure which he makes up of a series of Vegetables, Fruit &c. and which becoming Animated beats him off the Stage.

Mr. GRIMALDI, as *CLOWN*

Joe Grimaldi (rechts) beim Gemüseboxkampf.

im Geheimen am meisten quälen und erschrecken". Durch seinen Vater kam Joe Grimaldi schon als Kleinkind zur Bühne. Heute wirkt das erbarmungslos. Es war aber keineswegs untypisch für das Artistenmilieu – und zu diesem kann man die Schauspieler der zeitgenössischen Volksbühnen zählen. Grimaldi verlieh der Clowns-Figur in den Harlekinaden ein eigenständiges, vorher ungekanntes Gewicht. Sie und ihre Gags wurden dadurch für andere Medien wie den Zirkus adaptierbar. Grimaldi schminkte sich das Gesicht, überzeichnete seine Augenbrauen, bemalte sich den Mund und die Wangen mit roten Dreiecken und frisierte sein Haar zu einem Gockelkamm. In ihrer losen Szenenfolge nahmen die Pantomimen, die man um die Harlekinade konstruierte, Bezug auf den Londoner Alltag. Grimaldis bevorzugte Spottobjekte waren Soldaten, Stutzer, Männer und Frauen von der Straße, kurzum sein Publikum, das vom englischen König George III. bis zu den Ladenmädchen und Tagelöhnern reichte. Die billigsten Stehplätze kosteten damals nicht mehr als ein Viertelliter Bier.

Weil er genauso adrett sein und beachtet werden wollte wie der Husar, legte Grimaldis Clown ein rotes Gewand an, stülpte sich eine Bärenfellmütze über den Kopf und schnallte sich Blecheimer mit kleinen Ketten um die Füße, die wie klappernde Stiefelabsätze mit Sporen klingen sollten. Eine Zeichnung zeigt, wie er in diesem Aufzug, auf den Russlandfeldzug anspielend, eine kleine Napoleon-Figur an den russischen Bären verfüttert, der hier als Nationalstereotyp figuriert. Auf einer anderen Zeichnung kutschierte er, fantastisch ausstaffiert, wie ein feiner Herr in einem von einem Hund gezogenen kleinen Korb mit Rädern über die Bühne. Aus solchen Vorlagen kreierten spätere Clowns neue Nummern. Tom Belling verkleidete seine Zughunde als Dressurpferde und Karandasch spannte einen störrischen Esel an, um anschließend beziehungsreich die Rollen zu tauschen und den Esel durch die Manege zu ziehen. Auch die ungezählten komischen Manege-Boxkämpfe gingen auf Grimaldi zurück: Old Joe hatte sich aus einem Kürbis, Salatblättern, Kohlköpfen und anderem Gemüse eine Figur konstruiert, hauchte ihr Leben ein und bestritt mit ihr ganz ernsthaft einen ,Gemüseboxkampf'. Am Ende ließ er sich vom Publikum als unverhoffter Sieger feiern. Er machte sich, auf einem als Pferd ausstaffierten Fass reitend, ebenso über die Kavallerie lustig wie in einem anderen Gag über die Jockeyreiterei. Und stets

Hoo—haw—There he goes!!

GRIM JOEY DASHING LITTLE BONEY
into the Jaws of a Russian Bear.

Joe Grimaldi verfüttert als stilisierter Kavallerist Napoleon I. an Russland. Der Bär figuriert als russisches Nationalstereotyp.

befand er sich im Kampf mit den Dingen, vor allem der Wunderwelt der neuen Erfindungen, die sich hartnäckig gegen ihn verschworen zu haben schien.

Auch nach Lockerung des Sprechverbots gab Grimaldi den Darstellungsmitteln von Mimik, Gesten, Gebärden, Tänzen, Sprüngen und Musik den Vorzug. *Hot codlins* war einer seiner populärsten Bühnensongs. Er handelte von einem armen, alten, dem Branntwein ergebenen Mütterchen, das Bratäpfel verkauft und in berauschtem Zustand von einer Bande roher Gassenjungen überfallen wird, die ihr die Pfanne mittels Schießpulver gnadenlos um die Ohren sausen lassen. Harmlos waren die Späße der frühen Clowns, die sich an jedem schadlos hielten, die Alte, Kranke, Schwache und Hilflose ebenso schikanierten wie ihre Rivalen

oder ihre Herren, jedenfalls nicht. Der Clowns-Aufzug der Halbstarken in Stanley Kubricks *A Clockwork Orange* (1971) maximiert und überzeichnet das dissoziale, gewalttätige und sadistische Moment der Bühnenfigur. Kubrick reduziert sie jedoch radikal darauf und stellt sie in ein – wenn auch stilisiertes und gebrochenes – realistisches Setting. Bei allem Alltagsbezug blieb der Rahmen der Harlekinaden dagegen immer ein fantastischer, konnte der für eine seiner Untaten hingerichtete Pierrot dem Henker stets seinen abgeschlagenen Kopf entwenden, der dann flugs in den Taschen seines überweiten Gewandes verschwand.

Jean Gaspard Deburau, der Pantomime vom Pariser THÉÂTRE DES FUNAMBULES, war der zweite Spiritus Rector der Zirkusclowns. Sein Pierrot war bleich und verträumt, naiv und schwermütig, boshaft und schadenfroh, von unerfüllter Liebe gequält und vom Missgeschick verfolgt. All diese Züge erbte später der Weißclown der Manege. Deburau, Sohn einer Seiltänzerfamilie, schuf aufgrund des Sprechverbots ebenfalls noch eine stumme Figur. Wie der Name schon sagt, war das FUNAMBULES ein Theater der Seiltänzer und Akrobaten, wurden die Harlekinaden und Feerien in Körpersprache aufgeführt. „Kauft Salat, Leute, kauft Salat!" sollen Janina Hera zufolge die einzigen Worte gewesen sein, die Deburau jemals von einer Bühne herab gesprochen hat. Mit dem stumpfen Pierrot aus Molières *Don Juan oder Der steinerne Gast* (1665), der kariert daherplappert – „Ich hab's ganz genau gesehen, und dann auf einmal hab ich gesehen, dass ich nichts mehr gesehen hab" –, der pausenlos aufschneidet und herrschaftliche Ohrfeigen kassiert, hatte Deburaus Figur allerdings kaum noch etwas gemein. Auch mit dem Gille der französischen Jahrmarkttheater war er nur noch entfernt verwandt, und an die Commedia dell'Arte erinnerten höchstens noch der Name und das übergroße weiße Gewand des Pagliaccio. Eine Fotografie von Nadar zeigt Deburaus Sohn Charles, der die Bühnenrolle seines Vaters später übernahm, in diesem Kostüm.

Der Pierrot Deburaus entsprang der modernen Pariser Vorstadt, ihren sozialen Verwerfungen, ihrer vor Konflikten knisternden Luft, ihrem Geruch nach Gewalt. Dieser Pierrot dient niemandem mehr, sondern nur noch sich selbst, malträtiert Cassander, seinen Herrn, den er bald um die Ecke bringt, schießt Harlekin nieder, verübt, wo er geht und steht, eine kleine Missetat, teilt eifrig aus und tritt dabei kräftig zu. Daneben fängt er Schmetterlinge, schwärmt den Mond an und vergöttert vergeblich eine wunderschöne Frau. Gerade die Ambiguität der Figur zog die zeitgenössischen Pariser Intellektuellen an. 1836 erschlug Deburau, ein vorzüglicher Stockkämpfer, auf der Straße einen Halbstarken, der ihn und seine Frau bedrängt und verhöhnt hatte. Prompt setzten sich Prominente wie George Sand für seine Freilassung aus dem Gefängnis ein. Egon Erwin Kisch widmete Deburau in seinem *Prager Pitaval* die Arbeit *Pierrot, der Totschläger.*

Harlekinaden hatten in der deutschsprachigen Zirkuswelt – das war vermutlich auch ein später Reflex von Gottscheds Bühnenbann – keinen so herausragenden Stellenwert wie bei Astley in London und den Franconis in Paris. Aber allein schon durch die Gestaltung der Clownsfiguren blieben sie auch hier nicht ohne Resonanz. Zwar griffen weder Busch noch Schumann, die um 1900 großen Wert auf die Pflege und Inszenierung der Pantomimen legten, diese Tradition auf. Doch Renz bezeichnete seine fünf Tableaus umfassende, aus einer Fülle Ballett- und Tanzeinlagen bestehende Pantomime *Ein Erntefest* von 1874 immerhin noch als eine Harlekinade. Die Clowns Tom Belling und John Lee spielten Pierrot und Harlekin. Letzterer figurierte im Oktober 1884 auch als Titelheld von Renz' komisch-fantastischer Ausstattungspantomime *Harlekin à la Edison; oder Alles elektrisch,* die neben der Columbine-Figur auch einen Trupp Harlekine präsentierte. Ihre eigentlichen Glanzlichter waren freilich die „elektrische Dame" und der „Schwertkampf mit elektrischen Waffen" im Finale.

Vor allem in den Clown-Entrées, die in der zweiten Hälfte des 19. Jahrhunderts in Europa aufkamen, hinterließen die Harlekinaden ihre Spuren. Unschwer lassen sich im viel gespielten Entrée *Der Barbier* – bei Renz sah man es im Januar 1874 – Anleihen aus Deburaus *Pierrot Coiffeur* ausmachen. Dort schleppte Pierrot, von seinem Herrn Cassander aufgefordert, ihn zu rasieren, eine Tapezierbürste als Rasierpinsel, eine riesige Klinge, einen Blecheimer mit Schaum und dergleichen mehr herbei, zog das Handtuch um Cassanders Hals so straff, dass er ihn zu ersticken drohte, seifte ihm das Gesicht so gründlich ein, dass ihm Schläfen, Stirn und Ohren schäumten. In der Manege wurde die kleine Szene später ganz groß aufbereitet. Dazu bedurfte es freilich der Kreation einer neuen Figur: des „dummen Aujust".

Wie der „dumme Aujust" entstand

Als ungeplantes Kind des Zufalls soll er im CIRCUS RENZ in Berlin das Licht der Manege erblickt haben. Sicher ist nur, dass „Aujust" seit der Berliner Saison 1873/74 auf Renz' Programmzetteln stand. Betrachtet man solche Dokumente als – in der Überlieferung durchaus löchriges – Melderegister, ist „Aujust" seit dem 5. Januar 1874 aktenkundig. Und dies mit einer

Links: Antonet mit charakteris-
tischer Weißclownmaske.

Pipo als Weißclown und Rhum
als August im Cirque Medrano,
um 1950.

einstudierten Kunstreiterparodie, woraus man schließen darf, dass er zum ersten Mal vermutlich Ende 1873
in der Manege aufgetaucht war.

Um die August-Figur ranken sich Entstehungsle-
genden. Halperson zufolge tauchte Renz' Hauskomi-
ker Tom Belling sen., vom Direktor wegen Trunksucht
mit Garderobenarrest belegt, angeheitert in einem bizarren Stallmeisteraufputz an der „Gardine", dem Ar-
tistenzugang zur Manege, auf. Renz habe die Spaßhaf-
tigkeit von Bellings Anblick erfasst und den renitenten
Mitarbeiter in die Manege geschubst, wo er, umher-
stolpernd, über die Barriere kippte. Spontan habe ein
Kind „Aujust" von der Galerie herabgerufen und so
die komische Figur, die Belling machte, auf ihren
Namen getauft. Halpersons zweite Version besagt,
dass Renz' Oberrequisiteur Machheine im abgewetz-
ten Arbeitskittel und durch Zutun der Clowns in einen
Stapel Seidenballons fiel, als er während einer Vorstellung beim Renz-Gastspiel in St. Petersburg unverse-
hens für einen Stallmeister einspringen musste. Um
sie zu verprügeln, habe Machheine die Clowns zur
Erheiterung des Publikums bis hinein in die Zuschau-

erränge verfolgt. Aus all dem sei dann bei Renz ein
komisches Entrée geworden.

Gleichviel, fortan blieb die Schöpfung des „Aujust"
mit dem CIRCUS RENZ verknüpft – und die Figur mit
einem entweder zu großen oder zu kleinen schwarzen
oder karierten Frack, einer roten Nase, einem kaput-
ten Zylinder oder einer Halbglatze und zerzaustem
Haar.

Im Laufe der Zeit variierten Augusts Aufzug und
seine Maske, wurde die Figur schließlich knallbunt.
August ist tapsig, ungehobelt, großspurig und plump,
manchmal treuherzig-naiv, bisweilen durchtrieben
und gewöhnlich schwer von Begriff. Das gibt dem
Weißclown, seinem Partner, Gelegenheit, als personi-
fizierte, aber keineswegs immer triumphierende Vernunft aufzutreten. Auf dem Kopf über dem mehl-
weißen Gesicht mit den haken- oder bogenförmig
aufgemalten Brauen, nachgezogenen Triefspuren,
pechschwarz umrandeten Augen trägt er meist einen
kegelförmigen Hut und an den Beinen Seidenstrümp-
fe. Sein farbiges, mit goldenem und silbernem Flitter
besetztes, mit Libellen, Schmetterlingen, Sternen,

Monden, Gockeln, Fröschen und manchmal auch mit dem Gesicht des August besticktes Gewand fällt oft kostbar aus. Beinah immer ist der Weißclown elegant, wirkt sein Habitus aristokratisch. Zu August und Weißclown, beide bestrebt, einander pausenlos aufs Kreuz zu legen, gesellt sich in vielen klassischen Clown-Entrées entweder ein zweiter August oder aber der Sprechstallmeister. Der geht den Clowns manchmal auf den Leim, bekundet aber zumeist das, was man als angewandten Menschenverstand bezeichnen könnte, begegnet ihrer Großmäuligkeit mit Skepsis und entlarvt ihr ungeheuerliches Jägerlatein.

Entrées haben seinerzeit die Zirkuskomik außerordentlich belebt. Gewiss, es kam nie zuerst darauf an, welche die Clowns zeigten, sondern auf das ‚Wie‘ ihrer Darstellung. Doch konnte sich über das Balancieren von Straußenfedern oder erschöpfte Kalauer kaum noch jemand amüsieren. In den großen europäischen Manegen traten ganze Mannschaften von Clowns auf. Es gab Zwischenspiele – wie die *Cavallerie-Attaque* bei Renz im November 1874 – mit nicht weniger als fünfzehn, einmal gar fünfundzwanzig Clowns. Auch deshalb sticht ja der Tramp in Chaplins Stummfilm *Circus* die Clowns, die nicht mehr komisch, sondern nur noch albern sind, so mühelos aus. Ihr Spiel – das unmotivierte Hinschlagen, die Purzelbäume, Bocksprünge, das nichtssagende Grimassieren – wirkt schwerfällig, ihr Aufputz lächerlich. Der Trampclown ist kein bloßer August mehr, den er sowohl hinter sich lässt als auch tradiert. Doch kultiviert er, angefangen beim Kostüm, einige seiner Züge. Da wäre neben der notorischen Unbedarftheit das Fallen über den Manegenrand, das bei Chaplin zusätzlich zur Distanzierungsgeste gegenüber dem Medium wird – als Filmkomiker ist er in der Zirkusmanege nun einmal nicht heimisch. Da sind die Unmengen zu Bruch gehender Teller und das kopflose Umherstolpern. Schließlich tut der Tramp gleich dem August im rechten Augenblick immer das Falsche und das Richtige unausgesetzt im falschen Moment: Wie der August im *Barbier*-Entrée zieht der Tramp zur Unzeit den Stuhl weg, sodass im Entrée der Kunde und bei Chaplin der Zirkusdirektor auf den Hintern plumpst. Anstelle seines Clownspartners seift Charlie mit seinem überdimensionierten Anstreichpinsel zuerst ausgiebig die Luft, dann unabsichtlich den Zirkusdirektor ein und kann seinen Missgriff, als er ihn zu ahnen beginnt, lange nicht fassen. In der Zirkusmanege endete *Der Barbier* mit zwei kräftigen Ohrfeigen für August und Weißclown vom Kunden, in der Filmmanege, in der das – etwas veränderte – Entrée geprobt wird, um Charlies Tauglichkeit als Zirkusclown auszutesten, mit seinem Rauswurf durch den Direktor.

Doch nahm man für die Entrées nicht nur Anleihen bei Pantomimen und Anekdoten aus dem eigenen Zirkusalltag. Auch Legenden und die Literatur lieferten den nötigen Stoff. Im *Wilhelm-Tell*-Entrée verspeist der August ohne den leisesten Gedanken an seine Gefährdung den Apfel bis aufs Kerngehäuse, wann immer der Weißclown sich abwendet, um erneut seinen Bogen zu spannen. Das in Chaplins *The Circus* neben dem *Barbier* zu sehende Entrée gehörte wie jenes zum Repertoire der Fratellinis vom Pariser Cirque Médrano. Ab 1909 erhielt das Clowntrio, das im ersten Drittel des 20. Jahrhunderts zu den berühmtesten zählte, beim Circus Busch mehrfach Engagements für jeweils zwei Jahre. Das Trio bestand aus dem Weißclown François, Paul, der wahlweise als Sprechstallmeister oder zweiter August auftrat, und aus Albert, der den dummen August gab. Ihre Auftritte bestritten sie immer auch mit verschiedenen Instrumenten, einem Banjo, einer Klarinette, einem Horn oder einer Geige. Auch die Raubtierdressur nahm das Trio aufs Korn. Kurt Tucholsky hat diese Nummer 1924 in der Vossischen Zeitung wunderbar beschrieben: François, der Weißclown, sucht händeringend einen Löwenwärter. Paul, der den Vater spielt, will, dass sein Sohn August Albert, der sich nachdrücklich sträubt, die Stelle übernimmt. Sie ist bezahlt; man braucht das Geld. Mehrmals schleppen Requisiteure Tragbahren mit sterbenden oder verletzten Löwenwärtern durch die Manege. Aber Paul appelliert unausgesetzt an die Sohnesliebe. Geschlagen gibt sich der schlotternde August jedoch erst, als man ihm die Instrumente für den Löwenkäfig zeigt, die Heugabel, den Säbel und eine Trichterpistole, auf der sich doch prima pfeifen lässt. August geht und kehrt, das Gewand arg lädiert, schließlich siegestrunken in die Manege zurück. Hinter ihm her trägt man abermals eine Bahre, dann folgt … der Löwe und das Trio ergreift die Flucht.

Die Fratellinis, in deren Garderobe, wo immer sie auftraten, sich die tonangebende Prominenz aller

Die Fratellinis bei einem Umzug durch die Straßen von Montmartre, um 1936.

Sparten – Politiker, Künstler, Magnaten – versammelt haben soll, wurden auch für ihre Wohltätigkeit geschätzt, denn sie spielten ohne Gage regelmäßig für Kranke und arme Kinder. Paul Fratellinis Enkelin Annie, zunächst Schauspielerin, trat später ebenfalls als Clown auf und gründete einen eigenen Zirkus sowie eine Artistenschule. Aus ihrem Umkreis kamen später die Gründer des CIRQUE DU SOLEIL.

Auf ein spanisches Theaterstück aus dem 17. Jahrhundert geht *Der zerbrochene Spiegel* zurück, in dem August und der Weißclown ihr eigenes Clowns-Geschäft parodierten. Um zu vertuschen, dass ihm der Spiegel zu Bruch ging, muss der August jede Bewegung, die der angetrunkene, darum gottlob nicht klarblickende Weißclown vor dem leeren Rahmen vollzieht, bis in die kleinste Nuance hinein nachäffen. Der viel gespielte *zerbrochene Spiegel,* im Übrigen auch eine Paradenummern des renommierten französischen Clownduos Pipo und Rhum, ist noch heute ein Manegenklassiker.

In Federico Fellinis Fernsehreportage *I clowns* (1970) kommt der leere Rahmen als Clowns-Requisit noch einmal zu Geltung und Ehren. Denn Fellini lässt nicht nur die von Schauspielern dargestellte alte Clownsgarde von Antonet bis Rhum aufmarschieren. Man sieht neben noch lebenden Clowns wie Charlie Rivel eine Menge alter Fotos, rare Filmausschnitte, Zeichnungen, Musikinstrumente, Requisiten und Kostüme, die das Filmteam mithilfe des Zirkushistorikers Tristan Rémy zutage gefördert hat. Natürlich dürfen auch die sogenannten Zwergclowns nicht fehlen. Als Sensation waren sie in den Manegen seit über einem Jahrhundert präsent. 1854 hatte Renz den kleinwüchsigen Komiker Admiral Tom Pouce unter Vertrag, der als Napoleon auftrat. Für den Zwergclown François hatte Paul Busch sogar ein kleines Bauernpferd herbeigeschafft. Auf ihm führte François komische Kunstreiter-Reprisen vor.

In Entrées wie *Das Piano, Die kleine Geige* oder *Die Klarinette* produzierten sich August und Weißclown als Musiker. Das schloss anfangs nahtlos an die Tradition der Musikclowns an, die ihre Darbietungen oft mit Akrobatik verbanden. John Price, der aus einer alten Artistenfamilie kam, spielte etwa auf der frei stehenden Leiter Geige. Manchmal, wie 1864 in seiner Darbietung bei Renz, war das Instrument mit nur einer Saite bespannt. Sprachlich und szenisch gestalteten sich die Musikclownerien ungleich komplexer. Doch avancierte Sprache selbst in den Entrées nie zum allein tragenden Gerüst. Denn uneingeschränkt reisen konnte man damit nicht und es gab nur wenige Clowns, die wie Grock oder die Fratellinis mehrere Sprachen fließend beherrschten. In den Entrées der 1870er-Jahre ging es

körperlich sogar noch recht grob und handgreiflich zu. Wie an Price' einsaitiger Geige unschwer zu erkennen ist, verlegte man die Komik der musikalischen Entrées entweder bereits in die Aufmachung der Instrumente oder aber in ihre Handhabung. Da war die klitzekleine Geige, von welcher der August behauptete, sie würde noch wachsen. Den Geigenbogen konnte man als Rückenkratzer benutzen, einen Klavierdeckel zur Rutschbahn umfunktionieren und im Gehäuse des Konzertflügels ein riesiges Knäuel verwirrter Saiten oder ein rosafarbenes Korsett entdecken. Man konnte versuchen, das Klavier an den Hocker zu rücken, statt den Hocker ans Klavier, oder seit Beginn des Automobilzeitalters verzweifelt nach der Kurbel Ausschau halten und darüber sinnieren, welches der beiden Pedale wohl zum Gasgeben und welches zum Bremsen bestimmt sei. Dann war da noch der Stuhl. Um auf seiner Lehne hockend Konzertina, Geige, Gitarre oder Klarinette zu spielen, musste man ja erst einmal hinaufgelangen, und das ließ sich ebenso

Das tschechische Clownsduo Angela & Vincenzo beim Spiegel-Entree im Circus Krone, 2009.

Das Dackelpferd im Circus Busch.

Links: Der Clown François und sein Dackelpferd im Circus Busch.

Unten: Die Fratellinis mit Berliner Kindern, um 1935.

Der Schweizer Clown Grock, 1936.

mühsam und umwegig ins Werk setzen wie später der Abstieg. Unzählige Clowns taten dies auf höchst amüsante Weise, verhakelten sich in ihrer Kleidung oder glitten mit ihren riesigen, flossenförmigen Latschen ab. Brach nun auch noch die Sitzfläche weg, half nur ein gewagter Sprung aus dem Stuhl. Und das war die Spezialität des Schweizer Clowns Grock.

Musikclowns und Dressurkomik

Mit seinem Partner Antonet trat Grock 1908/09 im Zirkus Albert Schumann in Berlin auf. Und vom Fleck weg wurde das Duo an das renommierte Berliner Varieté WINTERGARTEN verpflichtet. *À la longue* ein Riesenerfolg, doch blieb der Beifall vorerst aus: Grock und Antonet fielen bei ihrer Varieté-Premiere am 15. August 1911 gründlich durch. Beide hatten ihre Artistenlaufbahn im Zirkus begonnen. In der kreisrunden Manege mit ihrem Zentrum, von dem aus der bespielbare Raum gefüllt werden musste, herrschten andere Regeln für die Darstellung komischer Szenen. Auf einer Varietébühne musste man viel minimalistischer spielen, „anstatt die ganze Hand", so Grock, „nur den kleinen Finger bewegen", die Pointen weniger voluminös ausagieren. Entrées wie *Rubinstein und Kubelík* – eine Parodie auf den Pianisten Anton Rubinstein (1829–1894) und den Violinvirtuosen Jan Kubelík (1880–1940) – hatten Grock und Antonet im Zirkus kreiert; sie mussten den veränderten Auftrittsbedingungen angepasst und verfeinert, „vom nur Clownhaften hinweg ins rein Menschliche" übertragen werden. Bei Chaplin sollte sich dieser Transfer von der Manege auf die Varietébühne und von dort vor die Filmkameras fortsetzen. Schon seit den 1880er-Jahren wanderten Clowns und Akrobaten aus den Manegen in die Varietés ab. Denn für weniger Arbeit erhielten sie dort zugleich höhere Gagen.

Eine ganz ähnliche Musikclownerie wie Antonet und Grock präsentieren der Clown Calvero (Chaplin) und sein Partner (Buster Keaton) in *Limelight,* Chaplins Spätwerk von 1952. Nicht zufällig beginnt die Filmhandlung – sie erzählt vom Abstieg des alternden Varietéclowns Calvero und vom Aufstieg einer jungen Ballerina – im Sommer 1913. Rückblickend war 1913 für Chaplin eben nicht nur das Jahr des Kriegsausbruchs, sondern vor allem das seines Wechsels von der Music Hall in die Filmstudios der Keystone. In *Limelight* spielt die Zeit als Faktor des Wandels auch hinsichtlich der einander rasant den Rang ablaufenden Medien eine entscheidende Rolle. Kaum ein paar Jahrzehnte war es her, dass das Varieté den Manegen die Clowns abzuwerben begonnen hatte, als ihm nun seinerseits der Film die Akteure stahl. Auch Paul Busch hatte 1914 die wachsende Konkurrenz durch die Kinos dazu veranlasst, sein Zirkusunternehmen zeitweise zu schließen. Bei Calveros Song vom Floh-zirkus erinnert die Bühnenkulisse mit dem Zirkuszelt an die Herkunft des Clowns. Einst Raubtierdompteur beim Zirkus, führt der Besungene jetzt dressierte Flöhe als „the greatest show on earth" im Varieté vor. Chaplin hatte die alte Jahrmarktsattraktion des Floh-zirkus bereits 1919 in einem nie fertiggestellten, frag-mentarisch erhaltenen Streifen verarbeitet: In einem Obdachlosenasyl bringt Professor Bosco seine ent-schlüpften Flöhe mit einer Dressurpeitsche, mit Ord-nungsrufen und Fußtritten zur Räson, bis sie am Ende ein Hund stibitzt. Längst war der Flohzirkus auch in der Manege zum Gegenstand der Dressurkomik ge-worden. Weißclown und August mimen in *Der dres-sierte Floh* Zirkusdirektor und Dompteur, der einen imaginären Floh unter Trommelwirbeln mehrfache Saltos vollführen lässt. Als der Floh entwischt, setzt der August ihm bis ins Publikum nach, fängt ihn ein, muss feststellen, dass es der falsche ist, und übergibt ihn einem der Zuschauer: „Entschuldigen Sie, das ist nicht meiner!" Es sind neben dem Kostüm und den Gesten vor allem die Mimik und die scheinbar den Sal-tos folgenden Kopfbewegungen Augusts, die den Floh fingieren. Denn der wäre, selbst wenn es ihn gäbe, für

keinen Zuschauer sichtbar. Das *Floh*-Entrée parodier-te nicht einfach nur eine Raubtierdressur, sondern nahm seinerseits noch die Dressurkomik aufs Korn. Solo-Clowns wie Qualitz, Stonette oder die Bellings hatten ja komische Szenen mit dressierten Hunden, Eseln oder Ponys präsentiert.

Die Dressurkomik bekam im letzten Drittel des 19. Jahrhunderts ein neues Format, als Anatoli Durow begann, satirische Sprecheinlagen und Dressurakte miteinander zu verbinden. Durow trat vornehmlich mit Schweinen auf, trainierte aber auch Hammel, Hähne und Ziegenböcke. Ein Moskauer Gastspiel des CIRCUS SCHUMANN hatte Durow populär gemacht; es folgte ein festes Engagement beim stationären Zirkus von Albert Salamonsky, der den Wettbewerb mit Renz 1879 beendet, Berlin verlassen und sich in Moskau eta-bliert hatte. Bald attackierte Durow selbstherrliche Staatsbeamte, führte die Zensurbehörden vor oder stellte rücksichtslose Bankiers bloß. Viele seiner Num-mern erhielten so eine politische Note. Einmal parier-te er in der Manege eine Serie gehässiger Schmähkri-tiken. Sie waren in einem Moskauer Blatt nach dem Schlagabtausch zwischen Durow und dem Sohn eines Redakteurs erschienen, der den Artisten am Rande

Antonet und Grock, um 1908/11.

einer Vorstellung verhöhnt hatte. Die Beleidigung inspirierte den Clown zur Nummer *Das lesende Schweinchen*. Er hielt einem Ferkel, das in der Manege auf einem Sessel saß, nacheinander verschiedene Zeitungen hin, die es ausnahmslos abwies, während es seine Nase mit offenkundigem Behagen in ebenjene Zeitung steckte, die den Clown immer wieder persönlich angegriffen hatte. Der Trick war denkbar schlicht: Durow hatte das Blatt, in das sich das Ferkel vertiefen sollte, mit Schmalz bestrichen. Nahm das Tier mit den Zeitungen, die der Clown ihm reichte, nicht zugleich den Schmalzgeruch wahr, wandte es sich in Erwartung der leichten Nasenstüber ab, die ihm Durow beim Einstudieren der Nummer mit den Zeitungen versetzt hatte. Durow arbeitete noch mit der Angst des Tiers vor dem Schmerz, zunehmend jedoch auch mit der damals nur wenig verbreiteten ,zahmen' Dressurmethode. Das bedeutete, nicht mehr auf Hunger und rohe Gewalt, sondern auf Geduld, Belohnung, emotionale Zuwendung und die menschliche Stimme zu setzen. Sein Bruder Wladimir, ebenfalls Clown, trieb tierpsychologische Studien und eröffnete in Moskau schließlich ein Experimentierstudio.

Auch Whimsical Walker war davon überzeugt, dass Brutalität gegenüber Tieren beim Einstudieren von Nummern unnötig und obendrein völlig nutzlos ist. Es war ein überaus schweißtreibender Akt geduldiger Überredungskunst, als er an einem kalten Februartag des Jahres 1885 vor Queen Victoria seinen Esel Tom dazu brachte, im Sessel sitzend *Vergiss mich nicht* zu schreien und dabei mit der Schnauze ein Notenblatt umzuschlagen. Wenig Bescheid wusste Walker indes über halbwegs angemessene Tierhaltung. Seine Esel starben aus Mangel an Bewegung und wegen falscher Fütterung an Überfettung. Aus einer Schaubude kommend, gehörte Walker zu den wenigen Clowns, die scheinbar mühelos zwischen Zirkus, Theater und Music Hall zu wechseln vermochten. Und zuletzt – er starb 1921 – stand er sogar noch vor der Kamera. 1910 ging er für ein New Yorker Gastspiel in Fred Karnos Theatertruppe mit Chaplin gemeinsam auf Tournee. Walker hat die Qualität von Chaplins Filmkomödien früh zu schätzen und zu würdigen gewusst; sie hoben sich von den Dutzendstreifen ab, die damals die entstehende Filmindustrie fast stündlich ausstieß. Chaplins Komödien hatten ihre Besonderheit nicht im Filmischen – hier war er, wie oft bemerkt wurde, ausgesprochen konventionell, ja geradezu anspruchslos –, sondern in der Spielweise, im Tänzelnden und im Akrobatischen, in den speziellen Gags, im Typisieren von Figuren, Konstellationen und Situationen, für die der Regisseur und Schauspieler einfallsreich den alten Fundus der englischen Pantomimen zu plündern verstand. Walker entdeckte die vertrauten Elemente der alten Harlekinaden und Clownerien. Und es ist ja auch nicht zufällig eine Harlekinade, die der jungen Ballerina in *Limelight* zum Erfolg verhilft und die als Kunstwerk im Kunstwerk die Filmhandlung kommentiert. Der Gegensatz zwischen Alter und Jugend zählt zu den Grundelementen der Commedia dell'Arte; die Konstellation aus Clown und Ballerina – oder Kunstreiterin, wie in *The Circus* – einschließlich der unerfüllten Liebe war ein gängiges Sujet seit Deburaus Pierrot-Figur, man denke nur an Strawinskys *Petruschka* von 1911. Heute setzt das Duo aus dem Schweizer Clown Pierino und der Tänzerin Olga diese Tradition fort.

Die Theater- und Zirkusclowns entnahmen dem Alltag Vorlagen, um sie in ihren Figuren zu parodieren und zu verfremden. Chaplin versetzte umgekehrt den Trampclown mit all seinen Bühnen- und Manegeanleihen in Alltagswelten, die plötzlich befremdlich wirkten. Nicht der Tramp schien verrückt zu spielen, sondern die Welt, durch die er sich bewegte. Als überlebensfähig erwies sich Chaplins Clownsfigur, weil er erstens darauf verzichtet hatte, ihre Züge zu glätten – da er Tritte und Schläge nicht nur empfängt, sondern auch großzügig austeilt, ist Chaplins Tramp kein Ausbund an Mitmenschlichkeit – und weil er sie zweitens mit einer Aura der Alltäglichkeit industrieller Großstädte umgab. So wurde sein Tramp wie der dumme August vierzig Jahre zuvor stilbildend für die Manegenclowns. Halpersons melancholischer Abgesang auf den Clown im Jahre 1926 war jedenfalls entschieden verfrüht.

Warum man einen Clown nicht umbringt

Für ambitionierte Zirkusclowns blieb das bloße Kopieren von Chaplins Tramp stets nur eine Phase ihrer frühen Laufbahn. Mochten etwa der Aufzug und das Bärtchen von Karandasch, dem ‚Stift‘, der die Moskauer Zirkusschule absolviert hatte, auch zeit seines Manegenlebens an Chaplin erinnern, so gelang ihm

doch bald ein ganz eigener, allegorischer Reprisenstil. In den 1930er-Jahren begann Karandasch für Furore zu sorgen. Er vermied sowohl das einfältige Abgleiten in seichte Clowns-Nostalgie als auch plattes Aktualisieren. Sein Register reichte von derb bis subtil. In *Der Panzer,* einer Reprise, die die deutsche Wehrmacht bei der Okkupation Moskaus im Zweiten Weltkrieg vorführte, rollte Karandasch ein altes Fass auf Holzrädern in die Manege, setzte eine gruselige Maske auf, schwang drohend eine Axt und kroch schließlich in das Fass, das kurz darauf auseinanderkrachte. Zum Vorschein kam eine bedauernswert versehrte Figur, die sich geschlagen und hinkend davonstahl. Auch die Gepflogenheit, viel Wind um nichts zu machen, wurde zur Zielscheibe seines Spotts. Langwierig und umständlich, als handle es sich um die Verrichtung einer äußerst komplizierten, bedeutsamen Angelegenheit, zerkleinerte er ein Würstchen und reichte es seinem Hund, der es, begleitet von einem gewaltigen Tusch, in Windeseile verschlang. Seine Reprise vom störrischen, in einem Sessel auf einem Wagen sitzenden Esel, den er durch die Manege zog, war ein Gleichnis auf die falschen Leute in herausgehobenen Positionen: Dumm sind am Ende beide, der Esel, der fehl am Platz ist, und der Clown, der ihn darin bestärkt.

Auch Charlie Rivel imitierte Chaplin eine Zeit lang, interpretierte aber den Trampclown zugleich. Kern der Filmfigur, so sah es Rivel, war eine „Mischung aus Heroismus und Hase", und ebendies stellte er am Trapez dar – und später in der Nummer *Charlie als Matador* in einer Stierkampfarena. Bevor Rivel als Solo-Clown arbeitete, tourte er mit seinen Brüdern als Clownstrio, das sowohl Akrobatiknummern als auch klassische Entrées darbot, durch die internationalen Manegen und Varietés. Das berühmte „Akrobat – Schööön!" entstand in den 1920er-Jahren anlässlich eines Gastspiels an der Berliner SCALA. Auf Rivels Vorschlag, eine akrobatische Clownsnummer zu zeigen, hatte der Scala-Direktor zustimmend geantwortet „Schön!" Rivel, der das Wort nicht verstand, aber vergnüglich fand und unausgesetzt wiederholte, beantwortete auf der Bühne den Ausruf seines Bruders „Akrobat …" spontan mit dem in die Länge gezogenen „Schööön!" des Scala-Direktors und kassierte dafür rasenden Applaus. Im nichtdeutschsprachigen Raum wurde es später durch ein „Oh!" ersetzt; fortan war

Karandasch mit der Esel-Nummer.

fassen, packte ihn ein und trug ihn davon, nur, um mit ihm das Publikum zu beschenken. Wirklich tragisch war in Popows Reprisen nur noch das zeitlose Sujet zurückgewiesener Liebe, das verschmähte Herz, das die Angebetete kaltschnäuzig in einer Mülltonne entsorgt. Mit seiner wunderbaren Seifenblasenreprise, gezeigt 1980 im Circus Roncalli, stand auch Clown Pic in der Tradition des romantischen Pierrot. Er entstieg einer in die Manege gerollten, mit Sternen beklebten Kugel, die sich in zwei Hälften teilte. Doch war seine Reprise nicht nur eine ansprechende Variation auf das Thema Vergänglichkeit, weil ja alle zerplatzten Hoffnungen und zerschellten Träume andere nach sich ziehen, mit denen sich eine Weile gut leben lässt.

Pics Szenen sind oft ausgesprochen welthaltig. Seine Huhn-Reprise zeigt auf ebenso unaufdringliche wie feinsinnige Weise, dass ein Brathühnchen einmal gelebt hat, umherspaziert ist und neugierig war. Das

die Wendung der Titel des gemeinsamen Programms. Rivels August war bereits in seiner Aufmachung unverkennbar: dem überweiten, roten Trikothemd und der kantigen, vorn platt gedrückten roten Knollennase. Im Circus Krone gab Rivel 1981, zwei Jahre vor seinem Tod, seine Abschiedsvorstellung.

Allmählich verloren die Clowns ihre mehrdeutigen, immer auch aggressiven Züge zugunsten poetischer Verspieltheit, verträumter Unschuld und zartsinniger Melancholie. Schon Oleg Popows Clown-Figur war mit ihrer Anlehnung an den strohblonden Iwanuschka der russischen Volksmärchen vor allem heiter und pfiffig. In seinen Reprisen parodierte er Jongleure, Raubtierdompteure, Schlangenbändiger, Akrobaten auf dem Schlappseil oder einen Perche-Akt, den er wahlweise mit einer Puppe oder einem Hahn ausführte. Rasch wurde Popow international populär. Als einer seiner Klassiker gilt die Reprise *Der Sonnenstrahl;* obschon eine Adaption, war sie ganz dem Air des Pierrot verpflichtet. Mit einem Korb versuchte Popow in der Manege einen wandernden Lichtreflex einzufangen; er wärmte sich an ihm, folgte ihm, wohin er sich auch bewegte, bekam ihn schließlich zu

Oleg Popow auf dem Schlappseil, 1970.

vor der Pfanne gerettete Huhn schenkt ihm schließlich ein Ei, für das er sich – ganz wie seinerzeit Chaplin in *The Circus* – hochachtungsvoll bedankt.

Clowns wie Pierino haben sich rundheraus zu Deburau als Inspirationsquelle bekannt. Daher darf man annehmen, dass auch Marcel Carnés Klassiker *Die Kinder des Olymp* (1943/45), der die Pierrot-Figur und ihren Schöpfer Mitte des 20. Jahrhunderts noch einmal popularisiert hat, der jüngeren Zirkusclownerie neue Anregungen gab.

Wahrscheinlich präsentierte die von Giulietta Masina gespielte Figur der Gelsomina in Fellinis *La Strada* (1954) mit ihren aufgemalten Wimpern, dem Herzmund und dem Punkt auf der Nase das erste weltweit bekannte weibliche Clownsgesicht. Inzwischen hat man viele Clownsfrauen gesehen, von der früh verstorbenen Annie Fratellini, der Enkelin Pauls aus dem renommierten Clownstrio, bis hin zu Antoschka. Ehefrauen, Töchter oder Schwestern von Clowns hatten bereits im 19. Jahrhundert gelegentlich an den Reprisen und Entrées mitgewirkt. Eine eigenständige Figur oder auch nur eine komische Rolle, wie es sie im Theater, beim Kabarett und in den Filmkomödien gab, war daraus nicht entstanden. Hemmschuh waren auch hier allzu starre Geschlechterbilder. Wenn sich eine Frau oder ein Mädchen wie der August des Fratellini-Trios geweigert hätte, den Löwenkäfig zu betreten, hätte man das nicht als Hasenherzigkeit der Figur aufgefasst, sondern ihrem Geschlecht zugeschrieben.

Let's all drink to the death of a clown sangen 1967 die Kinks – unüberhörbar von Chaplins *Limelight* inspiriert. Aber noch immer ist die Methode, einen Clown sterben zu lassen, die denkbar schlechteste, um ihn tatsächlich loszuwerden. Denn in guter alter Karnevals- und Commedia dell'Arte-Tradition verwandelt sich sein Sarg ja doch immer wieder in eine Wiege, endet seine Beisetzung fast ausnahmslos mit seiner Geburt. Man hat auch Fellinis Fernsehreportage *I clowns* von 1970 oft als Abgesang auf die Clowns-Figur und den Zirkus überhaupt gedeutet. Nun, ein paar Jahre später bekamen wir – und das sind nur zwei Beispiele – den CIRCUS RONCALLI und mit ihm den Clown Pic. Das finale Clowns-Funeral, das Fellini in der Manege des CIRCUS ORFEI ganz fachmännisch als Groteske inszenierte und in dem sämtliche Clownstypen noch einmal das heulende Elend einer Trauerfeier

bilden, verwandelt sich jäh in eine Karnevalsparty mit Feuerwerk, einer riesigen, etwas zu phallisch geratenen Champagnerflasche, die sich in die Manege ergießt, einem Wald bunter Papierschlangen und Clowns, die so lange tanzen, bis irgendjemand die Vorstellung für beendet erklärt und das Licht in der Manege ausknipst. Eine vorläufige Unterbrechung. Kaum mehr.

Charlie Rivel im Circus Krone.

CIRCUS BUSCH

POMPEJI

Preis 15 Pf.　　LITH. ADOLPH FRIEDLÄNDER-HAMBURG

BILDERBOGEN! ABER IN GROSS-FORMAT UND SOZUSAGEN MIT BEENE!

Riesenmanegespektakel! Kostbarste Ausstattung, prächtigste Kostüme, farbigste Wasserfontänen, die atemlosesten Raubszenen und Verfolgungsjagden, und um Liebe geht es dabei manchmal auch.

Das Programmheft der
Pantomime *Armin*, 1910.

DIE BUSCHS GEWINNEN
MIT PANTOMIMEN AN PROFIL

Berlin am Vorweihnachtsabend 1910. Meterlange Blitze zuckten durch die Luft, Donner krachte, Regen prasselte, ein furchtbarer Sturm heulte auf. In der Manege des CIRCUS BUSCH am damaligen S-Bahnhof Börse erzeugten einige Hunderttausend Volt ein mächtiges Gewitter. Bestimmt das gewaltigste und prächtigste, das je eine Berliner Bühne gesehen hat. Wahrscheinlich auch das kostspieligste. Allein die Anschaffung der hierfür benötigten elektrischen Apparate soll Tausende von Reichsmark verschlungen haben. *Arminius,* das neue Manegeschauspiel, war das Gesellenstück der jungen Paula Busch. Es dürfte seine Unkosten bequem wieder eingespielt haben. Nicht nur technisch eine Attraktion, bediente es pflichtschuldig den zeittypischen Historismus. Zwischen schnaubenden Pferden und klirrenden Schilden hockte der Römer Varus verdrossen auf einem Baumstumpf und wusste nicht, wo er war. Die Alraune teilte ihm bloß mit, dass sein „Verderben naht". Artig sagten die Barden aus Kleists *Hermannsschlacht* ihre Zeilen auf. Und dann begann im Teutoburger Wald am Hackeschen Markt der Kampf. Natürlich gab es zwischendrin auch ein paar Tänze, Feste und Gesänge. Doch die Apotheose, das Schlussbild, war so martialisch wie die Schlacht. Vom Manegenhimmel wurde eine Wolke herabgesenkt, die sich teilte und den Blick freigab auf Reichskanzler Otto von Bismarck und den Cherusker Arminius im blutverschmierten Gewand. Über einem Amboss besiegelten Schmied und Krieger mit einem Handschlag Reinheit und Einheit des Reichs. Gekrönt

von der Kaiseridee, denn hinter ihnen hielt Germania die strahlenumkränzte Reichskrone empor.

Das Tableau in Buschs Manege war ein Stelldichein bekannter Kolossalplastiken der wilhelminischen Ära. Da war das 1875 bei Detmold enthüllte Hermannsdenkmal – das Zirkusprogrammheft enthielt seine Zeichnung – und das Niederwalddenkmal mit der Germania von 1883. Schließlich die zahllosen Bismarck-Monumente: Seit 1906 überragte das größte von allen, die Riesenstatue der Hamburger Kaufleute, die Elblandschaft unweit der Landungsbrücken am Hafen; schon 1901 hatte Wilhelm II. der Öffentlichkeit feierlich das Prachtdenkmal vor dem Berliner Reichstag übergeben, an dessen Sockel eine Siegfried-Figur das Reichsschwert schmiedet. „Blut und Eisen",

Werbeanzeige des Circus Busch im *Berliner Lokal-Anzeiger* vom 23. Dezember 1910.

Wie der Circus Busch entstand

1850 ins mittelständische Milieu einer Berliner Weinhändlerfamilie geboren, soll Paul Busch, so will es seine Tochter Paula in ihren Memoiren, als Achtjähriger zum ersten Mal einen Zirkus besucht haben. Eine Reitnummer habe ihn am meisten beeindruckt: Auf zwei Schimmeln sei der Kunstreiter Henderson durch die Manege galoppiert und habe dann ein kleines, als Libelle mit hellblauen Flügeln kostümiertes Mädchen namens Sidonie auf seine Schultern gehoben, wo sie eine halbe Runde lang freihändig stand. Vor Angst habe sie sich dabei in die Hosen gemacht. Eine Mischung aus Bewunderung und Bedauern soll den kleinen Paul Busch dazu bewogen haben, ihr anschließend sein Stullenpaket, seine Geldbörse und seinen Kinderschatz, eine in Bernstein eingeschlossene Mücke, zu schenken. Ob dem Knaben Paul in Sidonie – so hieß seine künftige Gattin – „das Glück seines späteren Lebens" tatsächlich „entgegengaloppiert" war, wie seine Tochter später nahelegte, sei dahingestellt.

Reiten gelernt hat Paul Busch erst beim Militär. Ein Vorgesetzter erkannte sein Talent und ließ ihn zum Schulreiter ausbilden. Als Kriegsfreiwilliger beteiligte er sich am Deutsch-Französischen Krieg. Sein Deutschnationalismus, seine auch nach 1918 ungebrochene Treue zur inzwischen abgedankten Monarchie, seine lebenslange Affinität zum Militär und sein viel beschworener soldatischer Habitus wurden durch Kriegserlebnis und Reichsgründung geprägt. Kein Zirkusorchester spielte, als er 1927 starb, an seinem Grab; eine Militärkapelle schmetterte das Soldatenlied vom „guten Kameraden". Und statt Dressurpeitsche und Reitstiefel schmückten seinen Sarg der Kürassierhelm und der Säbel des Kämpfers von 1870/71. Buschs schneidiges Auftreten und seine konservative Gesinnung waren nicht untypisch für sein Milieu und eine Generation, die mit der Gründung des wilhelminischen Kaiserreichs so viele gesellschaftliche Aufstiegshoffnungen verband. Und im Fall von Paul Busch, der nach dem Krieg zunächst in Reval, dem heutigen Tallinn, einen Tattersall geleitet hatte, sollten sie sich ja geradezu übererfüllen. Mit dem hochmodernen Berliner Gebäude besaßen die Buschs ab 1895 eine ausgesprochen rentable, durch gelegentliche Kaiserbesuche beehrte feste Spielstätte und einen ansehnlichen Marstall inmitten einer Reichshauptstadt, die im ausgehenden 19. Jahrhundert zur ansehnlichen Metropole avanciert war. Die Familie bewohnte eine Villa im Grunewald und beschäftigte Gouvernanten für die Erziehung ihrer 1886 und 1888 geborenen Töchter Paula und Virginia. Zweifellos haben die persönliche Errungenschaften Buschs Bindung an die Monarchie enorm gefestigt.

Buschs Weg dahin verlief gewiss nicht immer störungsfrei, aber im Verlauf von zehn Jahren recht stetig und auch steil nach oben. Eine Erbschaft hatte Busch die Anschaffung wertvoller Reit- und Dressurpferde ermöglicht. Mit ihnen stieg er ins Zirkusmetier ein. Seine um ein Jahr ältere Frau Barbara Sidonie lernte Busch in den 1870er-Jahren kennen. Paula Busch zufolge hätte es den Zirkus ihrer Eltern nie gegeben, wäre 1878 im Pferdestall von Albert Salamonskys Berliner Markthallen-Zirkus kein Brand ausgebrochen. Unter Einsatz seines Lebens habe Paul Busch die wertvollen Dressurpferde der Kunstreiterin Miss Constance gerettet, sich dabei schlimme Brandwunden zugezogen und damit das Herz der schönen Amazone geknackt. Die Tochter eines Panoramabesitzers, bereits einmal verwitwet und einmal geschieden, war unter ihrem Künstlernamen auch schon als Schul-, Parforce- und Panneau-Reiterin bei Renz und Blennow aufgetreten. 1884 begründeten Constance und Paul Busch das gemeinsame Zirkusunternehmen. Zur Gesellschaft gehörten auch Maria Doré, Constance Buschs Tochter aus erster Ehe, und später deren Gatte Georg Burckhardt-Foottit. Beide waren nicht nur angesehene Kunst- und Schulreiter, sondern auch begabt im Seiltanzen, Jonglieren und in der Dressur. Das Unternehmen bereiste Skandinavien, Frankreich, Italien, Spanien, Russland und Deutschland. Sein Renommee, so lautete das schonungslose Urteil seit Signor Saltarinos Artistenlexikon von 1895, erwarb Paul Busch freilich mit der artistischen Meisterschaft seiner Familienmitglieder. Er selbst soll – anders als Renz, Salamonsky oder Schumann – in erster Linie ein fähiger Geschäftsmann gewesen sein, aber kein herausragender Reiter oder Dresseur. Waren die ersten Programme des Circus Busch recht bescheiden, sollten sie binnen weniger Jahre großstädtisches Niveau erreichen. Feste Häuser eröffneten die Buschs zuerst 1891 in Hamburg-Altona und dann im Juni 1892 im Prater in Wien; Berlin kam im Oktober 1895 hinzu. 1903 erwarb Busch das alte Renz-Gebäude in Breslau.

Bismarcks berühmt-berüchtigte Formel aus seiner Zeit als preußischer Ministerpräsident, war weithin geläufig.

Die Nibelungen-Reminiszenz hatte Paula Busch dem Berliner Denkmal abgeschaut. Auch der Arminius-Kult erlebte gerade eine Konjunktur. Erst im Vorjahr hatte eine Fülle Artikel und Gedenkbücher an das 1000-jährige Jubiläum der Varusschlacht erinnert. Rassistische Reinheitsvorstellungen und der Glaube, Deutsche würden in direkter Linie von den alten Germanen abstammen, waren im Kaiserreich kein Monopol völkischer Kreise. Professoren, Militärs, Magnaten und Publizisten bemühten um 1900 gern Arminius und Bismarck, um vermeintlichen kulturellen Fremdeinflüssen zu begegnen oder die Gefahr ‚innerer Feinde' zu beschwören, seien es Franzosen, Juden oder die sozialdemokratische Arbeiterbewegung. Nationalstaatliche Einheit, herbeigeführt durch Kriege – und all dies ins Symbolhafte überhöht. Die schlichte Botschaft verstand damals jeder, hatte er die ‚vaterländische Erziehung' auch nur einer Volksschule genossen. Die allgemeine Schulpflicht war seit dem letzten Drittel des 19. Jahrhunderts durchgesetzt. Trefflich passte *Arminius* überdies zum neuen nationalen Sammlungskonzept Reichskanzler von Bülows. Weltpolitik, wie sie auf der Agenda des offiziellen Kaiserreichs stand, ließ sich nur betreiben, wenn sich auch das national gesinnte Bürgertum zu ihr bekannte. Und zu diesem zählten die Buschs.

Constance Busch schrieb bis zu ihrem Tod im Januar 1898 die Szenarien der Pantomimen, die seit Unternehmensgründung fester Bestandteil der Programme waren. Mit der Eröffnung fester Häuser wurden sie in der Ausstattung, im Dekor und in den Kostümen ungleich aufwändiger und vor allem technisch raffinierter. 1892 hatte in Wien Buschs Wasserpantomime *König Ludwig XIV.* Premiere. Prunkvoll ausstaffiert, fuhr König Ludwig mit großem Hofstaat in einer Luxuskarosse ein. Inhaltlich war das im 17. Jahrhundert spielende Manegeschaustück, wie alle Zirkuspantomimen, ausgesprochen mager. Es gab ein paar Tändeleien, kleine Eifersuchtsszenen, Slapsticks mit einem verrückten Adeligen zu Fuß und zu Pferd, Massenszenen mit Bürgern, Bauern und Reitersoldaten, einen Maskenumzug, einen elektrisch beleuchteten Blumenkorso, ein Schwimmballett und kleine Boote

Werbeplakat der Wasserpantomime *Ludwig XIV* aus dem Jahre 1892.

zu Mandolinenklängen auf dem Wasserbassin im Park von Versailles. Den Höhepunkt aber bildeten die von vielfarbigem Licht illuminierten Wasserfälle und Fontänen. Auf solche Effekte kam es an.

Wasserpantomimen waren seit Mitte der 1880er-Jahre in Paris *en vogue*. Neu waren Schaustücke dieser Art allerdings nicht. Mit versenkbaren Manegeböden und Flutungsanlagen perfektionierten die Zirkusarchitekten im späten 19. Jahrhundert die Bühnentechnik. Aquadramen aber gab es bereits um 1800 an

Ein Wasserballett im Zelt des Zirkus Holzmüller, 1952. Aufwän-
dige Wasserpantomimen, wie sie in festen Zirkusbauten gegeben
wurden, ließen sich im Zelt nicht aufführen.

Londoner Theatern wie dem SADLER'S WELLS und im
ROYAL CIRCUS. Man nutzte große Wassertanks und
verwandelte mit einem riesigen Bassin die ganze Bühne in einen See, auf dem im verkleinerten Maßstab
nachgebaute Kriegs- und Piratenschiffe kurvten. Es
gab eine Fülle Marinespektakel aller Art: Historische
Seeschlachten wurden ausgefochten, Entdeckungs-
und Abenteuerreisen bestanden, die Meuterei auf der
Bounty und andere Piratengeschichten nachgespielt.
Renz' als „Große hydrologische Ausstattungs-Comö-
die" beworbene Wasserpantomime *Auf Helgoland*
bot 1891 neben Wasserfällen und einer elektrisch beleuchteten Riesenfontäne, die unter einem Feuerwerk
und Brillantfeuerregen emporsprudelte, auch Kunst-
schwimmerinnen, Dampfschiffe und Segelboote.
Freilich folgte er nur seinem früheren Mitstreiter und
jetzigen Rivalen Gotthold Schumann. In der vorange-

gangenen Saison hatte Schumann bei seinem Gastspiel im Berliner Zirkus KREMBSER, auch Wellblechzirkus genannt, das Publikum als Erster mit einer
Wasserpantomime für sich eingenommen.

Buschs Meriten bestanden also nicht darin, die
Pantomime neu erfunden zu haben. Er konnte noch
nicht einmal für sich in Anspruch nehmen, einzelne
ihrer Elemente kreiert zu haben. Unterwasserspekta-
kel wie *Auf der Hallig* (1907) oder *Die versunkene Stadt*
(1917), eine Adaption der Vineta-Sage, entfalteten ihre
Anziehungskraft eher durch technische Raffinessen.
Paula Busch ließ Vineta wieder aus den Fluten empor-
steigen, und als die Bewohner ihren Behausungen entstiegen, waren sie nicht nass, weil sie spezielle Tau-
cherglocken schützten.

Ihre Originalität bezogen Buschs Produktionen
aus der äußerst wirkungsvollen Mischung von Spezi-

aleffekten, der Ausbeutung neuester technischer Errungenschaften und pointiert platzierter akrobatischer Sensationen. Zu jedem Manegeschauspiel gab es außerdem ein Programmheft, meist mit einer kurzen Einleitung, die manchmal den historischen, politischen und kulturellen Kontext der Stücke aufbereitete und manchmal auch nur blumig die exotischen Orte anpries. Mit den Jahren wurden die Hefte immer aufwändiger gestaltet und bekamen schließlich farbige Titelblätter.

Und die Buschs folgten dem nationalistischen, exotistischen und kolonialen Zeitgeist. So unterschiedlich sie im Einzelnen auch waren, hierin bewiesen Constance Busch, Georg Burckhardt-Footit, Paula Busch und zuletzt noch Adolf Steinmann, die teils gemeinsam, teils nacheinander die Pantomimen entwarfen, viel Erfindungsreichtum. Auch tagespolitische Ereignisse wurden in den Manegeschauspielen verarbeitet. Doch selbst dies hatte in der Geschichte der Zirkuspantomime von jeher Tradition.

Vom Sturm auf die Bastille bis „1870/71"

Philip Astleys Pantomime *Das von Unruhen heimgesuchte Paris oder die Stürmung der Bastille* erlebte im August 1789 in London seine Uraufführung. In einem Pariser Wachsfigurenkabinett soll Astley sogar authentische Uniformen und die Abdrücke von Köpfen enthaupteter Staatsdiener erworben haben.[2] Für Lokalkolorit sorgten Bühnenbilder mit Ansichten von Paris und der Bastille. Kaum bekam Charles Hughes vom ROYAL CIRCUS davon Wind, zog er nach – wie immer, wenn sich eine von Astleys Pantomimen als erfolgreich erwies. Das Publikum soll so zahlreich erschienen sein, dass es die Zugänge zur Spielstätte verstopfte. Über die Französische Revolution wussten die Londoner schon im Spätsommer 1789 bestens Bescheid.

Frühe Zirkuspantomimen waren nicht selten Chroniken, übermittelten szenisch aufbereitete Nach-

Fluten der Manege im Circus Busch.

Werbeplakat für eine Pantomime aus dem Jahre 1913, in welcher
Max Schumann die aktuellen Balkankriege 1912/13 verarbeitet hat.

richten aus anderen, manchmal fernen Ländern, zeigten, Revolutionen, Entdeckungs- und Abenteuerreisen. Das Militär genoss im London jener Jahre hohes Ansehen und aktuelle wie historische Kriege fanden nicht selten ihr Nachspiel im Zirkus. Im September spielte Astley eine kurz zuvor vom englischen König abgenommene Seeparade nach. Als Vorlage diente ihm der Augenzeugenbericht eines Freundes. Astley hatte an den Koalitionskriegen teilgenommen und entwarf nun die Schlachtszenen nach eigenem Erleben. Lange vor dem bizarren Napoleon-Kult der Franconis huldigte man in den Manegen historischen und zeitgenössischen Heerführern, etwa im *Leben und Kampf des Generals Marlborough,* der sich seine Sporen im Spani-

schen Erbfolgekrieg verdient hatte, oder im *Tod des Marschalls Turenne,* der als einer der berühmtesten Heerführer Frankreichs 1675 im Krieg gegen Holland und Brandenburg gefallen war. Mit *Poniatowski oder Die Überquerung der Elster* inszenierten die Franconis 1819 den Rückzug der napoleonischen Truppen nach der Völkerschlacht bei Leipzig. Damals mussten die Soldaten mit ihren Pferden schwimmend den Fluss durchqueren, dabei ertrank der von Napoleon zum Marschall ernannte polnische Adlige Jozef Poniatowski. Noch Andrew Ducrow kreierte 1829 mit seiner *Schlacht bei Waterloo* einen Manegenklassiker, für den er sich eigens am inzwischen historischen Schauplatz umgesehen und Skizzen angefertigt hatte.

Napoleons Theaterdekret vom Sommer 1807 beeinträchtigte das französische Bühnenleben für einige Jahre erheblich und verwies die Zirkusunternehmen eine Zeit lang ganz vom Spielfeld. Sie zählten fortan nicht mehr zu den Theatern. Als die Franconis im Dezember des gleichen Jahres ihren neuen CIRQUE OLYMPIQUE eröffneten, verherrlichten sie den Kaiser in der Pantomime *Die Laterne des Diogenes*. Von dem legendären antiken Philosophen ließen sie Napoleon kurzerhand zur überragenden Persönlichkeit erklären. Diese Huldigung hatte durchaus eine pragmatische Seite; auf die behördliche Genehmigung blieben die Franconis ja weiterhin angewiesen. Sich die wechselnden Machthaber gewogen zu machen, war eine Frage der beruflichen Existenz. Doch war die Glorifizierung Napoleons in Frankreich auch Gemeingut.

Widerhall fanden ferner die Expeditionen in den Orient, nach Asien oder Übersee. Man konnte *Die Pyramiden von Ägypten* bestaunen und *Die chinesische Messe zu Hongkong*. Die Geschichte des Seefahrers und Entdeckers James Cook, der bei einer tätlichen Auseinandersetzung zwischen Einheimischen und der Schiffsbesatzung auf Hawai getötet worden war, gehörte zum gängigen zeitgenössischen Pantomimenrepertoire; Brilloff gab sie noch Anfang der 1830er-Jahre. „Das ganze männliche Personal der Gesellschaft erschien als halbnackte Südsee-Insulaner mit Lendenschürze, Federschmuck und mächtigen Keulen und führte um den berühmten Entdecker", schrieb Alwill Raeder in seiner Renz-Chronik, „unter Keulenschwingen und wilden Geberden[!] einen schrecklichen Kriegstanz auf, der für den Engländer das Schlimmste befürchten ließ". Schließlich formierten sich alle Mitwirkenden in braunen Trikots zu einer Menschen-Pyramide. Das war der akrobatische Höhepunkt der Pantomime. Hier ist leicht zu sehen, wie sich akrobatische Aktionen und Figuren mit einem attraktiven Bildvorrat verbanden. Neben illustrierten Abenteuerromanen, Reiseberichten und Magazinen steuerten auch die Zirkusmanegen ihren Teil zum europäischen Fantasiehaushalt exotischer Welten bei. Im Vordergrund standen bei den Pantomimen freilich nicht Erziehung und Bildung; ihr Anliegen war die Unterhaltung des Publikums.

Zur Zirkuspantomime werden konnte alles, was sich als Augenweide aufbereiten, szenisch und mimisch zu Fuß und zu Pferd darstellen ließ. Um eine fein gesponnene Handlung ging es nie. Man reihte einfach kleine Szenen und Tableaus aneinander. Sie sollten optisch und akustisch die Aufmerksamkeit der Zuschauer fesseln. Nicht mehr. Früh schon adaptierte man Theaterstücke, Opern und Romane. In Astleys AMPHITHEATRE und in Hughes ROYAL CIRCUS waren fürchterlich verunstaltete Szenen aus Shakespeares Königsdrama *Richard III.*, Mozarts *Zauberflöte* – die sich dazu mit ihren vielen Verwandlungspartien auch noch vorzüglich eignete, ganz einfach weil sie als Singspiel selbst dem alten Zaubertheater verpflichtet war – und Cervantes' Ritter von der traurigen Gestalt auf seiner müde gehetzten Mähre Rosinante zu sehen. In John Astleys *Quichotte und Sancho; oder: Harlekin, der Krieger* lieferten sich die Reitertruppen Quichottes und Harlekins ein drolliges Gefecht in silbernen und goldenen Harnischen.[3]

Fast alle frühen Zirkuspantomimen waren Harlekinaden. Das kehrte die possenhaften Züge heraus, sorgte aber vor allem für die behördlich streng kontrollierte Unterscheidung vom Sprechtheater. Eine Lizenz, Stücke mit Dialogen aufzuführen, hatten bis Mitte des 19. Jahrhunderts in England und Frankreich nur wenige Bühnen. Wollte man etwas durch Worte mitteilen, sang man entweder ein Lied oder hielt eine beschriebene Tafel hoch. Sprechen auf der Bühne oder in der Manege konnte empfindliche Strafen bis hin zum Entzug der Lizenz nach sich ziehen. Rivalisierende Zirkus- und Theaterdirektoren, die einander öffentlich des unerlaubten Sprechens bezichtigten, landeten nicht selten vor Gericht. Astley und Hughes brachten sich eines solchen Vorwurfs wegen einmal sogar gegenseitig in Arrest. Als sich das Sprechverbot später lockerte, fügte Cuvelier de Trie, der die Szenarien für die Franconis entwarf, kurze Dialoge in die Pantomimen ein. Sie hießen fortan ‚Mimodramen'. Wie die Londoner bearbeiteten auch Cuvelier und die Franconis Shakespeare-Stücke für die Manege. *Macbeth oder die Hexen aus dem Wald* und *Der Mohr von Venedig oder Othello* enthielten nun zwar kleine Sprechpartien, doch standen diese dem Mimischen und Gestischen stets nach und waren weniger wichtig als Kostüme, Requisiten und die Dekoration. Auf das Poetische der Worte kam es ohnehin nicht an.[4] Viel, viel mehr beeindruckten doch das Publikum die Gruselszenen mit Gänsehauteffekt, barbarische Gewalt und finstere Hexereien oder gar, wie im Manegen-Macbeth, der „Anblick eines marschierenden Walds". In Deutschland war der Dialoganteil in den Manegeschaustücken jahrzehntelang gering. Längere Sprechpartien gab es erst bei Albert Schumann. Ihm folgten die Buschs bald, doch pflegten sie daneben weiter die alte Tradition des Mimierens oder „Gesichtsprechens" und des Gebärdenspiels. Zum Einstudieren und Üben solcher Fertigkeiten hatte Busch den Clown Alfred Delbosque engagiert. Er probte regelmäßig mit den festen Mitgliedern des Ensembles, das oft fast vollständig an den Pantomimen mitwirkte. Nicht mitspielen zu dürfen, war Paula Busch zufolge eine der am meisten gefürchteten Strafen, die ihr Vater verhängen konnte, hatte sich einer seiner Mitarbeiter unbotmäßig verhalten.

Ernst Jakob Renz übernahm anfänglich das geläufige, recht unspektakuläre Pantomimenrepertoire der reisenden Kunstreitergesellschaften und Wanderzirkusse. *Die Räuber in den Abruzzen, Fra Diavolo, Kapitän Cook* waren anspruchslose Abenteuerstücke und Räuberpistolen. In ihnen kam es vor allem auf die Kostüme, die Pferdedressuren, die Kunstreiterei und die akrobatischen Figuren an. Mit Kulissen, Dekorationen und zu vielen Requisiten ließ sich nun einmal schlecht reisen. Das war der pragmatische Grund, weshalb die Wanderunternehmen den großen Theaterdonner nicht erzielten, der seit Astley und den Franconis zum Zirkus gehörte wie das Pferd und der Clown.

Erst nachdem sich Renz in Berlin etabliert hatte, produzierte er auch bühnentechnisch sehenswerte, dramaturgisch ausgereifte Zirkuspantomimen mit Dekorationen, Kostümen, bengalischem Feuer und Pulverdampf. Man sah und hörte Kampf-, Raub- und Jagdszenen, Massentänze, Waffenrasseln und Gewittereffekte, Grotten, Schluchten, Felsen, Burgen. Im Sujet entsprachen Renz' Pantomimen ganz dem, was man aus Paris und London kannte. Es gab Militärschaustücke wie *Türken und Griechen oder Das Vorpostengefecht,* Ritterspiele wie *Borussia's Wappenfest,* orientalisierende und exotische Manegeschaustücke wie *Aly, Pascha von Janina, Das Fest zu Peking* oder *Ein afrikanisches Fest der Königin von Abbessinien,* historische Schaustücke wie *Die Erstürmung von Constanti-*

nopel und bald auch Sagen und Legenden wie *Der Berggeist* – das war Rübezahl – oder *Minotaurus, der verliebte Bergkobold* und eine Adaption von *Reineke Fuchs,* später dann Märchen wie *Schneewittchen* und *Aschenbrödel.* Jene letzte Pantomime stand im November 1873 zum ersten Mal auf Renz' Programm und sollte eine seiner meist gespielten und auch populärsten werden. 1890 wurde sie neu inszeniert, erhielt eine neue Ausstattung und Choreografie, und erstmals wirkten nun auch Kinder mit. Kaum weniger erfolgreich war der Studentenulk *Die lustigen Heidelberger.*

Anfang Oktober 1895 bat Franz Renz in einem handschriftlichen Brief die Berliner Theaterpolizei um die Erlaubnis, die Pantomime *1870/71* aufführen zu dürfen. Es war bis zum Sturz der Monarchie im Jahre 1918 das übliche Prozedere in Deutschland, wollte ein Zirkusdirektor ein neues Manegeschaustück zeigen. Es scheint nur wenige Fälle gegeben zu haben, bei denen die Zensur unerbittlich zuschlug. Busch verbot man 1907 „aus politischen Gründen" die Aufführung der Pantomime *Die Nihilisten,* wie Gisela Winkler in ihrer Busch-Monografie schreibt. Als *Marja* kam sie wenige Jahre darauf mit verändertem Text doch noch in die Manege. Während des Ersten Weltkriegs versagte die Berliner Behörde auch der in Bayern und Sachsen erfolgreich aufgeführten Pantomime *Europa in Flammen* das Plazet. Zumeist aber wurden die Genehmigungen rasch erteilt. Seinem Brief hatte Franz Renz, ganz den Gepflogenheiten entsprechend, ein gleichfalls handgeschriebenes Szenario beigelegt. Das von ihm entworfene „große militärische Ausstattungsstück" zeigte, wie Marketenderinnen „erschöpften, ergrimmten und gebrochenen" französischen Soldaten nach einer verlorenen Schlacht wieder Mut zu machen suchen. Als preußische Truppen das Lager stürmen, ergreifen die französischen Soldaten die Flucht. Zwei Kavallerie- und Artilleriegefechte enden mit einer Niederlage der französischen Truppen: „Deutschlands Waffen haben den Sieg davongetragen. Germania erscheint inmitten der deutschen Husaren und verkündet glückstrahlend und stolz den Frieden!" Im zweiten Teil zieht das deutsche Heer durch das Brandenburger Tor in Berlin ein. Die Apotheose ist beredt: „Ein großes nationales Siegerfest spielt sich unter den Kindern ab, das seinen Höhepunkt erreicht, als Bismarck & Moltke erscheinen, umgeben von allego-

Theater und Zirkus: Konkurrenz und Symbiose

In den 1790er-Jahren hatten die Franconis ihren ersten Theaterauftritt zu Pferd absolviert – auf Wunsch von Cuvelier de Trie, der vom THÉÂTRE DE LA CITÉ VARIÉTÉS kam. So, wie sich einst in London Charles Hughes vom ROYAL CIRCUS mit dem Theatermann Charles Dibdin zusammenschloss, so verfuhren nun die Franconis und Cuvelier. Damit hatte Cuvelier indes nur fortgesetzt und ausgebaut, was seit langer Zeit in London gang und gäbe war.

Zirkusartisten und Tiere traten in den Boulevardtheatern auf und umgekehrt Theatermimen in der Manege. Theater und Zirkus streng voneinander abzugrenzen, war im ausgehenden 18. Jahrhundert keine Frage der Ästhetik, sondern eine Sache der Gerichte und der Polizei. Mittelbar arbeiteten die Ordnungs- und Gesetzeshüter dadurch an der Manegekunst mit. Denn sobald sie etwas untersagten, mussten sich die Schauspieler und Artisten etwas Neues einfallen lassen. Astley verbot man 1786 in Paris vermutlich auf Betreiben des Theaterdirektors Jean Baptist Nicolet, der um seine Privilegien bangte, das Zeigen von Akrobatiknummern. Seit 1760 unterhielt Nicolet am Boulevard du Temple ein Theater, in dem er Pantomimen mit Seiltänzern, Springern, Akrobaten und dressierten Tieren gab. Nun drohte das AMPHITHÉÂTRE ANGLOIS ihm die Zuschauer abspenstig zu machen. Astley soll das Verbot umgangen haben, indem er eine große Holzplatte auf acht Pferderücken befestigte und die Akrobaten dort auftreten ließ.[5]

Nicht durch Tiere, Akrobaten, Seiltänzer, Clowns und Pantomimen unterschieden sich Theater und Zirkus. Ausschlaggebend war, welches Gewicht sie jeweils erhielten und wie sie präsentiert wurden. Zeigten Zirkus- und Theaterdirektoren einander leidenschaftlich ihre gegenseitige Verachtung, war der Grund dafür nicht selten einfach Rivalität. „Wir verachten euch, weil ihr im Zirkuswagen lebt und wir in schmutzigen Hotelzimmern. Weil wir Kunst machen und ihr Kunststücke. Sehen Sie, der Unbegabteste von uns kann den Größten von euch anspucken. Wollen Sie wissen aus, welchem Grund? Weil euer Einsatz das Leben ist. Uns genügt die Eitelkeit völlig", sagt Theaterdirektor Sjuberg zum Zirkusdirektor Albert Johannson im Film *Abend der Gaukler* von Ingmar Bergman, „Ja, wenn Sie den Mut dazu hätten, würden Sie uns noch lächerlicher finden mit unserer halben Eleganz und unseren geschminkten Gesichtern und unserer unnatürlichen Sprache."

So notorisch schlecht, wie es Romane und Filme manchmal darstellen, ist das Verhältnis aber selbst zwischen Sprechtheater und Zirkus nicht immer und überall gewesen. Auch in Deutschland, wo das Sprechtheater mit dem Bildungsgedanken und der Nationalstaatsidee verbunden war, mussten Artisten und Schauspieler einander deshalb nicht unbedingt schmähen. In Goethes *Wilhelm Meister* erhalten die Kunststücke der Seiltänzer und Gaukler allgemeinen Applaus. So viel beifälligen Widerhall wünscht Goethes Titelheld auch den ernsten Schauspielern, die das „Gute, Edle, Große" vorstellen. Den Artisten fehle, so glaubt er, die Sprache, um Ideen zu verbreiten, den Schauspielern und Schriftstellern der milieuübergreifende Beifall.

Sind Sprache und Körper auch voneinander unterschieden, so sind sie doch nie voneinander getrennt. Man kann ohne Körper nicht sprechen oder schreiben. Doch sind die Kunststücke der Akrobaten, der Seiltänzer und Trapezkünstler ihrerseits wohl überlegt und jede Bewegung berechnet. Sprechen, Schreiben, Singen sind wie das Denken und Fühlen körperliche Aktionen. Nur riskieren Schriftsteller, Schauspieler und Sänger nicht unmittelbar ihr Leben bei der Ausübung ihres Metiers. „Auch kann ich mich einer respectvollen Bewunderung des Muthes von Akrobaten, Kunstreitern, Gymnastikern nicht erwehren", soll der Pianist und Dirigent Hans von Bülow einmal geäußert haben, „Ich denke mir immer, wenn so ein übermüthiger Heldentenor, so eine üppige Primadonna bei jedem ‚Patzer' ihre Extremitäten, ja ihre ganze Haut auf's Spiel zu setzen hätte, welches entsetzliche Ragout von defecten Gliedmaßen nach dem Falle des Vorhanges auf der Bühne abzuräumen sein würde!" Tatsächlich traten Schauspieler und Zirkusartisten mitunter gemeinsam auf. Ernst Jakob Renz, Wilhelm Carré und Wilhelm Salamonsky, damals noch Mitglieder von Brilloffs Kunstreitergesellschaft, wirkten im Januar 1842 bei einer Benefizvorstellung im Stadttheater Danzig mit. Kurz darauf traten sie dort als Reiter in Friedrich Schillers *Jungfrau von Orleans* auf.

Apotheose der Pantomime *Weißes Gold* im Circus Busch, 1928.
Sie handelte von der Erfindung des Meißener Porzellans.

rischen weiblichen Gestalten, an deren Spitze Germania und Victoria thronen! Deutschland, Deutschland über Alles!" Renz' Schaustück reihte sich bruchlos in die Jubelfeiern zum Jubiläum der deutschen Reichsgründung ein. Doch typisch für die Pantomimenproduktion des Circus Renz war *1870/71* nicht.

Wie Busch zu seinen Pantomimen kam

Glaubt man den Memoiren von Paula Busch, verfügte ihre Mutter Constance über einen beträchtlichen Bildungsehrgeiz:

> „,Zeitungen gelesen, Doktor?'
> ,Gewiß, Madame! Die Gazetten bringen aus Sumatra neue Meldungen über das Affenkind. Dieses kleine Gayo-Mädchen soll drei Jahre lang bei einer Orang-Utan-Familie zugebracht haben. Man hat die Affeneltern abschießen müssen, um das Kind zu befreien. Wie Madame vorausgesehen hat: die Affenaffäre ist Tagesgespräch geworden, wohin man auch kommt! …'
> ,Also genau das, was wir brauchen für unsre Manegestücke! Aktuell sein, lieber Freund! Unser Publikum will große oder kleine Weltgeschichte im Zirkusspiel erleben! Neuruppiner Bilderbogen! Aber in Großformat und sozusagen mit Beene! Und mit Musik! Und neben dem Amüsement und der Sensationslust wollen die Leute auch ihren Wissensdurst befriedigen. Vergessen wir das doch nicht, lieber Doktor! Je mehr stumpfsinnige Maschinenarbeit ihre Tage ausfüllt, desto mehr wollen sie am Abend ihren Geist mit neuen Eindrücken, mit neuen Kenntnissen von der Welt nähren! Überall gibt's jetzt starkbesuchte Volksbibliotheken, Arbeiter-Bildungsvereine, Debattierklubs! Und darum können wir nicht sorgfältig genug unsre Vorarbeiten erledigen, um wirklich echt zu sein: in der Szenerie, in den Kostümen, in der Charakteristik der handelnden oder fremdländischen Personen!'"

Vermutlich hat der Dialog so nie stattgefunden. Doch wie man beim Circus Busch die Themen fand, worauf man beim Entwerfen der Pantomimen achtete und welche Faktoren man dabei ins Auge fasste, hat Paula Busch in den 1950er-Jahren wünschenswert deutlich formuliert. Viele Sujets lagen in der Luft. Und Massenpresse, Buchmarkt, Lesehallenbewegung, Museen, Panoptiken und die Vergnügungsparks mit ihren ethnografischen Schaustellungen rangen dem Zirkus Anpassungsleistungen ab. Aus der *Affenaffäre* wurde 1895 die Pantomime *Zscheus, das Waldmädchen*. In ihr wächst eine als Kind von Affen geraubte indische Fürstentochter namens Zscheus im Wald heran. Nach fünfzehn Jahren von ihrem Lehrer und Erzieher wieder gefunden, wird sie zurück ins „civilisierte Leben" geführt. Bajaderentänze, ein großes, zu Ehren der Fürstentochter ausgerichtetes Fest und schwimmende Elefanten bilden Höhepunkte des Stücks. Während des Fests erteilt der britische Gouverneur Zscheus Anschauungsunterricht, „führt" ihr „die Geschichte und Entwicklung Europas, von dem auch Indien seine Kultur übernommen hat, lebendig vor Augen". In einem Korso ziehen „Repräsentanten der fünf Erdteile und in historischen Bildern die wichtigsten Momente der Weltgeschichte" vorbei: „die Aegypter, die Griechen, die Römer und alle historischen Völker von der Völkerwanderung bis zur Gegenwart". Lichtbilder und vom Lehrer erläutert, zeigten historische Ereignisse, Monumente und Figuren. Das war *in nuce* das Pantomimenprogramm des Circus Busch: *Rom, Persien, Zaragossa, Pompeji, Südwestafrika, Indien, Mexiko, Nero, Aus unseren Kolonien, König Ludwig XIV., Katharina II., Barbarossa, Nach Sibirien, 1806, Arminius, Fridericus* oder *Die Nibelungen* lauteten typische Titel. Auf ganz eigene Weise betrieben die Buschs Weltpolitik.

In *Zscheus* wurde die indische Kultur geringgeschätzt. So unumwunden rassistisch wie die späteren Kolonialpantomimen war das Schaustück freilich nicht. Und Constance Busch verzichtete, ganz anders als Georg Burkhardt-Foottit 1906 in *Indien* und Adolf Steinmann 1940 in *Nena Sahib,* auf antibritische Ressentiments.

Von grausamem Zynismus zeugte die zirzensische Inszenierung des deutschen Vernichtungsfeldzugs gegen die Herero in der Pantomime *Südwestafrika,* die Busch zum Auftakt der Berliner Saison im September 1904 zeigte.[6] Das Personenverzeichnis wies – neben „Reitern, Infanteristen und Artilleristen der

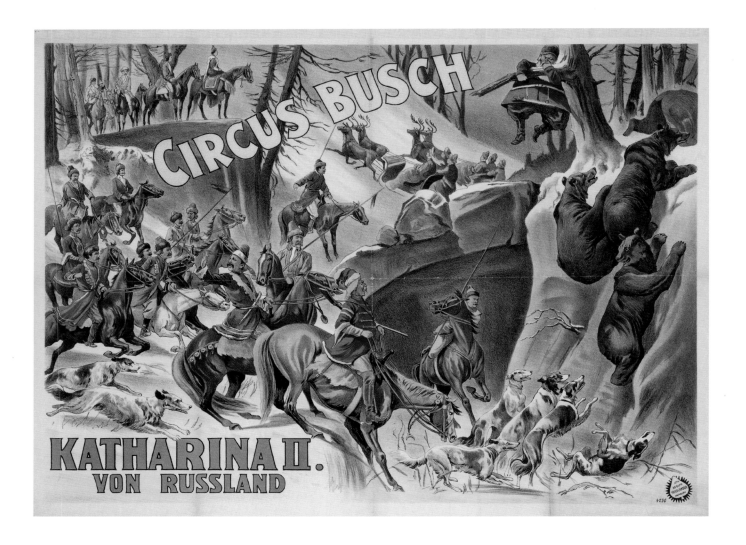

Schutztruppe", „aufständigen Hererokriegern", einem Major, einem Oberleutnant, dessen Burschen Michael Huber und dem Farmerehepaar Erdmann – auch zwei namentlich genannte Herero auf: die Dienerin Berseba und die Figur des historisch authentischen „Samuel Maharero, Häuptling der aufständigen Herero". Im Programmheft wurden die Herero einleitend als „gefährliche Gegner" der deutschen Kolonialmacht und als Aggressoren apostrophiert, die es galt, „mit Waffengewalt zur Botmässigkeit zu zwingen". Busch stand vor der Aufgabe, die Überlegenheit der Schutztruppen und zugleich das Bedrohungspotenzial der Herero darzustellen. Unter „Trommelwirbel" und „Trompetengeschmetter" wurde die deutsche Armee in wohlgeordneten Märschen präsentiert, während die planlos „umherstreifenden Hererobanden" tölpelhaft, vor allem aber hinterhältig und mordlüstern erschie-

nen. Die Handlung der Pantomime bestand im Kampf um die Farm der Familie Erdmann „in der Nähe des Waterberges", den man in der deutschen Öffentlichkeit im Herbst 1904 mit einem militärischen Erfolg verband. Mitte August waren dort etwa 6000 Herero mit ihren Familien von den deutschen Truppen unter Generalleutnant von Trotha eingeschlossen, angegriffen und anschließend in die Halbwüste Omaheke getrieben worden. Die zumeist unbewaffneten Männer, Frauen und Kinder gingen zum überwiegenden Teil in der Wüstenhitze zugrunde, soweit sie nicht schon bei der Verfolgung durch das Militär getötet worden waren.

Buschs Pantomime unterschlug den Völkermord und suggerierte ein Kräftemessen militärischer Gegner, aus dem die deutschen Kolonialtruppen als Sieger hervorgingen: Durch die „glänzenden Attacken" der

Vorige Seite: Werbeplakat zur Pantomime *Katharina II. von Russland* aus dem Jahre 1904.

Programmheft zur Pantomime *Zaragoza* aus dem Jahre 1897.

deutschen Kavallerie wurden die Herero im CIRCUS BUSCH „zu Tode getroffen" und „unter den Klängen des Präsentiermarsches" wurde die „deutsche Trikolore" gehisst. Mit dem Abmarsch der Kolonialtruppen und der Ankunft einer Forschungsexpedition endete das „Reiter- und Militärschauspiel". Die von Georg Burkhardt-Foottit entworfene Szenenfolge wurde zum Kassenschlager – nicht nur von der Berliner Presse gefeiert, sondern Paula Busch zufolge sogar nach London verkauft.

Wie Paul Busch, so verstanden es auch die Brüder Louis und Gustav Castan, Besitzer eines seit 1888 an der Friedrichstraße gelegenen Panoptikums, die Tagesaktualität des Aufstands in Südwestafrika zu nutzen: Zu Pfingsten 1904 stellten sie eine Wachsfigur des Hereroführers Samuel Maharero aus.

Um das Deutsche Rote Kreuz bei seinen Kriegseinsätzen in den deutschen Kolonien zu unterstützen, veranstaltete Paul Busch am 23. Februar 1905 eine Gala-Festvorstellung, deren gesamte Einnahmen der Hilfsorganisation zugutekamen. Aus diesem Anlass

wurde *Südwestafrika* – neben vielen weiteren Attraktionen, wie dem Gastauftritt der bekannten Dompteurin Claire Heliot mit ihren „wilden Löwen" – erneut aufgeführt. Die keineswegs unübliche Verknüpfung von Raubtierdressur und Pantomime forcierte die in den Programmheften metaphorisch beschworene Parallele zwischen der Abrichtbarkeit ‚wilder' Tiere und der Erziehbarkeit sogenannter Exoten.

Stereotyp und aus einem moralisierenden Blickwinkel gezeichnet wurden auch Europäer. So heißt es in *Zaragoza* über die „lebhaften, genusssüchtigen und trägen Andaluser": „[…] vom Genuss zum Leichtsinn und weiter zum Vergehen und Verbrechen ist es nicht weit".

Von den über 120 Manegespektakeln mit oder ohne Anteil gesprochener Sprache war nur etwa ein Drittel so rundheraus nationalistisch und rassistisch. Beiläufig aber vermittelten und produzierten auch die romantischen Sagen, Märchen und Legenden eine Fülle an Bildern und Fantasien, die wenig dazu beitrugen, Menschen als gleichwertig anzusehen. So farbenfroh und technisch versiert das Pantomimentreiben in der Manege des CIRCUS BUSCH auch gewesen sein mochte: Im erzeugten Fantasiehaushalt überwog das Schwarzweiß ohne Grautönung, dafür mit starkem Kontrast. Gerade weil die Buschs mit ihren Pantomimen auch immer wieder an das aktuelle Zeitgeschehen anknüpften, dürften ihre Produktionen Eindruck hinterlassen haben. Und das gleich mehrmals am Tag: In der Regel gab es zwei Vorstellungen, eine am Nachmittag, die auch von Kindern besucht wurde, und eine am Abend.

1913 gab der mehrfache Millionär Paul Busch sein Unternehmen vorläufig auf. Vor allem die hohe Lustbarkeitssteuer und die zunehmende Konkurrenz durch das Kino mochten ihn zu diesem Schritt veranlasst haben.[7] Seine Tochter Paula, die zu den wenigen jungen Frauen gehörte, die im wilhelminischen Kaiserreich das Abitur abgelegt und studiert hatten, war im gleichen Jahr Mutter einer Tochter geworden, die später als Schulreiterin und mit Pferdedressuren auf sich aufmerksam machen sollte. Der Ausbruch des Ersten Weltkriegs im August 1914 ließ Buschs Entscheidung zunächst als weise vorausblickend erscheinen. Albert Schumann verlor im Zuge der Mobilmachung sämtliche Pferde an die Kavallerie. Doch war das Ende des renommierten Zirkusunternehmens von Paul Busch noch nicht besiegelt.

Deutscher Michel gegen Dogge, Bär und Hahn: Das Kaiserreich und die Triple Entente

1915, im zweiten Kriegsjahr, nahmen die Buschs ihren Zirkusbetrieb wieder auf. *Michel,* eine nationalchauvinistische Pantomime in drei Akten, war die Attraktion der Herbstsaison. Von der Tagespresse in großen Anzeigen beworben, wurde sie am 2. Oktober in Buschs Berliner Haus uraufgeführt. Vom viel zitierten „Augusterlebnis", der anfänglichen Kriegsbegeisterung im Jahre 1914, war wenig geblieben. Es hatte ohnedies vor allem Bildungsbürger, Intellektuelle und Künstler, erst später und in weit geringerem Ausmaß die proletarischen Milieus erfasst. An der Landbevölkerung war es fast spurlos vorübergegangen. Der Blitzkrieg, wie ihn der Schlieffen-Plan vorsah, war

bereits Mitte September 1914 gescheitert, die Materialschlacht wurde eröffnet und mit dem Kriegseintritt Italiens aufseiten der Triple Entente auch eine weitere Front. Konnten die Mittelmächte im Verlauf des Jahres 1915 noch militärische Erfolge im Osten vermelden, so machte sich infolge der englischen Seeblockade eine zunehmende Nahrungsknappheit unter der deutschen Zivilbevölkerung bemerkbar. Überdies fehlte es in der Agrarwirtschaft an Arbeitskräften. Das Militär hatte Bauern und Landarbeiter rekrutiert sowie Ackerpferde und Ochsen beschlagnahmt. Brot und Mehl gab es in den Städten bald nur noch auf Marken.

„Der Hunger" hieß eine der allegorischen Figuren in der Zirkuspantomime. Eine marodierende Gauklertruppe führt ihn in Gestalt eines „fratzenhaften, Grauen erregenden Getiers" in einem Käfig mit sich: „Seine Augen sprühen Gift und Hass, mager und abgezehrt, ein Skelett, ist sein Körper", hieß es im Programmheft. Besiegt wird es durch Germania, die als *deus ex machina* immer wieder in den dürftigen Handlungsablauf eingreift: „Was der Michel nicht mit seiner Faust niederschlägt, das besiege ich durch die Arbeit daheim!"

Michel, die etwas schwerfällige, ungebildete, dabei kreuzbrave und biedere Titelfigur, ist ein dem englischen John Bull oder dem amerikanischen Uncle Sam vergleichbares Nationalstereotyp. Zum einen mit „stattlichem Besitztum" ausgestattet, einem „herrlichen Bauerngehöft, umgeben von ertragreichen Fluren", figuriert Michel zum anderen als Sinnbild des wilhelminischen Kaiserreichs. Deutschlands rasante Industrialisierung besonders im letzten Drittel des 19. Jahrhunderts, die aggressive Flottenbaupolitik und die zunehmende Verstädterung blieben ganz außen vor. Fast nahm sich *Michels* Figurenrepertoire wie ein Propagandaentwurf vom Bund der Landwirte aus. Die 1893 gegründete, äußerst einflussreiche Interessenvertretung verfolgte das Ziel, Bauern und adlige Großgrundbesitzer – vor allem die ostelbischen Junker – vor internationaler Konkurrenz zu schützen. Ihr galt die Landwirtschaft als zentrale „Stütze des deutschen Reiches und der Einzelstaaten".

Auch in Paula Buschs Pantomime repräsentieren Michels Kinder „25 deutsche Staaten". Eins „im weißen Kleid", das Inbild aller Unschuld, wird von den Gauklern im ersten Akt erschlagen. Nachdem die

Gaukler auf seinem Terrain gestohlen, gemordet und
gebrandschatzt haben, erhält Michel von der Figur der
Germania Helm, Schwert und die Aufforderung:
„Rächen sollst Du die Schmach, die heute Deinem
Hause widerfahren ist". Dabei sollen ihm Germanias
Begleiter als „gute Geister" behilflich sein: Kunst, Han-
del und Industrie, Kirche, Heerwesen, Marine, Justiz,
Agrarwesen und Wissenschaft. Ein Erntedankfest be-
schließt die erfolgreiche Bekämpfung des Hungers
durch Germania und den unermüdlichen Fleiß der
Mägde und Knechte bei der Feldarbeit.

Im dritten und letzten Akt wird Michel erneut von
der Gauklerbande angegriffen, nunmehr assistiert von
drei Tieren: „Das große Bulldoggen-, Bären- und
Hahnenballett" hieß es in der Reklameanzeige für
Michel im *Berliner Tageblatt.* Bulldogge, Hahn und Bär
waren die Nationalsymbole Englands, Frankreichs
und Russlands, der Staaten der Triple Entente. Als
Mensch und nicht als Wappentier figuriert einzig

Michel. Er wird zudem als „Riese" und „Übermensch"
ausgewiesen, Friedrich Nietzsches gleichnamige
Denkfigur aus dem *Zarathustra* biologistisch und dar-
winistisch fehlgedeutet. Am Ende verwandelt sich der
Bauer Michel in einen Soldaten, den „riesigsten Feld-
grauen, den wir je gesehen haben".

Michel illustriert die seit der ersten Marokkokrise
von 1905/06 im wilhelminischen Kaiserreich durch
einige führende deutsche Politiker wie Reichskanzler
Bernhard von Bülow propagierte „Einkreisungs"-Fan-
tasie. Sie sah Deutschland umzingelt von angriffsbe-
reiten, unermüdlich provozierenden Feinden. Unter
dieser Voraussetzung erschien der kaisertreuen, nationalistischen deutschen Öffentlichkeit ein militärischer Feldzug gerechtfertigt.

Paul Busch hatte im August 1914 umgehend Kriegsanleihen gezeichnet. Er war seiner Tochter Paula zufolge fest davon überzeugt, dass zu Weihnachten das
deutsche Heer „lorbeergeschmückt durchs Branden-

burger Tor ziehen" würde – ganz wie im Juni 1871. Mit der Kriegsniederlage und dem Ende der Monarchie brach 1918 für Paul Busch wie für viele hochbetagte Männer seiner Generation und seines Milieus eine Welt zusammen, die er für unerschütterlich gehalten hatte.

Sehnsucht nach Helden

Als Paula Busch die alleinige Leitung des väterlichen Zirkus übernahm, war sie ganz auf sich gestellt und zählte in Deutschland zu den ersten, vorläufig noch wenigen Unternehmerinnen. Zu diesem Zeitpunkt war sie bereits eine erfolgreiche Schriftstellerin, Mutter, geschieden, gebildet und ehrgeizig. Trotz der Verantwortung für ihre erst fünfzehnjährigen Tochter absolvierte sie den Ritt auf dem Pferd durch den Löwenkäfig und bewies damit einen Durchsetzungswillen, der an Tollkühnheit grenzte. Manche ihrer Pantomimen und Revuen wie *Lady Hamilton, Carmen* oder *Vicky wettet um die Welt* zeigten starke weibliche Fantasiefiguren. Dessen ungeachtet setzte Paula Busch in den 1920er-Jahren, nach dem verlorenen Krieg und dem Kollaps des Kaiserreichs, zusammen mit Adolf Steinmann auf den antiquierten Kult der großen Persönlichkeit und auf nationale Mythen und Legenden, auf die Nibelungen, Friedrich den Großen und die preußische Königin Luise. Sie dienten in den instabilen Anfangsjahren der Weimarer Republik als nationale Integrationsfiguren, vor allem nach der Unterzeichnung des Versailler Friedensvertrags.

Anfang der 1920er-Jahre dürfte die „Nibelungenrenaissance", wie Alfred Döblin die denkwürdige Präsenz des Stoffs im zeitgenössischen Kunst- und Kulturleben nannte, niemanden überrascht haben. Zur Zeit des Kaiserreichs wurde der Nibelungen-Stoff mit Friedrich Hebbels und Richard Wagners Bearbeitungen zum Nationalmythos. Hebbels dreiteilige Dramatisierung war um 1900 Unterrichtsstoff höherer Bildungsanstalten. Dabei hatte der Autor ausdrücklich davor gewarnt, die Trilogie auf aktuelle Konflikte zu beziehen, um „irgendein modernes Lebensproblem zu illustrieren". Doch ebendies geschah nun. Und die Wahl des Sujets hatte Aussagekraft, denn es gab einen direkten politischen Bezug. Der Nibelungen-Stoff be-

Paula Busch als Carmen. Die Pantomime *Carmen* wurde im Jahre 1924 im Berliner Busch-Gebäude präsentiert. Als Vorlage diente die gleichnamige, 1875 in Paris uraufgeführte Oper von Georges Bizet.

diente das beschädigte Nationalgefühl gleich auf zweifache Weise. Die aktuelle Kriegsniederlage ließ sich im Rückblick auf eine mythisch überhöhte Historie bequem überlagern, und das im Nibelungen-Stoff zentrale Motiv des Verrats stützte die faktenwidrige Dolchstoßlegende. Ihrzufolge war das deutsche Heer im Ersten Weltkrieg nicht militärisch gescheitert. Die Niederlage sei, so wurde agitiert, durch die angebliche Obstruktionspolitik sozialdemokratischer und jüdischer Kräfte im heimischen Hinterland gezielt herbeigeführt worden. Kein Geringerer als Generalfeldmarschall Paul von Hindenburg, der spätere Reichspräsident, hatte in seinen 1920 veröffentlichten Memoiren eine Parallele zwischen Siegfried und Hagen sowie dem Militär und der Zivilbevölkerung gezogen: „Wie Siegfried unter dem hinterlistigen Speerwurf des grimmen Hagen, so stürzte unsere ermattete Front; vergebens hatte sie versucht, aus dem versiegenden Quell der heimatlichen Kraft neues Leben zu trinken." Hindenburg selbst war mit einer heute nur noch schwer fassbaren, ihrerseits fast schon sagenhaften Autorität ausgestattet. Ihn umgab der

Nimbus seiner militärischen Erfolge in den ersten Kriegsjahren. Er galt als Repräsentant des verflossenen Kaiserreichs. Mit ihm verbanden sich nostalgische, stark gefühlsbetonte Erinnerungen und Hoffnungen weiter Teile der deutschen Bevölkerung. Und was Hindenburg äußerte, hatte Gewicht. Er verlieh der Dolchstoßlegende, so rasch und leicht sie auch als Lüge entlarvt werden konnte und immer wieder wurde, den Anstrich des Seriösen.

Allein im Jahr 1924 konnte man in Berlin sowohl Jürgen Fehlings Hebbel-Inszenierung am Staatlichen Schauspielhaus besuchen als auch in einem der vielen Kinopaläste mit *Siegfried* den ersten Teil von Fritz Langs Nibelungen-Verfilmung ansehen. An der Stummfilmpremiere am 14. Februar 1924 hatte neben anderen Regierungsbeamten auch der damalige Außenminister Gustav Stresemann teilgenommen. Er stand der rechtsliberalen Deutschen Volkspartei (DVP) vor, die programmatisch ein erneut „aufzurichtendes Kaisertum" anstrebte. Zugleich aber wurde der pragmatische Monarchist ein beispielhafter Vernunftrepublikaner. Als Politiker sah er sich der parlamentarisch-verfassungsrechtlichen Neuordnung verpflichtet. Und so handelte Stresemann auch. Durch ihn wurde Langs bald überaus erfolgreichem Stummfilm auch offizielle Aufmerksamkeit zuteil.

Paula Buschs Hamburger Nibelungen-Inszenierung war nicht die erste in einem Zirkus. Renz hatte den Stoff schon 1880 für die Manege aufbereitet. Doch mit ihrer bereits 1921 uraufgeführten Pantomime lag sie nicht im Trend, sondern ging ihm voran. Und es ist anzunehmen, dass ihr das politische Moment sehr bewusst war. Das schlichte Titelbild des Programmhefts war in Schwarz-Weiß-Rot gehalten, den Nationalfarben des Kaiserreichs. Als Quellen gab sie die Edda und das Nibelungenlied an. Vermutlich nutzte sie die populären Übersetzungen Karl Simrocks. Mit Hebbels und Wagners Adaptionen war sie wahrscheinlich gleichfalls bestens vertraut. Dennoch gebrauchte sie im Programmheft manchmal Worte wie „Waberlohe" oder „Wafurlogi" aus der *Edda* statt des ebenfalls verwendeten, ungleich schlichteren „Flammenzauns". Dem zeitgenössischen Publikum dürfte dieser geläufiger gewesen sein. Die *Edda*-Reminiszenzen wirkten bildungsbeflissen, antiquiert und zusätzlich mythisierend und trafen zudem nicht einmal entfernt die

geläufige Bühnensprache der damaligen Nibelungen-Inszenierungen.

Erwartungsgemäß wählte Paula Busch die bekanntesten Szenen aus. Es gab dramaturgische Höhepunkte wie die Tötung des Drachens durch Siegfried, die Werbung Gunthers um Brünhilde, ihren Zwist mit Kriemhild, Siegfrieds Ermordung durch Hagen und dessen Versenken des Nibelungenschatzes im Rhein. Die Gestaltung der neun Bilder passte sie den technischen Möglichkeiten des Hamburger Zirkusbaus an. Spezialeffekte wie Donner, Blitz und Flammen setzte sie reichlich ein. Alles folgte den Abläufen eines beinahe schon seriell zu nennenden Pantomimenprogramms. So entsprach etwa das Edelsteinballett, das den sagenhaften Schatz der Nibelungen, seine Kostbarkeit und seinen Umfang veranschaulichen sollte, ganz den Erfordernissen des Mediums, zu dessen Konventionen nun einmal eine Balletteinlage gehörte. Noch formaler war der „altdeutsche Reigen", der zu einer Ballade von „weissgekleideten Jungfrauen" getanzt wurde, als sich die beiden Rivalinnen Kriemhild und Brunhild zur Messe in den Dom begaben. Für Palast, Felsgebirge, Wiese und Drachen scheint man Rabitzwände, Pappmaché und Stoff verwendet zu haben. Die Kostüme waren historisch offensichtlich ungenau; es gab viel Blech und viel Fell. Die Hörnerhelme der Gefolgsleute Brunhildes waren den im 19. Jahrhundert üblichen Bühnendarstellungen nordischer Krieger entlehnt und die Flügelhelme erinnerten an die Germanen-Kostüme aus Paula Buschs Pantomime *Armin*. Die Buschs besaßen bis zum Verlust ihrer Häuser in Berlin, Hamburg und Breslau einen eigenen, gut bestückten Kostümfundus, aus dem man auch 1921 geschöpft haben wird. Brunhilds freudlose, schwermütig-entrückte Mimik auf den Porträt- und Gruppenaufnahmen entsprach ganz ihrer Rolle. Wie auch immer die Schauspielerin Grete Egenoff die aufkommenden „Zweifel im Herzen" Brunhilds mimisch und gestisch sichtbar gemacht haben mag: Akteure einer Zirkuspantomime konnten, ganz anders als Fritz Lang in seinem Stummfilm, nicht auf die Mittel der Groß- und Nahaufnahme zurückgreifen.

Die Figur Friedrichs des Großen war entschieden einflussreicher, geläufiger und weiter verbreitet als der schwerfällige Nibelungen-Stoff. Während des Krieges diente Friedrich als Legitimationsgestalt zu

Rechts: Szene aus der Pantomime *Die Nibelungen*. Sie wurde im Hamburger Busch-Bau aufgeführt.

Folgende Seite: Siegfried tötet den Drachen. Szenenbild aus der Pantomime *Die Nibelungen*.

Propagandazwecken. 1915 hatte Thomas Mann in seiner berüchtigten Schrift *Friedrich und die große Koalition* den zeitgenössischen Bezug hergestellt. Populäre Postkarten mit Friedrichs Porträt und Äußerungen kursierten. Parolenartig wurde an das Durchhaltevermögen der Truppen und der Bevölkerung appelliert. Ging die *Nibelungen*-Zirkuspantomime der Verfilmung des Stoffs voraus, so folgte jetzt Adolf Steinmanns Manegeschaustück *Fridericus Rex, Der Philosoph von Sanssouci* dem damals populären vierteiligen Stummfilm *Fridericus Rex* aus den Jahren 1922/23. In Steinmanns Programmheft las man ungleich direkter: „Nach einem unglücklich verlaufenen Kriege, der ein aufblühendes, arbeitsfreudiges Volk, aus tausend Wunden blutend, zurückließ, wendet sich der nach Aufrichtung verlangende Blick zu den Großen der Vergangenheit." Die neun Bilder setzten sattsam bekannte biografische Stationen des „gewaltigen Kriegs- und Geistesheroen" in Szene. Da war das Jugendtrauma der Hinrichtung seines Freundes Katte, da gab es die Flucht und Schlachterlebnisse, die Parallelen zur jüngsten, noch ganz unverarbeiteten Vergangenheit

zogen, und abschließend das friedliche, ganz der Kunst und Philosophie ergebene Leben auf Schloss Sanssouci. Steinmann zeichnete Friedrich II. als stets gütigen, zu unvermuteter Großzügigkeit neigenden absoluten Souverän. Nostalgisch und schönfärberisch verlieh er mit seiner Friedrich-Figur der gerade erst zusammengebrochenen Monarchie einen ganz gönnerhaft-wohltätigen Zug.

Über das Tabakskollegium heißt es: „Unwillkürlich werden vor unserem geistigen Blick die köstlichen Zechereien auf den Bildern altholländischer Meister zur Wirklichkeit!" Das wirkte verstiegen angesichts der erst im Vorjahr überwundenen Inflation mit ihren sozialen Verwerfungen, Notlagen, vielen Verlierern und wenigen Gewinnern. Penibel achtete Steinmann darauf, den Regeln von Zirkuspantomimen gerecht zu werden. Die Bilder mussten, so aufwühlend und spannungsreich sie auch sein mochten, vor allem angenehme Assoziationen wecken, eingängig und ästhetisch-gefällig wirken. Und es ging in den Zirkuspantomimen wie in den späteren Historienfilmen nie um historische Fakten. Oft nutzten Pantomimenverfasser ihrer-

seits populärkulturelle Quellen, Romane, Sachbücher, Zeitungsberichte, mithin Darstellungen des ‚Historischen‘, die bereits geläufig waren und keine Risiken des Missfallens und der Verstimmung beim Publikum bargen.

Steinmanns Fridericus-Pantomime war so erfolgreich und das Sujet auch noch Mitte der Zwanzigerjahre so populär, dass er 1926 mit dem Manege-Volksstück *Es klappert die Mühle von Sanssouci* nachlegte. Das Manegespektakel trug revuehafte Züge, enthielt viele Couplets und aneinandergereihte, anekdotenhafte Humoresken. An den Schluss setzte Steinmann ein lebendes Schachspiel zwischen Voltaire und Friedrich II., das mit den Worten *L'Autriche et France am*

Boden: Schach und Matt!! und einem Triumphmarsch ausklang. Auf diese Weise versicherte man sich immer wieder einstiger Größe und konnte zugleich den Phantomschmerz überlagern, den der Verlust der Monarchie hinterlassen hatte.

1806 wurde der aktuellen Faktenlage insofern gerechter, als das Manegenschauspiel wenigstens die Kriegsniederlage nicht ausblendete. Im März 1923 hatte Paula Buschs neue Kreation in Berlin Premiere. Der Untertitel *Sechs Bilder aus Preussens tiefster Not* spielte auf die zeitgenössische Situation an. Im Januar 1923 hatten französische und belgische Truppen das Ruhrgebiet besetzt. Wenige Tage zuvor waren in Paris die Reparationsverhandlungen gescheitert. Mit hoher

Wahrscheinlichkeit hatte die Ruhrbesetzung Paula Buschs Wahl und Gestaltung des historischen Sujets aus der Zeit der napoleonischen Besatzung beeinflusst. Königin Luise von Preußen figurierte als kämpferische Heldin. Ihr Bild zierte auch das Titelblatt des Programmhefts. Preußens Niederlage bei Jena und Auerstedt im Jahre 1806 wurde nun auf die Niederlage des deutschen Kaiserreichs im Ersten Weltkrieg projiziert. Ganz frei von antifranzösischen Untertönen war das Manegenschaustück nicht. „Lieben Sie Deutschland, lieben Sie Ihr Volk, dann retten Sie es, dass es von diesem französischen Tyrannen nicht unter die Füße getreten wird!", sagt Prinz Louis Ferdinand zu Luise. Am 10. Oktober 1806 starb er bei Saalfeld – und nun in einem der Tableaus im Circus Busch den „Heldentod". Den Prinzen charakterisiert im Programmheft Theodor Fontanes erst postum veröffentlichtes, ästhetisch belangloses Gedicht *Prinz Louis Ferdinand* aus dem Jahre 1847. Unmittelbar vor seinem Tod lässt Paula Busch den Prinzen noch ausrufen: „Von einem französischen Hunde nehme ich kein Pardon!" Königin Luise bittet anschließend bei ihrer historisch verbürgten Begegnung mit Napoleon um „Milderung" der „furchtbaren Friedensbedingungen" und fordert später ihre Söhne auf: „Befreit euer Volk von dem Druck der Fremden! – Werdet Männer, würdig des Namens von Enkeln des großen Friedrichs!" Noch

offensiver sind Luises Forderung nach der Rückgabe von Magdeburg und der Hinweis auf das „zusammengeschrumpfte Preussenland".

So zog Paula Busch erneut eine Parallele zwischen dem historischen und dem aktuellen Gebietsverlust nach 1918. Ohne Umschweife spielte sie auch auf den Versailler Friedensvertrag und die Reparationsforderungen an. Immer wieder idealisieren die Worte der Pantomimen-Luise Deutschland, verleugnen seine historischen Eroberungskriege, seine Kolonialpolitik und sein Weltmachtstreben: „Deutschland hat nie von der Ausbeutung anderer Nationen gelebt! Uns geht es um andere Güter, um der Menschheit Sittlichkeit, um der Menschheit Emporentwicklung". Abschließend droht sie Napoleon mit der „Stunde der Vergeltung". Das letzte Bild verweist auf die Erfüllung ihrer Hoffnungen, „den Tag der Erhebung", zitiert ausführlich ein Gedicht von Theodor Körner und versammelt die „Befreier", die preußischen Militärs Blücher, Gneisenau, Scharnhorst und Yorck. Die Botschaft war ebenso klar wie schlicht: Deutschland hat eine schwere Niederlage erlitten und zu verkraften; die aktuellen Siegermächte nutzen diesen Umstand durch überzogene Reparationsforderungen, Repressalien und Besetzungen aus. Doch eines Tages wird sich Deutschland wieder zur vergangenen nationalen Größe emporarbeiten. Paula Busch konnte nicht ahnen, dass die von ihr we-

Der „Heldentod" des Prinzen Louis Ferdinand bei Saalfeld am 10. Oktober 1806 in der Pantomime *1806*. Sie wurde 1923 in Berlin präsentiert.

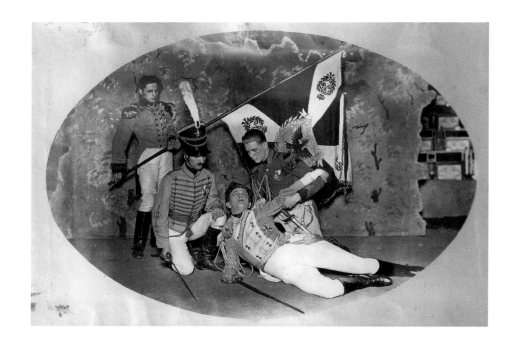

der begrüßte noch bekämpfte Weimarer Republik zehn Jahre darauf scheitern und an ihre Stelle eine nationalsozialistische Diktatur treten würde, die einen Zweiten Weltkrieg auslösen sollte. *1806* aber bietet einen Einblick in die Stimmungslage nationalkonservativer, monarchistischer Milieus in den ersten Jahren der Republik.

Das Ende der Zirkuspantomimen

Wie für viele Zirkusunternehmer begann für die Buschs in den 1920er-Jahren ein zähes Ringen gegen den Abstieg. Krieg, Inflation und Bankenzusammenbrüche hatten ihr Vermögen fast aufgezehrt. Ihr Wiener Gebäude hatten sie zwar mit gutem Gewinn verkauft, doch nach dem Börsenkrach von 1927 schmolz er dahin. Dazu kam der wachsende Einfluss der modernen Massenmedien. „Ich kann nicht leugnen, dass Kino und Rundfunk dem Zirkus nicht unerheblich Abbruch getan haben", ließ sich Paul Busch postum in einer Festschrift vernehmen, die zum 50-jährigen Jubiläum des CIRCUS BUSCH erschien. Die ‚goldenen Jahre' der Zirkuskunst in Deutschland waren spätestens seit den Vorkriegsjahren vorüber. Auch das verlorene Prestige von Adel, Reiterei und Militär machte sich bemerkbar. Die Berliner Garnison mit ihren Kavallerieregimentern existierte nicht mehr. Und in Zeiten zunehmender Verarmung und Arbeitslosigkeit kam den wenigsten Menschen ein Zirkusbesuch in den Sinn. Wanderunternehmen wie die Strassburgers blühten auf, weil sie der Krise ausweichen konnten. Doch Paula Busch kannte bislang nur den stationären Betrieb. Als sie 1935 den durch die Nationalsozialisten mit antisemitischen Attacken bedrängten Zirkus von Carl Strassburger für einen dem Wert des Unternehmens keineswegs angemessenen Spottpreis erwarb, verfügte sie erstmals über Material für einen Zeltbetrieb. Obwohl sie keinerlei Sympathien für die Nationalsozialisten hegte, vermied Paula Busch nicht nur eine „offene Konfrontation" mit dem NS-Regime, sondern trat sogar der NSDAP bei. Dessen ungeachtet unterstützte sie immer wieder gefährdete jüdische Kollegen und Freunde, die durch die Entrechtung und Verfolgung in Bedrängnis geraten waren.[8]

Szene aus der Pantomime 1806. Sie zeigt die preußische Königin Luise mit ihren Söhnen Kronprinz Friedrich Wilhelm und Prinz Wilhelm.

1934 wurde der Berliner Busch-Bau aus baupolizeilichen Gründen geschlossen. Im Juni 1937 begannen die Abrissarbeiten. Weichen musste er vor allem den ehrgeizigen Germania-Plänen Albert Speers und Adolf Hitlers, die Berlin zur „Welthauptstadt" umgestalten wollten. Im Zweiten Weltkrieg verlor Paula Busch auch ihre anderen beiden Häuser in Hamburg und Breslau. Ausführlich beklagte sie in ihren Memoiren ihre eigenen Verluste. Ihre jüdischen Kollegen erwähnte sie nicht.

Bis 1961, als sie Konkurs anmeldete, führte die inzwischen 75-jährige Zirkusdirektorin ihr Unternehmen als Zelt- und Gastspielzirkus fort. Traditionelle Zirkuspantomimen mit Ausstattungspomp und raffinierter Bühnenmechanik ließen sich ohne festes Gebäude allerdings nicht mehr aufführen.

UNERSCHROCKEN
TOLLKÜHN!

Sie sehen nun die mutigsten Seilläufer,
Trapezkünstler
und Saltospringer der Welt!

Werbeplakat der Truppe
Manello & Marnitz, 1913.

JONGLEURE, SEILTÄNZER UND
FLIEGENDE MENSCHEN

Napoleon I., hochverehrtes Publikum, Napoleon getroffen haben wollten sie alle. Da nahmen sie sich nichts. Von Jean Gaspard Deburau bis Johann Wolfgang von Goethe. Von der Seiltänzerin Marguerite Antoinette Saqui aber soll der Kaiser regelrecht hingerissen gewesen sein. „Ma petite enragée" habe er sie zärtlich genannt. Und Halperson beeilte sich zu betonen, dass man seinerzeit „von der Saqui" gesprochen habe wie später von Sarah Bernhardt. Das will schon etwas heißen, auch wenn es ein bisschen hoch gepustet ist. Sarah Bernhardt war nicht nur eine begnadete Schauspielerin und erfolgreiche Theaterdirektorin, sondern auch einer der ersten Weltstars. So bekannt wie sie ist Madame Saqui, die auch Tourneen durch Frankreich und Europa unternahm, freilich nie geworden. Aber die von ihr ab 1816 am Boulevard du Temple geleitete Seiltänzerbühne LE SPECTACLE DES ACROBATES DE MME. SAQUI war ein Pariser Kassenschlager.

Fast ein Jahrhundert lang war die französische Hauptstadt eine Art Eldorado für Artisten. Sie waren am französischen Königshof ebenso gern gesehen wie in den Vorstädten. Unbeschadet hatte die Begeisterung des Publikums für Akrobaten die Französische Revolution überdauert. Und es war ganz gewiss kein Zufall, dass sich die Eltern von Jean Gaspard Deburau und Madame Saqui ausgerechnet in Paris niederließen. Hier hatten der umtriebige Jean Baptiste Nicolet und sein nicht minder ehrgeiziger Konkurrent Nicolas Médard Audinot seit Mitte des 18. Jahrhunderts Panto-

mimen mit Seiltänzern und Akrobaten aufgeführt. Weder der eine noch der andere war Artist. Beide aber hatten ein gutes Händchen bei der Auswahl und Zusammenstellung ihrer Ensembles. Nicolets Truppe hatte einmal König Ludwig XV. vom Trübsinn befreit und durfte fortan unter dem Namen GRANDS DANSEURS DU ROI firmieren. Nach der Revolution nannte sie sich THÉÂTRE DE LA GAÎTÉ. Nicolet beschäftigte etwa dreißig Artisten und zwanzig Musiker. Seine Bühne lag, wie später das THÉÂTRE DES FUNAMBULES, in dem Jean Gaspard Deburau als Pierrot auftrat, am Boulevard du Temple.

Als Marguerite Antoinette fünf Jahre alt war, gingen ihre Eltern, das Artistenehepaar Lalanne, nach Paris zu Nicolet ins Engagement. Den überlieferten Zeugnissen zufolge war der Direktor des THÉÂTRE DE LA GAÎTÉ eine besondere Erscheinung. „Groß" und „hager" sei er gewesen, habe einen „langen blauen Überrock" getragen, „weiße Strümpfe", „große Schuhe, die mit Schleifen versehen waren" und außerdem eine „schlecht gepuderte Perücke, die noch dazu schon viel zu lange im Gebrauch war". So jedenfalls heißt es in den Lebenserinnerungen von Madame Saqui, die der Journalist Paul Ginistry aufgezeichnet hat. Unter einem „breitkrempigen Hut" und über einer „weit ausladenden" Nase hielt Nicolet seine Augen „gewöhnlich halb geschlossen", um sie, „wie um ein paar Flammen auszusenden", blitzschnell und kurz zu öffnen. Besonders gut behandelt haben soll er seine Artisten nicht. Sehr wohl wusste er ihre Leistungen zu schätzen und ließ auch gelegentlich das eine oder andere Kompliment springen. Nur kostete ihn das keinen Centime.

Die kleine Marguerite begeisterte das Publikum in vielen Kinderrollen. Geradezu unbändig sei sie dafür von Nicolet gelobt worden; doch den immer wieder in Aussicht gestellten Extralohn erhielt sie nie. Schließlich brach sich ihr Vater ein Bein und Nicolet entließ ihn. Die Familie pausierte für ein paar Jahre. Nachdem Marguerite mithilfe einer Freundin eine exzellente Seiltänzerin geworden war, tourten die Lalannes erneut als Artisten durchs Land. Nach ihrer Heirat wandte sich Marguerite, nunmehr Madame Saqui, nach Paris. Dort stach sie ihren berühmten Kollegen Pierre Forioso aus – als Elfe mit „zitternden Flügeln" und einem Goldreifen im Haar, in einem Kostüm „aus weißem Tüll, übersät mit blauen Sternen und geschmückt mit einer leichten Girlande von Rosen; eine Korsage von grünem Samt, mit Silber bestickt".

Halsbrecherische Kunststücke auf dem Seil allein reichten längst nicht mehr aus, das verwöhnte Großstadtpublikum zu beeindrucken. Es war gewissermaßen das zweite Pariser Debüt, das Marguerite auf dem Schrägseil unter bengalischem Feuer gab. Oben am Mast angelangt, „begann Madame Saqui mit einer Kehrtwendung ihren Abgang und das in einem wahren Wirbel von Improvisationen, sich plötzlich auf das Seil legend, horizontal und im Kreuz, sich wieder erhebend und um sich selbst drehend, nach rechts und links Abstürze simulierend, dann ihren Lauf wieder aufnehmend und zur Bewunderung der Zuschauer plötzlich anhaltend und damit ihre Kaltblütigkeit beweisend, wobei sie mythologische Haltungen anbot – aber auf was für einer schwankenden Basis!" So mancher Angstschrei sei im Publikum zu hören gewesen.

Nun trat Napoleon in ihr Leben. Anlässlich eines Fests, das er für einen seiner Truppenteile gab, sollen sie einander begegnet sein, der Kaiser und die Seiltänzerin. Wie üblich eröffnete ein Feuerwerk den Auftritt der Artistin. Wie ein Querschläger sei eine der Raketen zurückgeschnellt und habe Madame Saqui am Arm verletzt. Napoleon soll sich rührend um die Verwundete gekümmert haben. Ungeachtet der Blessur bestieg die Saqui das Seil erneut und vollendete, dafür vom Kaiser grenzenlos bewundert, ihre Vorstellung mit Bravour. Später, so spekulierte Ginistry etwas gewunden, habe es womöglich sogar eine amouröse Verstrickung gegeben. Bitte, die Wunde, die heroische Selbstüberwindung, die Risikobereitschaft, die fantasierte Liebesaffäre, all das klingt, ganz wie Paula Buschs Beschreibung der Liebesgeschichte ihrer Eltern, verdächtig nach Roman. Sei's drum. Wie die Franconis und andere huldigte Madame Saqui dem Kaiser eine Zeit lang mit ihrer artistischen Darbietung militärischer Kampfszenen auf dem Seil. Bis sie Napoleons Gunst verlor, als sie das kaiserliche Wappenzeichen auf die Türen ihrer Equipage pinseln ließ. Das war eine Spur zu anmaßend.

„Was für Menschen, diese Artisten! Sind es denn welche?"

Nicht ganz zu Unrecht stellt sich der Ich-Erzähler in Thomas Manns *Bekenntnissen des Hochstaplers Felix Krull* diese Frage, als er eine Zirkusvorstellung besucht. Waren bereits die Kunstreiterakte hochriskant, so überstieg die Gefährdung der Hochseilartisten und Luftakrobaten die der Reiter um ein Vielfaches. Bis heute ist, wie Felix Krull bemerkte, „präziseste Berechnung Lebensbedingung" bei der Arbeit der Artisten in der Zirkuskuppel; der „Bruchteil einer Sekunde" entscheidet über Leben und Tod.

Seilläufer und Seiltänzer waren seit dem Mittelalter in Europa bekannt. Sie boten ihre Kunst auf Jahrmärkten und Marktplätzen dar, zogen später als Gesellschaften durchs Land, traten in großstädtischen Vergnügungsparks auf und ließen sich schließlich in Theaterunternehmen nieder. Als Soloartisten, die ihre Kunst überall aufführen konnten, waren sie nicht an Unternehmen oder feste Häuser gebunden. Und sie zogen nicht selten Tausende von Zuschauern in ihren Bann. Fünfundzwanzigtausend Menschen sollen dem berühmten Blondin zugeschaut haben, als er am 30. Juni 1859 mehrfach die Niagarafälle auf dem Seil überquerte. Dabei bewältigte er jedes Mal über 330 Meter. Blondin lief nicht lediglich hin und her, sondern setzte sich zwischendurch, schlug eine Rückwärtsrolle, legte sich auf das Seil, beförderte einen der damals üblichen großen Fotoapparate auf dem Rücken, mit dem er in aller Seelenruhe Aufnahmen machte, schulterte einen Stuhl, auf dem er Platz nahm, lief auf Stelzen, mit einem Tuch über dem Kopf, fuhr auf dem Fahrrad und trug später sogar einen älteren Herrn auf dem Rücken über das Seil. Und all dies ohne die übliche Stange, die es den Hochseilartisten erlaubt, das Gleichgewicht auszubalancieren. Blondin wollte als Soloartist berühmt werden und suchte sich den Impresarios auf diese Weise zu empfehlen. Das gelang. Und er komplizierte und verfeinerte beständig die Aktionen auf dem Seil. Blondin briet sich Spiegeleier auf einem kleinen Ofen, die er dann an einem Tisch sitzend gelassen verspeiste.

Maria Spelterini, eine junge Berlinerin, sollte die erste Frau sein, die mit ihm gleichzog und 1876 die Niagarafälle mit verbundenen Augen auf dem Seil überquerte. Um den Schwierigkeitsgrad zu steigern, steckten ihre Füße auf dem Rückweg in zwei Körben. Zirkusdirektor Ernst Jakob Renz selbst war auch ein begnadeter Seiltänzer. Zur „Tochter der Luft" und „Primadonna auf dem Seil" wurde seine Schwiegertochter Oceana, die Gattin seines Sohnes Ernst. Von Petersburg bis Paris pries man ihre Wendigkeit und Eleganz.

Zu den berühmtesten Seil-Äquilibristen zählte im 19. Jahrhundert der heute weitgehend vergessene Wilhelm Kolter. 1795 geboren, war er in der Kunstreitergesellschaft seiner Eltern aufgewachsen. Er begann sich ganz der Akrobatik auf dem Turmseil zu widmen. Eine – allerdings unbelegte – Legende besagt, er sei 1818 anlässlich des Aachener Fürsten-Kongresses vor den versammelten Vertretern Österreichs, Preußens, Russlands, Englands und Frankreichs einem englischen Akrobaten auf das Schrägseil gefolgt und über ihn hinweggesprungen. Zweifelhaft ist das schon deshalb, weil ein Übersprung auf dem Schrägseil technisch schwer zu bewerkstelligen ist.

Mit Kolter verwandt war die jahrhundertealte Seiltänzerfamilie Weitzmann. Neben den Wallendas und den Weisheits gehörte sie zu den im 20. Jahrhundert weltweit bekanntesten ihres Genres. Louis Weitzmann, der Urenkel Kolters, der im Verlauf seines Lebens – er starb 1968 – mehrere Zirkusunternehmen begründet hatte, zeigte mit seinen Geschwistern Parterre-Akrobatik, arbeitete auf dem Hochseil und am Trapez. Zwischenzeitlich war er bei Paula Busch engagiert. Legendär geworden ist sein spontaner gemütlicher Kaffeeplausch mit seinem Kollegen Camilio May-

er auf dem Seil während einer Vorstellung in Buschs Berliner Manege. Weitzmanns Spezialität war der Kopfstand auf dem Hochseil. Mit dem über zwanzig Jahre jüngeren Karl Wallenda und einer Partnerin präsentierte er ab Anfang der 1920er-Jahre eine außerordentlich riskante Nummer: Während Weitzmann kopfüber auf dem Seil stand, präsentierte Wallenda auf seinen Füßen einen Handstand. Im Zahnhang schwebte beider Partnerin Margarete Schumacher unter ihnen. Nummern wie diese – das Trio zeigte sie unter anderem bei Hagenbeck und Sarrasani – waren und sind bis heute ausgesprochen rar.

Als Karl Wallenda im Alter von 73 Jahren am 23. März 1978 in San Juan, der Hauptstadt von Puerto Rico, auf einem zwischen zwei Hochhäusern gespannten Seil durch einen Windstoß das Gleichgewicht verlor und vor Millionen Fernsehzuschauern zu Tode stürzte, starb einer der risikofreudigsten und begabtesten Hochseilartisten der Welt. Nach der Trennung von Louis Weitzmann hatte Karl Wallenda als Soloartist und später mit einer von ihm begründeten Truppe gearbeitet. Spektakulär waren nicht nur die Auftritte bei RINGLING BROTHERS AND BARNUM & BAILEY, die Überquerung des Tallulah-Falls und der Londoner Tower Bridge, sondern auch die Kunststücke, die er an einem etwa dreißig Meter hohen beweglichen Mast auf dem Dach des Berliner CIRCUS BUSCH vorführte. Und in Schwindel erregender Höhe lief die Wallenda-Truppe, von einer schaulustigen Menge bestaunt, am Spreeufer neben dem Busch-Gebäude über das Seil durch die Luft.

Wie sehr viele Hochseilartisten und Luftakrobaten arbeiteten Wallenda und seine Truppe ohne Sicherheitsnetz. Ein falscher Tritt, ein Schwanken, Beben, Zittern oder, wie am Ende bei Karl Wallenda, ein Windstoß konnte den Tod bedeuten. Das freie Spiel mit dem Genickbruch, wie es Thomas Mann seinen Felix Krull nennen lässt, erhöhte die Spannung im Publikum – ganz gleich, ob die Vorführung dies- oder jenseits der Manege stattfand. Im Zirkus selbst war der Arbeitsraum naturgemäß kleiner und lag zumeist auch tiefer. Das Absturzrisiko war in der Manege weniger hoch. Selbst Clowns wie Pio Nock oder Oleg Popow konnten sich auf dem Draht- oder Schlappseil produzieren. Ein ausgespanntes Netz verringerte das Todesrisiko bei einem Absturz, bot aber

Truppe Karl Wallenda

Jongleure, Seiltänzer und fliegende Menschen

Vorige Seite: Die Wallendas in Berlin
beim Circus Busch.

Rechts: Die Wallendas bei einer
riskanten Fahrrad-Hochseil-Nummer.

keinen hundertprozentigen Schutz vor einem unglücklichen, im schlimmsten Falle tödlichen Aufprall. 1946 hatte die Sieben-Mann-Pyramide der Wallenda-Truppe Premiere; sechzehn Jahre später stürzte sie bei einer Vorstellung zusammen. Ein querschnittsgelähmter Artist und zwei Tote waren die tragische Bilanz.

„Das Schwierige an der Sieben-Mann-Pyramide ist das absolute Zusammenspiel aller Mitwirkenden da oben, und das Allerschwierigste ist, erst mal die sieben Leute zu finden, die gewillt sind und das Rüstzeug mitbringen, eine Pyramide aufzubauen", äußerte Rudi Weisheit einmal in einem Tonbandinterview mit dem Zirkushistoriker Dietmar Winkler. „Die Schwierigkeit dabei ist, daß man ganz gleichmäßig laufen muß, weil es zwei voneinander unabhängige Pyramiden sind: Wenn die unteren Männer einen Schritt schneller machen, besteht die Gefahr, daß der obere Mann von der Gabel heruntergezogen wird." Als Gabel bezeichnet man die Querstange, die auf den Schultern der jeweiligen Untermänner liegt und den Obermann trägt. Tatsächlich ist das fein abgestimmte Miteinan-

der der Untermänner, die das Menschen-Gebäude tragen – das Halten der Abstände, des Tempos, des Rhythmus – das alles Entscheidende für das Gelingen der Sieben-Mann-Pyramide. Die Artistenfamilie Weisheit, deren Karriere im Jahre 1900 begann, lebte und arbeitete zur Zeit der deutsch-deutschen Teilung verstreut in der Bundesrepublik, in Holland und der DDR; nach den Wallendas war sie eine der wenigen Truppen am Hochseil, wenn nicht die einzige, die eine Sieben-Mann-Pyramide zustande brachte. Allerdings arbeiteten die Weisheits, durch den tödlichen Absturz der Wallenda-Truppe belehrt, mit einem Sicherheitsnetz.

Bei den Weisheits konnte das Publikum das gesamte Repertoire der Hochseilartistik bestaunen: den Fächerlauf, das Stuhlstehen, die Dreierpyramide, die Dreier-Fahrrad- und die Fahrrad-Spagatpyramide. Und wie der berühmte Kollege und spätere Lehrer der Truppe, Camilio Mayer, buk Rudi Weisheit Eierkuchen auf dem Seil. Zuschauer und Zuschauerinnen wurden auf dem Rücken über das Seil getragen – eine Nummer, die bereits Blondin gezeigt hatte – „und schließlich

Artist der Wallenda-Truppe am Hochmast
auf dem Berliner Gebäude des Circus
Busch, 1926.

nach oben sehen kann man nicht, da ist nur Weite. Nach den Wolken darf man nicht gucken, wenn man die ziehen sieht, ist es mit dem Gleichgewicht vorbei."

Bis heute sind die Weisheits als Artisten aktiv, 2011 wurden sie auf dem Zirkusfestival in Monte Carlo ausgezeichnet.

Am Trapez wird der Traum vom Fliegen wahr

„Wie Vögel von Ast zu Ast, so fliegen von Trapez zu Trapez Akrobaten", schrieb 1927 Walter Benjamin in einer Rezension zu einem spanischen Zirkusbuch. Das erste Erscheinen eines „fliegenden Menschen" in der Manege ist, wie wenig sonst im Zirkus, ganz genau datiert: Am 12. November 1859 flog der 21-jährige Jules Léotard aus Toulouse an drei Trapezen durch die Manege des CIRQUE NAPOLÉON von Louis Dejean in Paris. Er zeigte Sprünge, drehte Pirouetten und einen Salto. Unter ihm war ein Holzgerüst mit dicken Teppichen aufgestellt, um ihn aufzufangen, falls er eines der schwingenden Trapeze verfehlt hätte. Im Turnsaal seines Vaters, der Kinder und Erwachsene in gymnastischen Übungen unterwies, hatte sich Léotard das Fliegen von Stange zu Stange selbst beigebracht. Anlässlich eines Besuchs in Toulouse entdeckten Artisten, die bei Dejean engagiert waren, den jungen Léotard bei seinen Proben im väterlichen Institut. In Windeseile erstatteten sie dem Zirkusdirektor Bericht. Dejean kam selbst angereist, um sich das Wunder anzusehen, und engagierte Jules Léotard vom Fleck weg. Im Jahr darauf sah man den Trapezkünstler bei Renz in Berlin und bald schon weltweit. Hatte bereits Madame Saqui Modetrends gesetzt – man trug Kappen und Halskreuze „auf ‚Art der Saqui'", in Bonbonnieren wurde ihr Konterfei eingraviert –, so nahm die Verehrung für Léotard maßlose Züge an. Eine wahre Flut von Modeartikeln kam auf den Markt: Man benannte Handschuhe, Krawatten, Spazierstöcke, Broschen, Nahrungsmittel und sogar einen Gesellschaftstanz nach ihm.

Doch markierte Léotard nur den Anfang der Arbeit am Trapez. Sie wurde nach ihm ungleich komplizierter und gefährlicher. In den 1880er-Jahre entwickelten Akrobaten neue Techniken. Zumeist arbeiteten

löste das Motorrad auch den Drahtesel ab. Selbst die Arbeit am Mast – aus Gründen der Sicherheit ersetzten die Weisheits ihn alle zwei Jahre – kam nicht zu kurz: „Der Wind pfeift, man darf nur an die Arbeit denken. Ähnlich ist es auch beim Lauf auf dem lan- gen Schrägseil, vielleicht noch übers Wasser", bemerkte Rudi Weisheit im Interview mit Dietmar Winkler. „Beim Wasser kommt noch hinzu, daß durch das Fließen kein Bezugspunkt mehr da ist, man darf nur zum Mast sehen, sonst kippt man ab, man muß das einfach verdrängen." Last not least: „Das Schwerste war wohl das Freistehen auf der Spitze, da ist nichts zum Festhalten,

sie nun zu zweit oder zu dritt. Es gab zwei Absprung-
positionen und einen Fänger. Das simple Holzgerüst
mit den Matten verschwand zugunsten des Sicher-
heits- und Fangnetzes. Und aus Léotards einem Salto
wurden später drei. Sobald man zu zweit oder gar zu
dritt, wie die Codonas, an Trapezen arbeitete, wurde
neben der Ökonomie der Körperkräfte, der Geschmeidigkeit und der exakten Berechnung der Schwin-
gungen und Bewegungen auch das Vertrauen in die
Partner zur unerlässlichen Bedingung gelingender
Trapezakte. Natürlich lud die Zwei- und Drei-Perso-
nen-Arbeit, war sie gemischtgeschlechtlich, zu eroti-
schen Fantasien ein. Bei den drei Codonas, einer aus
den beiden Männern Alfredo und Lalo Codona und
den beiden aufeinander-folgenden Partnerinnen
Lilian Leitzel und Vera Bruce bestehende Trapezkünst-
lertruppe, hat es eine tragische amouröse Verstrickung tatsächlich gegeben. Nur ist es Zufall, nicht die
Regel, dass sich private und berufliche Beziehung
überlagerten. Der während der NS-Diktatur gedrehte
Spielfilm *Die drei Codonas* beutet diesen Umstand
weidlich aus. Carol Reed verfuhr in seinem zum Teil
im Cirque d'Hiver aufgenommenen Spielfilm *Trapez*
mit Burt Lancaster, Tony Curtis und Gina Lollobrigida
entschieden vielschichtiger. Und im *Felix Krull* kon-
zentrierte sich Thomas Mann ganz auf die Besonderheit der einzelnen Artistenfigur; beim Anblick der
Trapezkünstlerin Andromache, die ihre Nummer ohne
„Sicherheits- und Fangnetz" darbietet, ließ er Krull sinnieren:

„Aber wiederholt frage ich hier: War Andromache
etwa menschlich? War sie es außerhalb der Manege, hinter ihrer Berufsleistung, ihrer ans Unnatürli-
che grenzenden, für eine Frau tatsächlich unnatürlichen Produktion? Sie sich als Gattin und
Mutter vorzustellen war einfach läppisch; eine
Gattin und Mutter, oder jemand auch nur, der es
möglicherweise sein könnte, hängt nicht mit den
Füßen kopfab am Trapez, schaukelt sich so daran,
daß es sich fast überschlägt, löst sich ab, fliegt
durch die Luft zu dem Partner hinüber, der sie an
den Händen ergreift, sie daran hin- und her-
schwingt und sie im äußersten Schwunge fahren-
läßt, damit sie unter Exekutierung des berühmten
Luftsaltos zum anderen Gerät zurückkehre. Dies

war ihre Art, mit dem Manne zu verkehren; eine
andere war bei ihr nicht erdenklich, denn zu wohl
erkannte man, daß dieser strenge Körper das, was
andere der Liebe geben, an seine abenteuerliche
Kunst verausgabte."

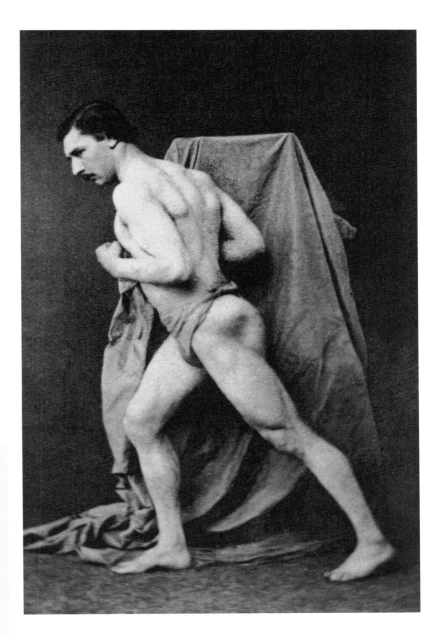

Der Trapezkünstler Jules Léotard
in einem Studio, um 1865.

Für Felix Krull, der klare Vorstellungen hat – sowohl von der Rolle der Frau und Mutter als auch von dem, was den Menschen ausmacht –, schwebt die ‚Tochter der Lüfte‘ zwischen den Positionen von Engel und Tier.

Die Luftakrobaten kreierten ihren eigenen Raum über der Manege, denn Kronleuchter hingen im Zirkus schon längst nicht mehr von der Decke. Für Franz Kafkas Trapezkünstler, der sich ganz auf seinem Trapez eingerichtet hat, mit ihm förmlich verwächst, ist die Zirkuskuppel der einzig angemessene Aufenthaltsort. Es ist ein Ort im Bodenlosen. Kafka parodierte in der Erzählung *Erstes Leid* den Künstler- und Artistenkult des Fin de siècle. Im Widerstand gegen die Schwerkraft und damit gegen die Bedingungen der menschlichen Existenz, im unausgesetzten Ringen des Trapezkünstlers um das Halten der Balance karikierte der Prager Autor auch den Heroismus der Selbstüberwindung.

In den 1940er-Jahren nutzten die drei Schwestern Soja, Martha und Klara Koch aus der Sowjetunion einen von ihrem Vater entwickelten, im Russischen „Semaphor“ genannten riesigen Rotationsapparat, um auf ihm unter erschwerten Bedingungen äquilibristische Figuren auszuführen. Heute ist das leicht modifizierte Gerät unter dem Namen Todesrad bekannt. Die Gleichgewichtskunststücke, die Akrobaten auf ihm ausführen, sind nicht weniger halsbrecherisch als die Hochseilnummern. Manchmal laufen Artisten sogar mit verbundenen Augen über das sich unablässig drehende Rad, beschreiten abwechselnd seine Außen- und seine Innenseite.

Biegen, strecken, springen – und ein fürchterliches Schreckgespenst

Ein rabenschwarzer Fuß, ein betäubender Schmerz und wochen-, manchmal monatelanger Verdienstausfall. „Talonade“ tauften Parterre-Akrobaten das Schreckgespenst. „Talonade heißt, daß ein Springer nicht, wie er muß, auf den Zehenspitzen ankommt, sondern auf den Absätzen“, schrieb der Clown Grock in seinen Memoiren. „Der Mann aber, dem das geschieht, der bricht wie vom Blitz getroffen zusammen. Die Zehenspitzen nämlich federn den Stoß beim Aufsprung ab und dieses leichte Federn genügt, um einen

Sprung normal ablaufen zu lassen. Beim Aufsprung auf Hacken aber fehlt diese Federung, und der Effekt ist etwa der gleiche, als ob man mit einem Hammer vom Gewicht des Springers diesem auf die Fußsohlen schlagen würde. Dieser Stoß pflanzt sich dann durch das Rückgrat – durch das steife Rückgrat – fort bis ins Gehirn.“ Schwer verletzen konnten sich Artisten auch zu ebener Erde. Anfangs waren, wie die Kunststücke Auriols gezeigt haben, Parterre-Akrobatik und Clownerie alles andere als strikt voneinander unterschieden. Auriol war einer der Meister des Batoude, des federnden Sprung- oder Schleuderbretts. Im Zirkus wurden Vorwärts- und Rückwärtssaltos, Pirouetten, also volle oder halbe Umdrehungen, Twists, Flickflacks und andere Sprünge in kleine theatrale Szenen eingebaut, die gelegentlich komischer Natur waren. Manchmal aber ging es auch ganz ernsthaft um die Kunstfertigkeit, um die Belastbarkeit, die Kraft und die Geschmeidigkeit menschlicher Sprunggelenke. Wer auf einer im Raum frei stehenden Leiter die Balance halten und dazu noch auf einer Geige musizieren konnte, nötigte dem Publikum seinerzeit große Bewunderung ab. Auch Grock stand noch ganz in dieser Tradition. Er verband die Sprungarbeit mit der Musik- und Akrobatikclownerie. Dazu bot er mit wechselnden Partnern fantastische Entrées.

Die Hanlon-Lees, fünf in England als Söhne eines irischen Schauspielerehepaars geborene Brüder, hatten 1847 als Kinderakrobaten debütiert. In fast allen zirzensischen Disziplinen hoch talentiert – darin Ernst Jakob Renz nicht unähnlich –, arbeiteten sie sowohl am Boden als auch in der Luft. Sie reüssierten selbst im komischen Fach. Im Januar 1874 traten sie erstmals bei Renz in Berlin mit der Posse *Der Dorfbarbier* und der akrobatischen *Luft-Eisenbahn* auf. Affichieren ließ sie Renz als die „bedeutendsten Künstler der Gegenwart“.

Bereits die Clowns – Auriol ist vielleicht das berühmteste Beispiel – und die Klischnigger hatten Tiere nachgeahmt. Akrobaten bauten diese Spezialität später zu ganzen Zirkus- und Varieté-Nummern aus. Am letzten Dezemberabend des Jahres 1859 hatte ein sogenannter Kautschuk- oder Schlangenmensch, der indische Artist Petropolis, seinen ersten Auftritt bei Renz. Solche Kautschukmenschen bewegten sich mit der Wendigkeit und Geschicklichkeit eines Affen,

Die Artistentruppe
„Klein Family".
Sie bestand aus Kindern
und Jugendlichen.

sprangen, die Arme zwischen die Beine gesteckt, wie Frösche, krochen, einen beweglichen Schwanz simulierend, im Kostüm von Eidechsen oder Krokodilen und krabbelten wie Spinnen durch die Manege. Ihre „Fähigkeit, die seltsamsten Verrenkungen, Verdrehungen und Bewegungen des Leibes und der Extremitäten vorzunehmen", beruhte laut Halperson auf einer „ungewöhnlich elastischen Beschaffenheit der Muskelbänder".

Großen Einfluss auf die europäische Parterre-Akrobatik nahmen asiatische und arabische Gastspieltruppen. In den französischen Zirkussen tauchten sie sehr früh in den Programmen auf. Bei Renz gaben im Januar 1862 zwölf arabische Akrobaten ihr Debüt. Angekündigt als *Touareg, die Wunder der Wüste Sahara,* vollführten sie großartige Sturmsprünge über sieben oder acht Pferde, zeigten Handstände und bauten am Ende eine riesige Menschenpyramide. Wie alle Genre in der Manege wurden auch sie zum Gegenstand zirzensischer Komik. Schon im Februar präsentierten deutsche, französische und englische Artisten eine „Parodie auf die Araber". Im Fach bewundert wurde vor allem ihre Sprungtechnik und die Art und Weise, wie sie ihre Nummern aufbauten. Ende Oktober 1867

engagierte Renz eine „japanesische Dragon-Truppe". Sie zeigte „Balancierkünste auf dem 26 Fuß hohen Bambus", einen „gefährlichen Tanz auf dem Papierseile (mit Verbrennung des Seiles nach der Production)", einen „kühnen Flug bis zur Decke des Circus" – vermutlich auf dem Schrägseil –, einen „Zauberkünstler", eine Seiltänzerin und „Schmetterlingskunst", worunter man sich wohl entweder tanzähnliche Bewegungen im Kostüm oder aber einen auf dem Rücken liegenden Akrobaten vorstellen muss, der auf den Füßen ein Gestell mit zwei Bambusrohren hält, an denen jeweils ein Akrobat balanciert. „Die außerordentliche Kraft und Gelenkigkeit ihrer Zehen und ein besonderes Schuhwerk (nach dem Prinzip des Fausthandschuhs angefertigt) gestatteten ihnen, mit Fingern und Zehen das Seil zu umklammern und affenartig daran emporzulaufen", schrieb Kusnezow über die japanischen Akrobaten. „Mit Schulterpercheäquilibristik an biegsamer Stange, Äquilibristik an kurzen hängenden Bambusstangen (in der Art eines Hängeperches), die meist von drei oder vier Artisten ausgeführt und manchmal durch Zahnkrafttricks und Zopfhänge ergänzt wurde, sowie einer speziellen Antipodenarbeit mit schwierigen Balancen und äquilib-

Asiatische Akrobaten beim Circus Strassburger.

ristischen Feinheiten lernten die europäischen Zirkusbesucher weitere typisch japanische Artistik kennen." Als ‚Perche' wird die lange, elastische Stange bezeichnet, mit welcher die Artisten ihre Gleichgewichtskünste präsentieren. Ikarier nannte man die Akrobaten, die ihre Partner mit den Füßen warfen, fingen und wirbelten; Antipoden hießen die Artisten, die nicht mit Menschen, sondern mit Gegenständen jonglierten. Artisten in Europa lernten Wesentliches von den fernöstlichen Gastspieltruppen. Die Familie van de Velde oder die Carl-Manello&Henry-Marnitz-Truppe waren wohl die berühmtesten europäischen Akrobaten. Elli und Albert van de Velde spielten im Kopfstand übereinander auf Geigen, jonglierten mit Fässern und Fahnen und sollen auch den „Einfingerstand" kreiert haben.

Aus zwei Männern und zwei Frauen bestand die Manello&Marnitz-Truppe. In einer ihrer bekanntesten

Werbeplakat für die Familie Schilly, 1891/92. Sie waren so genannte Kautschuk- oder Schlangenmenschen. Die Inszenierung vom Kostüm bis zum orientalischen Ambiente theatralisierte die Akrobaten.

Nummern sah man einen der Männer einen Stuhl über dem Kinn balancieren, auf dem eine der Partnerinnen an einem kleinen, über den Schoß gelegten Tischchen saß und Sekt trank, während sich ein weiterer Partner im Kopfstand auf ihrem Kopf hielt.

Wild fliegen Flaschen, Teller und Kanonenkugeln durch die Welt

Baguettebrote jongliert hatte im Zirkus ebenfalls bereits Auriol. Und dies, was die Sache erschwerte, auf dem beweglichen Grund eines trabenden oder galoppierenden Pferdes. Später ersetzten die Balance-Jongleure das Pferd durch das Rad oder gar durch ein Auto. Salon-Jongleure oder Kraft-Jongleure zu ebener Erde konnte das zeitgenössische Publikum auch auf Jahrmärkten bestaunen. Wirklich gefährlich wurde es, waren brennende Fackeln oder Messer im Spiel. Während eines Balanceakts im Stehen oder Liegen auf dem Rücken, dem Kopf, der Hand oder gar auf einem beweglichen Grund noch zusätzlich Gegenstände durch die Luft fliegen zu lassen, war ein ausgesprochen anspruchsvolles künstlerisches Multitasking. Viele Artisten traten überdies nicht einfach im Trikot, sondern in Fantasiekostümen auf. Ein bisschen militärische Heißluft verbreiteten neben Seiltänzerinnen

Eleonore & Alberto van de Velde,
um 1932.

Autogrammkarte von Bela Kremo.

Folgende Seite: Enrico Rastelli mit zwölf
Gummibällen, um 1925.

wie Madame Saqui auch einige Kraft-Jongleure. So warf John Holtum, genannt der Kanonenkönig, Kanonenkugeln in die Luft und fing sie mit den Oberarmen, auf der Brust, ja sogar im Genick wieder auf. Gelegentlich soll er sogar gleichzeitig mit einer Kanonenkugel, einer Flasche Champagner und einem Hühnerei jongliert haben.

Ganz anders die Salon-Jongleure vom Schlage der Rastellis oder der Kremos. Sie jonglierten Stäbe, Bälle, Teller und brennende Fackeln – und dies sogar im Kopfstand übereinander. Enrico Rastelli, der schon als Kind gemeinsam mit seinen Eltern auftrat, sagt man die künstlerische Weiterentwicklung der japanischen Balltechnik nach. Egon Erwin Kisch besuchte ihn einmal anlässlich eines seiner Gastspiele: „Wir sprachen von seiner Kunst, auf die ich drei Abende vom bezahl-

ten Sitz gestarrt habe, von seiner Kunst, die die Überwindung der Schwerkraft durch Leichtigkeit, das dynamische Dementi der Statik und die Aufhebung der mechanischen Gesetze durch menschliche Geschicklichkeit darstellt", notierte der nachmals so berühmte ‚rasende Reporter' über Rastelli, dessen Tempo beim Werfen und Fangen von Gegenständen kaum weniger atemberaubend gewesen sein dürfte.

Hüte, Bälle und Zigarrenkisten durch die Luft wirbeln zu lassen, war dagegen die Spezialität von Bela Kremo. Gelegentlich saß auf der Spitze der Zigarre, die er, ganz Gentleman-Jongleur, lässig im Mundwinkel hatte, eine Melone. Noch heute kann man all diese Kunststücke bei seinem Sohn Chris Kremo im Circus Knie oder im Circus Krone bewundern.

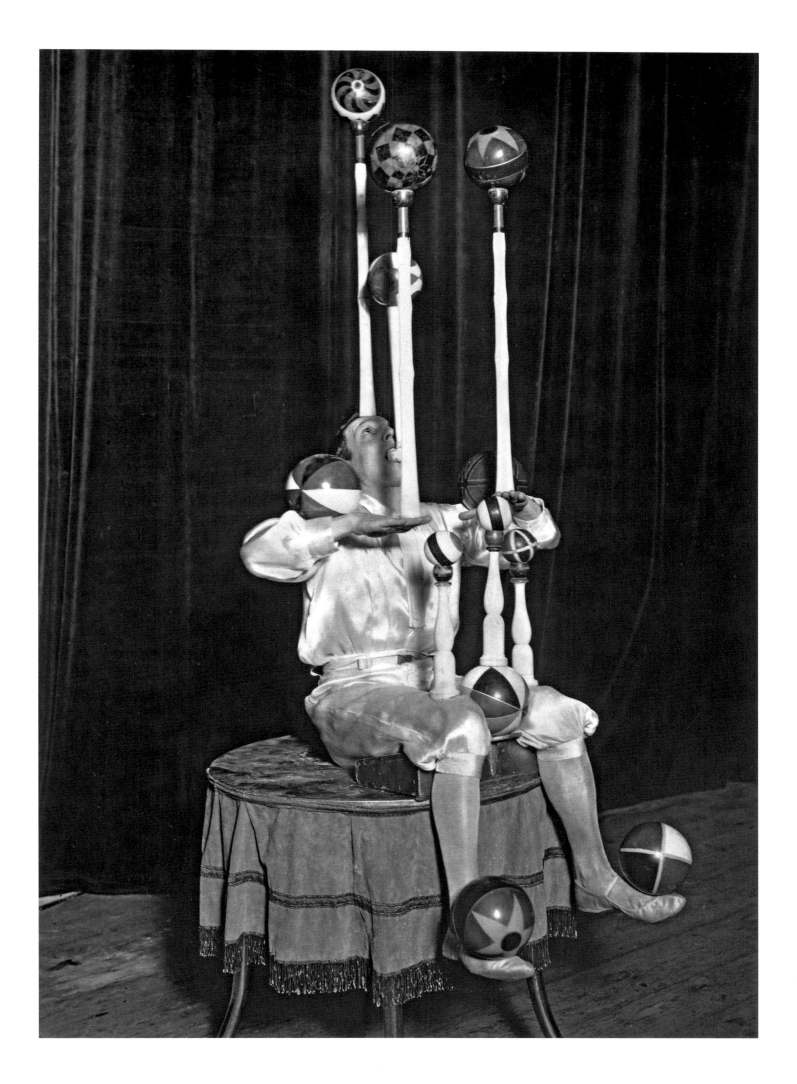

311.

LITH. V. ADOLPH FRIEDLÄNDER · HAMBURG.

AUFTRETEN WELTBERÜHMTER TIGERBRÄUTE UND LÖWENBÄNDIGER!

Ein Fauchen, Brüllen, Knurren, Schreien.
Ausgefahrene Krallen und Peitschenknallen – und schließlich
fällt auch noch ein Pistolenschuss.

Werbeplakat für eine Eisbärdressur, 1909.

DIE HAGENBECKS REVOLUTIONIEREN
DIE RAUBTIERDRESSUR

Wieder krachten Schüsse. Im Kugelhagel starben sechs Löwen. Einhundertfünfundsechzig Einschüsse sollen, hatte sich niemand verzählt, allein die Wildkatze Abdul durchsiebt haben. Am 19. Oktober 1913, ausgerechnet in Leipzig, das einen Löwen zum Wahrzeichen hat. Genau einhundert Jahre lag die zwischen Napoleons Truppen und den österreichischen, preußischen, russischen und schwedischen Alliierten ausgetragene Völkerschlacht zurück. Ihr hatte man gerade ein monumentales Denkmal gesetzt. Tags zuvor war das über neunzig Meter hohe, ganz im Stil wilhelminischer Großmannssucht gehaltene Bauwerk eingeweiht worden. Viel Publikum war rund um das große Ereignis unterwegs. Darauf hatten Helene und Arthur Kreiser, das Direktorenpaar des Circus Kreiser-Barum, spekuliert, als sie beschlossen im Umfeld der Feierlichkeiten ein Gastspiel zu geben. Und sie hatten sich nicht verkalkuliert; die Einnahmen waren erklecklich. Nun brachen sie erschöpft und zufrieden zur Weiterreise auf. Doch vermutlich beim Zusammenprall mit einer Straßenbahn entwichen dem schlecht gesicherten Käfigwagen acht Löwen. Großstadt kollidierte mit Savanne. Nur zwei der Tiere, von Mitarbeitern des Zoos gerettet, überlebten, was man in Zeitungsartikeln, in Karikaturen und auf Postkarten im In- und Ausland bald die „Leipziger Löwenjagd" nannte.[9] Schutzmänner, Feuerwehrleute und Straßenpassanten richteten unter den entlaufenen Wildkatzen ein schauderhaftes Gemetzel an, streckten die verschreckten Tiere mit Salven nieder und schlugen mit Eisenstangen auf die

bereits Verwundeten ein. Nötig wäre all das nicht gewesen. Helene Kreiser, der herbeigeeilten Dompteurin, schoss man, so hieß es später, drei ihrer Löwen förmlich aus den Armen weg, als sie im Begriff war, sie wieder in ihre Obhut zu nehmen. Es soll an ein Wunder gegrenzt haben, sagte später ihr Mann, dass sie selbst dabei keine Kugel traf. Brechen Wildtiere in einer Großstadt aus, dann sei das „stets eine beunruhigende Sache, namentlich, wenn es bei Raubtieren vorkommt", schrieb der Zoodirektor Johannes Gebbing, einer der beiden Retter der zwei Zirkuslöwen, später in seinen Memoiren. „Sie sind im allgemeinen furchtsam, scheu, verstört, durch die Ungewohnheit der Umgebung benommen. Sie haben darum gar kein anderes Bedürfnis als das, sich zu drücken und in Sicherheit zu bringen, und nur in ihrer Verwirrung durch laute, schreiende und fuchtelnde Menschen werden sie wild und besessen."

Wahrscheinlich wäre es möglich gewesen, alle Löwen auf unblutige Weise wieder einzufangen; die legendäre Löwenjagd hätte dann einen weit weniger spektakulären Verlauf erlebt. Nur: Was man lieber tut oder besser lässt, kommt einem urplötzlich auf der Straße ein Löwe entgegen, war damals kein Schulstoff. Wegzulaufen hätte geheißen, Beuteverhalten an den Tag zu legen, und eine falsche Bewegung konnten die Löwen als Aufforderung zum tödlichen Spiel missverstehen. Hochgefährlich ist die Situation zweifellos gewesen. Unter den Leipzigern aber war mit den Löwen blinde Panik ausgebrochen.

Aufschlussreich ist, wie die Zeichnungen auf den Postkarten die Leipziger Löwenjagd erzählen. Sie zeigen nicht, was sich an jenem Herbsttag abgespielt hat. Sie setzen die Bedrohungsfantasien in Szene, die man mit den Wildkatzen verband. Alle Löwen tragen eine Mähne – tatsächlich hatte keiner eine – und alle attackieren mit weit aufgerissenem Rachen wahllos Mensch und Pferd. Schimärisch springen sie durch die splitternde Glasfensterfront eines Caféhauses oder hocken zum Angriff bereit auf einem Hotelsims, während Passanten ihnen heroisch mit den Instrumenten der Gewaltdressur begegnen: mit Messern, Stangen, Mistgabeln, Pistolen, Spazierstöcken und Sensen. Bis hinein in ihre Häuser, suggerierte eine andere Postkarte, hätten die Löwen die Menschen verfolgt. Ohne Sexualisierung kam das großstädtische Rencontre von Wildtier und Mensch nicht aus: Ein Mädchen im Nachthemd erleidet einen Schock, als sie vor der Tür statt ihres Geliebten das zähnebleckende Raubtier erblickt. Die Wärter vom Zoo versuchen vergeblich, die Raubkatzen wie Hündchen mit Kettenwürsten, wie Schmetterlinge mit einem Netz oder wie Mäuse mit Zucker einzufangen. Erst ihr Versagen macht in der Bildergeschichte das Eingreifen der Schutzmänner erforderlich. Stolz stellen sich die Polizisten am Ende hinter den wie Jagdtrophäen arrangierten toten Löwen. Allein sie waren imstande, wieder für Ordnung und Sicherheit zu sorgen; so lautet die Botschaft, die das rohe Vorgehen offenkundig rechtfertigen sollte.

Ungleich nüchterner als die zynischen Zeichnungen gibt sich eine Postkartenfotografie von den sechs aufgebahrten „Opfern" der Löwenjagd und Wärtern des Leipziger Zoos. Eine Woche lang seien die Leipziger in Scharen an den ausgestellten Löwenleichen vorbeidefiliert. Ob sie den Kreisers im Geist kondolierten, sich noch einmal wohlig gruselten oder nur ihre Neugier und Schaulust befriedigen wollten, weiß man nicht. Ganz rechts im Bild ist der Oberwärter Hermann Fischer zu sehen, der mit Raubtieren bestens vertraut war und gemeinsam mit Johannes Gebbing zwei der Löwen in Kistenfallen rettete. Vor Ort verfügten neben den Kreisers nur sie über die nötigen Kenntnisse und Erfahrungen im Umgang mit Raubkatzen. Am Ende hatten die Zirkusunternehmer Löwen im Wert einiger zehntausend Mark eingebüßt. Später bekamen die Kreisers noch eine Geldstrafe auferlegt. Zu

verantworten hatten den Ausbruch der Tiere und seine verheerenden Folgen tatsächlich in erster Linie sie. Ausgerückte Wildkatzen aber sollte es in den Städten Europas immer wieder geben.

Es war keineswegs so, dass die Leipziger keine Löwen kannten. In Europa waren Wildkatzen aus Schriften und Büchern geläufig. Sie figurierten als Wappentiere, Wahrzeichen, Metaphern und Allegorien. Sie dienten Naturforschern als Beobachtungsgegenstand und Philosophen wie Friedrich Nietzsche als Symbol für Mut und „freien Geist". Hinter Nietzsches „blonder Bestie", mit der sich Deutschtümler und Nationalsozialisten später gern, wenn auch ganz zu Unrecht gleichsetzten, verbirgt sich der Löwe mit seiner gelben Mähne.

Auf Handelswegen und durch Eroberungsfeldzüge waren die Tiere in der Antike an die Höfe und in die Städte Europas gelangt. Bis ins 6. Jahrhundert unserer Zeit praktizierte man in Rom zur Belustigung des Publikums Gladiatorenkämpfe und Tierhetzen im Circus maximus oder im Kolosseum. Sie zielten auf die Tötung des Wildtiers. Man ließ Menschen mit Bären, Löwen, Tigern und Panthern kämpfen, Bären mit Löwen und Löwen mit Panthern. Vereinzelt gab es Raubkatzen später auf Jahrmärkten, in Klöstern, dann in den exklusiven Menagerien der Adligen. Doch erst im 19. Jahrhundert, im Zuge der kolonialen Expansion mit ihren Forschungsexpeditionen, dem internationalen Tierhandel und der Einrichtung zoologischer Gärten, wurden exotische Wildtiere in Europa zum Massenphänomen.

Neben den Zirkussen und Wandermenagerien boten Kolonialzeitschriften, Groschenhefte, Abenteuerromane und auch der frühe Film Gelegenheit, sich den Wildkatzen durch die Optik medialer Aufbereitung zu nähern. Aus Quellen wie diesen speisten sich vermutlich die Postkarten-Fantasien von der stets angriffslustigen Bestie. Und es gab, vom Gastwirt Ernst Pinkert begründet, seit 1878 den Leipziger Zoo. Neben anderen Exoten stellte Pinkert auch Löwen zur Schau. Hinter Gittern, wie es damals weithin üblich war, und in Käfigen, die ihnen kaum Bewegungsspielraum ließen, sie sozial isolierten und den Horizont ihrer Außenwelt auf ein Minimum reduzierten. Nicht alle zeitgenössischen Besucher ließ das ungerührt. Unruhig kreist die Großkatze in Rainer Maria Rilkes

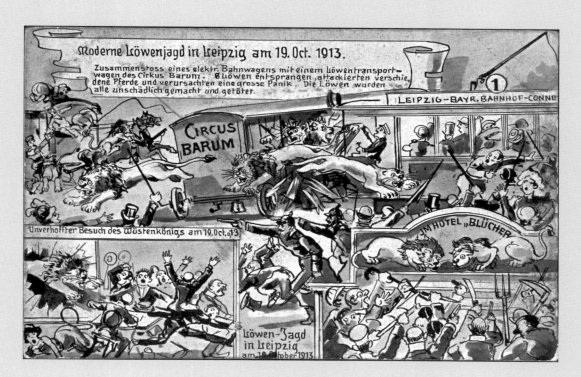

Links: Zynische Karikatur der sogenannten Leipziger Löwenjagd auf einer
Postkarte, um 1913.

Unten: Postkarte von den toten, im
Leipziger Zoo aufgebahrten Löwen,
um 1913.

Gedicht *Der Panther* (1902/03) durch den Käfig der Menagerie im Pariser Jardin des Plantes: „Sein Blick ist vom Vorübergehn der Stäbe / so müd geworden, daß er nichts mehr hält. / Ihm ist, als ob es tausend Stäbe gäbe / und hinter tausend Stäben keine Welt. // Der weiche Gang geschmeidig starker Schritte, / der sich im allerkleinsten Kreise dreht, / ist wie ein Tanz von Kraft um eine Mitte, / in der betäubt ein großer Wille steht." Rilkes Panther verhält sich nicht, wie er es in seiner gewohnten Lebenswelt tun würde, sondern wie es der ihm zugewiesene, eingeschränkte Rahmen erlaubt. Und er weist dabei alle Anzeichen dessen auf, was man später Hospitalismus oder Stereotypie genannt hat: Zwanghaft läuft der Panther die eng bemessenen Grenzen seines Käfigs ab und ist infolge seiner Kontaktarmut außerstande, seine Umwelt wahrzunehmen.

Anders als im Zirkus wurden Löwen im Zoo nicht beschäftigt, gab es für sie weder eine tätige Herausforderung noch eine enge Bindung an Menschen. Wie man die Wildkatzen unterbrachte und den Blicken der Besucher darbot, bestimmte, wie sie sich gaben, und prägte die Vorstellungen, die sich Menschen von ihnen machten: Kraftstrotzend und mörderisch, allzeit zum Sprung ansetzend, bereit, sich sofort und blindlings auf alles zu stürzen, das ihre Wege kreuzt. Erst Pinkerts wichtigste Geschäftspartner, die Tierhändler, Schausteller und Zirkusunternehmer Hagenbeck aus Hamburg, sollten mit der unseligen Tradition brechen, Löwen wie lebensbedrohliche Strafgefangene vorzuführen.

Hagenbeck und die Löwen von Hamburg

Vorläufig aber brachten auch die Hagenbecks das Bild der bösen, hinterlistigen und grausamen Bestie in Umlauf. 1858 etwa, im Winter auf dem Hamburger Dom, dem traditionellen Volksfest der Hansestadt. Wenige Monate zuvor war ein Löwe namens Prinz ganz wie 65 Jahre später seine Leipziger Kollegen bei einem Transport aus dem Käfig getürmt, hatte das Zugpferd angefallen und wurde erlegt. Der Vorfall muss seinerzeit als Sensation gehandelt worden sein. Schwerlich wäre sonst die Nachbildung der Attacke, die Carl Gott-

fried Clas Hagenbeck in einer Bude zur Schau stellte, so außerordentlich erfolgreich gewesen. Höllisch beeindruckt haben soll das mittels Siegellack imitierte Blut am Nacken des ausgestopften Pferdes. Auch der Löwe war präpariert.

Gut möglich, dass die Inszenierung Hagenbecks Sohn Wilhelm später zu seiner sensationellen, viel adaptierten Dressurnummer *Löwe zu Pferd* inspirierte. Dabei sprang ein Löwe oder ein Tiger wie ein Jockey auf das Panneau eines im Kreis laufenden Pferdes. Die Großkatze ritt einige Runden, saß ab, sprang erneut auf und ritt rückwärts. Schließlich platzierte sie sich vor dem Pferd und beide kreisten, Hürden überwindend, hintereinander durch die Manege. Manchmal folgte ihnen ein Jagdhund.

Die Dressur war nicht so schwer, wie es klingt. Um sie aneinander zu gewöhnen, wurden die Jungtiere in Sicht-, Hör- und Riechweite zueinander untergebracht, ohne dass sie sich erreichen konnten. Hagenbeck hielt die Gewöhnung der Tiere aneinander für den ersten, entscheidenden Schritt. Unter Aufsicht des Dompteurs brachte man sie danach gemeinsam in den Zentralkäfig. Und entwickelte peu à peu, wofür die Hagenbecks bald weltberühmt werden sollten: Nummern mit Raubtieren, die auf humane Weise dressiert worden sind.

Daran war nicht im Entferntesten zu denken, als Carl Gottfried, der alte Hagenbeck – fast ein Drittel seiner männlichen Nachfahren hießen ‚Carl‘, weshalb Zweitnamen und Eigenschaftswörter hilfreich sind – die ersten bescheidenen Schritte zur später renommierten Familienfirma unternahm. Der alte Hagenbeck war im Hauptberuf Fischhändler auf dem Spielbudenplatz in St. Pauli. Das Ausstellen, Auf- und Verkaufen exotischer Tiere betrieb er nur nebenher. 1848, als Ernst Jakob Renz gerade dabei war, sein Zirkusunternehmen in Berlin zu etablieren, stellte der alte Hagenbeck in der preußischen Residenzstadt erst-

Werbeplakat für die populäre Dressurnummer *Löwe zu Pferde,* 1891/92.

Lith. v. ADOLPH FRIEDLÄNDER, HAMBURG.

E. 1897, 692.

mals Seehunde aus. Beiden Unternehmern war die Revolution in die Parade gefahren; keinen hat sie aufzuhalten vermocht. Vorzeitig nach Hamburg zurückgekehrt, erwarb der alte Hagenbeck bald noch einen Eisbären, eine Hyäne und seltene Vögel. Den Tierhandel und die Schaustellungen zur Haupteinnahmequelle ausbauen sollte erst sein Sohn Carl Gottfried Clas. Er erweiterte das Geschäft ab 1875 um Völkerschauen, begründete 1887 seinen ersten, 1892 seinen zweiten ZOOLOGISCHEN ZIRKUS und krönte seine Unternehmungen im Jahre 1907 schließlich durch die Eröffnung des Tierparks in Hamburg-Stellingen mit seinen berühmten Freigehegen, den weltweit ersten ihrer Art.

Beflügelt hatte schon die Reichsgründung Carl Hagenbecks Geschäft. Im Windschatten der deutschen Kolonialbewegungen aber begann es regelrecht zu prosperieren. Es war ein Akt gegenseitiger Vorteilsnahme. Nach eigenem Bekunden erhielt Hagenbeck seinen größten Auftrag vom Kolonialamt in Berlin. Zweitausend Dromedare benötigten die deutschen Kolonialtruppen 1906 in Südwestafrika; nach dem Vernichtungsfeldzug gegen die aufständischen Herero zwei Jahre zuvor wurden die Lasttiere nun bei der Bekämpfung der Nama eingesetzt. Wie die Buschs, so trug auch Carl Hagenbeck die zeitweise mörderische Kolonialpolitik des wilhelminischen Kaiserreichs un-

gerührt mit. Vielleicht im Einklang mit der Kolonialpropaganda, vielleicht aber auch nur aus Gleichgültigkeit. Den Kopf über das Morden zerbrochen haben sich die Buschs und die Hagenbecks jedenfalls nicht und ähnelten darin wohl vielen, wenn nicht den meisten ihrer zeitgenössischen Landsleute.

1869 war der Suezkanal eröffnet worden. Das hatte auch dem Tierhandel Aufschwung verliehen. Im Zuge der kolonialen Expansionen und Eroberungen – im Deutschen Reich sprach man von Weltpolitik – entstand eine Infrastruktur, welche die Fanggebiete zugänglicher machte und den Transport und die Verladung von Tieren erheblich erleichterte. Geradezu paradiesisch nimmt sich Hagenbecks Beschreibung der „Gefesselten Wildnis" aus, die er in seinen 1908 veröffentlichten Memoiren *Von Tieren und Menschen* vom Bestand einer in Suez erworbenen Tierkarawane entwarf: „Elefanten und Giraffen, Antilopen und Büffel waren rings an Palmenbäumen angebunden. Dazwischen liefen sechzehn große Strauße frei umher, und malerisch aufgestapelt zwischen allen möglichen Gerätschaften, Gefäßen und Sonnensegeln sprangen und brüllten in sechzig Transportkisten dreißig gefleckte Hyänen, Löwen, Leoparden, Jagdpanther, Luchse und Zibetkatzen. Affen und Papageien zeterten um die Wette. Dazwischen stolzierten gravi-

Der Bericht des Affen Rotpeter

Carl Hagenbeck unternahm auch selbst Expeditionen nach Asien, Afrika und Südamerika. Er fing dabei Wildtiere auf zeitgenössische Weise ein, und die war äußerst brutal. Literarischen Nachruhm erlangte Hagenbecks Unternehmen allerdings mit einer Übertreibung: „Eine Jagdexpedition der Firma Hagenbeck – mit dem Führer habe ich übrigens seither schon manche gute Flasche Rotwein geleert – lag im Ufergebüsch auf dem Anstand, als ich am Abend inmitten

eines Rudels zur Tränke lief", ließ der Affe Rotpeter in Franz Kafkas 1917 veröffentlichtem *Bericht für eine Akademie* das Auditorium wissen, „Man schoß; ich war der Einzige, der getroffen wurde; ich bekam zwei Schüsse. Einen in die Wange; der war leicht; hinterließ aber eine große ausrasierte rote Narbe, die mir den widerlichen, ganz und gar unzutreffenden, förmlich von einem Affen erfundenen Namen Rotpeter eingetragen hat ..." In einer Kiste, in der er weder stehen noch sitzen, geschweige denn liegen konnte. „Immer an dieser Kistenwand – ich wäre unweigerlich verreckt. Aber Affen gehören bei Hagenbeck an die Kistenwand – nun, so hörte ich auf, Affe zu sein. Ein klarer, schöner Gedankengang, den ich irgendwie mit dem Bauch aus-

tätisch Marabus, kreischten Raubvögel und grunzten Nashörner." Hagenbeck sah, wie er schrieb, ein „Gemälde". Eine Händleridylle, ein exotisches Tableau, im Grunde einen Zoo. Keine ihrer Freiheit beraubten Tiere und auch keine Waren, keinen ausbeuterischen Aneignungsakt und noch nicht einmal ein gutes Geschäft, das es ja tatsächlich gewesen ist.

Hagenbeck belieferte Menagerien, zoologische Gärten, Zirkusse und Privatpersonen quer durch Europa und bis nach Übersee. Seit 1873 unterhielt er beste Beziehungen zum amerikanischen Zirkusunternehmer Phineas Taylor Barnum, der in „Riesenaquarien" sogar „Walfische und Haie" präsentierte. Zu Hagenbecks Geschäftspartnern gehörte auch der Naturforscher Alfred Brehm, zeitweilig Direktor des Hamburger Zoologischen Gartens und des Aquariums in Berlin. Bekannt wurde der Zoologe und Tierpsychologe, dessen ganze Liebe den Schimpansen galt, als Verfasser von BREHMS ILLUSTRIERTEM THIERLEBEN. In den 1860er-Jahren war die reich bebilderte Enzyklopädie, die rasch in den Rang eines Klassikers aufstieg, erstmals erschienen. Brehm zog später weitere Autoren hinzu, um die schnell und immens anwachsenden Kenntnisse der Tierforschung aufzunehmen. Mit geradezu bienenhaftem Fleiß überarbeitet, korrigiert, ergänzt und erweitert, bündelte und verbreitete BREHMS

THIERLEBEN jahrzehntelang das stets aktualisierte Wissen über die Tiere. Beide, Brehm wie Hagenbeck, vermenschlichten die Tiere. „Die Tiere sind Wesen wie wir selbst", gab der Hamburger Tierhändler den Lesern seiner Lebenserinnerungen zu bedenken, „und ihre Intelligenz ist nicht der Art, sondern nur dem Grade und der Stärke nach von der unsrigen verschieden. Sie reagieren mit Bosheit auf Bosheit und mit Freundschaft auf Freundschaft." Zwischen dieser Überzeugung und der Behandlung von Tieren als Ware und Ausstellungsobjekt bestand für Hagenbeck schlicht kein Widerspruch, führt man sich die Völkerschauen vor Augen, die der Tierhändler immer wieder veranstaltet hat.

Hagenbecks erster Zirkus war eine Verlegenheitsgründung. Naturgemäß ließ sich der Handel mit exotischen Tieren nicht auf hohem Niveau verstetigen. Zeitweilig war der Markt einfach gesättigt und der Bedarf gedeckt. Es änderte auch nichts, dass viele der eingeführten Tiere auf Transporten, an Krankheiten, durch nicht artgerechte Unterbringung oder falsche Fütterung immer wieder erkrankten und zugrunde gingen. Aus heutiger Sicht war Hagenbecks Umgang mit den Tieren zynisch. Gerade hatte Hagenbeck, wie er in seinen Memoiren schrieb, seine Ceylon-Schaustellungen beendet. Seine Elefantenherde brachte

geheckt haben muß, denn Affen denken mit dem Bauch." –, traf Rotpeter in Europa ein und stieg rasant zum Varietéstar auf. Nach fünf Jahren legte er in einer grotesken Mimikry Zeugnis von seinem individuellen Zivilisationsprozess ab, stellte die Menschen als Affen bloß, prahlte schrecklich mit seinem Fortschritt, seiner Entwicklung und Wandlung und bewies, dass Affen auch nur Menschen sind: „Ihr Affentum, meine Herren, soferne Sie etwas Derartiges hinter sich haben, kann Ihnen nicht ferner sein als mir das meine." Wofür Sie, meine Herren, Jahrmillionen benötigten, habe ich gerade einmal fünf Jahre gebraucht, sagte Rotpeter im Klartext. Aber auch auf die Affen blickte er voller Hof-

fart herab. Zur „kleinen halbdressierten Schimpansin" ging er am Ende entschieden auf Distanz.

Wie gesagt, Kafkas Rotpeter überzog. Angeschossen wurden die Tiere von Hagenbecks Tierfängern nicht. An der Tränke stellte man sie aber tatsächlich. Den Darstellungen des Hamburger Tierhändlers zufolge lockte man die Affen mit Futter in einen Käfig, drückte sie, waren sie in die Falle gegangen, mit Stangen zu Boden, fesselte sie und wickelte sie in Tücher, „so daß der arme Vierhänder schließlich aussieht wie eine zum Räuchern präparierte Wurst, die unsere Neger, an einer Stange aufgehängt, zu zweit fröhlich zur Station tragen".

nichts ein, sie zu pflegen und zu ernähren war indes kostspielig. Aus einer rein kaufmännischen Kalkulation entstand der Zeltzirkus mit einer Singhalesen-Schaustellung als Sideshow – ganz nach dem amerikanischen Vorbild von BARNUM & BAILEY. Im Frühjahr 1887 wurde der neue Unternehmenszweig in Hamburg eröffnet. Wenn sich HAGENBECKS INTERNATIONALER CIRCUS auch nicht mit Renz' Unternehmen messen konnte, das der Hamburger Tierhändler aufrichtig bewunderte, so war, was er dem Publikum anlässlich der Premiere anzubieten hatte, ausgesprochen sehenswert und höchst respektabel: Ephraim Thompson, ein berühmter afro-amerikanischer Elefanten-Dompteur, die Schwestern Rosita und Dolinda de la Plata, beide bekannte Kunstreiterinnen, sowie Renz' mutmaßlicher „August"-Erfinder Tom Belling befanden sich unter den Artisten des Eröffnungsprogramms. Zwei Jahre später verkaufte Hagenbeck das Wanderunternehmen, das erfolgreich durch die deutschen Städte getourt war, an einen seiner Angestellten. Angesichts der Ausgaben für die Fütterung und die Öl- oder Gasbeleuchtung mit ihrer „Feuergefahr", der vielen Umstände mit dem Transport, der Unwägbarkeiten des Wetters und der Reise- und Unterbringungskosten hatte sich die Gewinnspanne für Hagenbeck als zu gering erwiesen.

Vor allem Löwen, aber auch Tiger, Leoparden, Braun- und Eisbären bildeten das feste Ensemble von HAGENBECKS ZOOLOGISCHEM ZIRKUS, den der Tierhändler 1892 in St. Pauli begründete. Für Schlagzeilen und weltweites Aufsehen sorgte die Neugründung ein Jahr später auf der Weltausstellung in Chicago. Bereits 1891 hatte Hagenbeck die von ihm und seinem Bruder Wilhelm entworfenen und von einem erfahrenen Dompteur ausgeführten neuen Raubtierdressuren im Londoner KRISTALLPALAST im Zentralkäfig präsentiert. Der große Rundkäfig sollte die alten, engen Käfigwagen künftig ersetzen. Erst diese Neuerung – die Hagenbecks machten sie in Deutschland populär – erlaubte dramaturgisch so ausgefeilte Dressurnummern wie den *Löwen zu Pferd,* den *Löwen auf dem Rad fahrenden Elefant,* die *Triumphfahrt des Löwen Prinz in einem von Königstigern gezogenen Wagen,* die Wippen, Pyramiden, Seiltänze und Kugeläquilibribistik. Laut Hagenbeck hatte zunächst kein Löwe, sondern ein Mensch die Triumphfahrt absolviert: im Pariser

CIRQUE NOUVEAU soll der Tierdresseur Deyerling, von drei Löwen gezogen, in einem römisch-antiken Wagen mehrmals „in voller Karriere" durch den weitläufigen Käfig gesaust sein und der französischen Kapitale monatelang Gesprächsstoff geliefert haben. Nummern wie diese erforderten eine völlig neue Dressurmethode. Mit dem Zentralkäfig, den sie einführten, und ihrer „Schule der zahmen Dressur", die sie entwickelten und propagierten, revolutionierten die Hagenbecks die Raubtierdressur. Erfunden hatten sie diese nicht.

Die Anfänge der Löwendressur: Henri Martin und Thomas Batty

Als sie vom bevorstehenden Besuch des Raubtierdompteurs Henri Martin erfuhren, sollen die Hamburger neugierig, aber auch verängstigt gewesen sein. Senat und Bürgermeister hatten Martins Menagerie eine Lizenz für die Innenstadt erteilt. Verschreckte Hamburger, die einen Ausbruch der Tiere fürchteten, bemühten sich nun, die Lizenz wieder zu kassieren. Und sie erzielten einen halben Erfolg. Seine Wildkatzen durfte Martin nur am Hamburger Berg zeigen, einem Vorort der Hansestadt.

Zunächst war Henri Martin, 1793 in Marseille geboren, Kunstreiter im Zirkus. Zeitweilig reiste er mit einem eigenen Unternehmen. Als er sich in die Schwester des Menageriebesitzers Anton von Aken verliebte, wechselte er das Metier. Er wurde Raubtierdompteur und eröffnete eine eigene Wandertierschau mit Exoten, dressierte Löwen, Tigern, Leoparden, Geparden und Hyänen. Im Käfigwagen führte er sie einzeln und in Gruppen vor. Was sich Martin in Hamburg schon nicht mehr zu wünschen getraut hatte, trat ein. Die Hamburger waren von seiner Raubtierschau so hingerissen, dass sie in Scharen in die Menagerie strömten und Martin einen satten Gewinn einbrachten.

In Paris, wo Martin sein Domizil neben dem CIRQUE OLYMPIQUE der Franconis aufschlug, avancierte er bald zu einem der ersten Raubtierdompteure in der Manege. Die Franconis engagierten ihn für *Die Löwen von Mysore.* In dieser Pantomime wurden Kinder vor Schlangen gerettet, Elefanten marschier-

Inszenierung eines Löwen als „König der Tiere"; es handelt sich um eine Dressurnummer des Dompteurs Julius Seeth.

ten durch die Manege, es gab eine Tigerjagd, Löwen bewachten und beschützten Henri Martin, der einen aufständischen Provinzgouverneur spielte. Die Bühne, auf der seine Löwen, Tiger und Schlangen zum Einsatz kamen, war durch ein großmaschiges Gitterwerk gesichert. Uraufgeführt wurde das Manegeschauspiel, das sich als veritabler Kassenschlager erwies, im April 1831. Gelegentlich schrieb ihm das Publikum, äußerte Martin einmal, „geheime Kräfte" zu oder unterstellte ihm unlautere „Mittel". Er dagegen berief sich auf seinen „Mut", seine „Kraft" und sein „gesundes Urteilsvermögen", suchte den „Charakter jedes Tieres", „seine Neigungen" zu erkennen, sein „Vertrauen" zu erwerben und „seinen Leidenschaften zu schmeicheln". Vor allem setzte Martin, ganz wie später die Vertreter der Hagenbeck-Schule, Stimme und Gesten bei der Arbeit mit seinen Tieren ein. Üblich war das unter den zeitgenössischen Raubtierdompteuren beileibe nicht.

Der Brite Thomas Batty präsentierte sich dem Publikum gern als Mann, der „mit Todesverachtung jeden Abend die wüthenden Bestien zwingt, ihm zu gehorchen". Frühe Raubtierdressuren setzten vor al-

lem die Beherrschbarkeit des Wildtiers durch den Menschen in Szene. Es ging lediglich darum, „den Gehorsam der Bestien zu demonstriren", wie Renz eine solche Vorführung „wilder", „aber sehr gezähmter" Raubtiere im Januar 1856 ankündigte. Ein Löwe und ein Tiger wurden in einem von allen Seiten einsehbaren Käfigbehälter zuerst einzeln, dann zu zweit in der Manege vorgeführt. Batty und anderen Dompteuren dienten solche Präsentationen vor allem zur Selbstdarstellung. Kühn, entschlossen und kaltblütig, wie die geläufigen Beiwörter lauteten, unterwarf er die Wildkatze vor den Augen des zitternden Publikums. Um das Prestige des Dompteurs zu erhöhen und die Exotik hervorzuheben, titulierte man Löwen gern als „Wüstenkönige". Man zog einen Käfigwagen mit den Raubtieren in die Manege, dessen Boden wegen der Rutschgefahr für den Dompteur mit Sand ausgestreut war. Mit Peitsche, Pistole oder Flinte und Stock ausgestattet, betrat der Tierbändiger den Käfig, reizte die Wildtiere auf und erzeugte Abwehrverhalten, Fauchen, Knurren und Gebrüll. Oder aber er schüchterte sie mit Schüssen und Peitschenknallen so sehr ein, dass sie sich wegduckten. Man musste nur die Flucht-

Kapitän Alfred Schneider und seine Frau Marcella
bei der Löwentafel, um 1900. Ein Bild, das kurz
zuvor aufgenommen wurde, zeigt, dass es sich um eine
Teetafel handelte.

distanz minieren, aber noch so viel Platz lassen, dass das Tier ausweichen und davonspringen konnte, und schon setzte es über das aufgestellte Hindernis oder durch einen Reifen. Das galt dann als Kunststück. Für anspruchsvolle Darbietungen bot der enge Wagen keinen Raum. Allenfalls ließ man die Löwen über kleine Hindernisse und durch Reifen springen. Steckte der Dompteur seinen Kopf in den Rachen des Raubtiers, stieg die Spannung in den Reihen des Publikums aufs Äußerste. Der beliebte Trick bestand darin, den Kiefer des eingeschüchterten Tiers mit den Händen so zu packen und zu öffnen, dass es außerstande war, das Maul zu schließen.

Gewalt galt dabei als Nervenkitzel der Dressur. Die Wildkatzen seien durch Schläge und Stöße mit Stangen und Gabeln gescheucht, ausgepeitscht und mit glühenden Eisen traktiert worden, berichten zeitgenössische Quellen. Hagenbeck nannte die Gewaltdressur „Tierquälerei". Sie erziehe, so glaubte er, das Wildtier nur zu Furcht und Hass. Wahre Manegekunststücke entstünden auf diese Art nicht. Bei auf solche Weise dressierten Löwen habe er einmal versengte Schnurrhaare und verbrannte Mäuler feststellen müssen. Von Thomas Batty hielt Hagenbeck gar nichts. Weil jener seine sechs Löwen einfach nur mit „Schreckmitteln" durch den Käfigwagen „scheuchte", sie auf diese Weise zum Knurren, Fauchen und Brüllen brachte und ein paar Schüsse aus seiner Pistole abgab, um schließlich eiligst das Weite zu suchen. In Hagenbecks Augen hatten solche Nummern nicht den geringsten zirzensischen Wert.

Dass den Tieren Schmerzen zugefügt wurden, um Gehorsam zu erreichen, die Gedächtnisleistung zu steigern und Lernerfolge zu erzielen, daran nahm seinerzeit kaum jemand Anstoß. Das lag nicht zuletzt an den Vorstellungen, die sich viele Zeitgenossen von Wildkatzen machten. Und die Dompteure und Direktionen taten alles, um das Bild von der grausamen Bestie zu bestätigen und immer aufs Neue zu inszenieren. Je gefährlicher die Tiere, desto riskanter die Tricks – und je sensationeller die Nummern, desto mehr Publikum wurde angelockt. Man erzeugte Schaudern und wohliges Gruseln, forcierte Schrecken und Angst. Noch die amerikanische Dompteurin Mabel Stark, die ihre Karriere während des Ersten Weltkriegs begann, zu einer Zeit, als Raubtierdressuren längst kein Aufsehen mehr erregten, registrierte die „Atemlosigkeit", „Furcht" und „Bewunderung", die unter den Zuschauern herrschten. Eine Werbebroschüre Battys schilderte im Stil populärer Abenteuergeschichten, wie er in Afrika Leoparden und Löwen jagte, sich auf dem Boden wälzte, als er mit ihnen rang, und sie schließlich bezwang. Die Löwen, die er in der Manege präsentierte, habe ihm ein Scheik geschenkt, den er aus den Klauen einer Löwin befreit haben will. In allerletzter Sekunde, so hieß es, hatte er sie erdolcht. Eins ihrer Jungen habe er in einem New Yorker Hotelzimmer erschießen müssen, weil es an einer Hautabschürfung seiner Hand Blut geleckt hatte und Batty zu zerfleischen drohte. In Hamburg machte er schließlich einen entscheidenden Fehler. Er trug, nicht bedenkend, dass seine Löwen ihn nicht wiedererkennen würden, eine neue Uniform. Das Leittier der Gruppe griff ihn an, als er den Käfig betrat. Allein mit seinem „durchdringenden und gebieterischen Blick" habe er die Bestie gebändigt, behauptete er später. Bescheidenheit oder auch bloß Zurückhaltung konnte man dem seinerzeit maßgeblichen Löwenbändiger also nicht nachsagen. Die Queen soll ihm für seinen Mut und seine Tapferkeit eine große Medaille verliehen haben, die nun allabendlich die Aufmerksamkeit des Publikums auf sich zog.

Die Schöne und das Biest: Miss Senide reüssiert bei Renz

Verbieten! Verbieten! Verbieten! Begeistert wird man im Circus Renz nicht gewesen sein, als man am 12. Dezember 1883 die Zeitung aufschlug. Es war nicht das erste Mal, dass es in Berlin schlechte Presse für eine von Renz' Zirkusnummern gab. Gewöhnlich appellierten die Artikel an die königlich-preußische Ordnungsmacht: „Wir meinen, das königliche Polizeipräsidium hätte vor Jahr und Tag derartige aller guten Sitte widersprechende und die Masse demoralisirende Schauexperimente untersagt und, wenn dies richtig ist, glauben wir nicht, dass ein so wohlbegründetes Verbot wieder aufgehoben worden ist. Irren wir aber, und ist es zu einem ausdrücklichen Verbote bislang überall nicht gekommen, so glauben wir, dass unsere aufmerksame Polizeibehörde in diesem Fall – immer vorausgesetzt, dass die obige marktschreierische Reklame in der thatsächlichen Ankündigung die Wahrheit spricht – sich zu einer Intervention verstehen wird, durch welche sie sich des Dankes des besseren Theiles der Bevölkerung versichert."

Der Redakteur muss über die Presseerklärung des Circus Renz schrecklich empört gewesen sein. Über den reißerischen Stil von Renz' Reklame – als wäre Zirkusreklame jemals anders als krawallig gewesen; es war ein bisschen so, wie sich darüber zu beschweren, dass Regen nass macht. Dann aber auch über die beworbene Attraktion, das Debüt der siebzehnjährigen „Thierbändigerin" Miss Senide. Durchaus hatten die Zeilen, mit denen Renz für die neue Nummer warb, ein wenig von dem, was man eine Note nennt oder einen Unterton. Man hatte Schönheit, Mut und Kraft der „Löwenbraut" gepriesen und dann die Hoffnung geäußert, die „wilden Bestien" mögen „denselben Respekt vor der kühnen Schönheit haben wie wir!". Das war nun wirklich eine klitzekleine Prise zu abgeschmackt. Es schwang ja mit, dass es womöglich schlecht ausgeht. Man lockte das Publikum also mit der immerhin bestehenden Möglichkeit, dem Tod der „Löwenbraut" beizuwohnen. Und nun auch noch ‚die Schöne und das Biest'! Männer waren im Raubtierkäfig heroisch, tollkühn, beherzt, verwegen und draufgängerisch, Frauen hatten bei all dem auch noch aufregend und anziehend auszusehen.

Vermutlich haben bis zum heutigen Tag alle Dompteure, die mit Wildtieren arbeiteten, brenzlige Augenblicke erlebt; viele sind wenigstens ein Mal mehr oder weniger schlimm verletzt worden. Die Zahl der tödlich verunglückten Raubtierbändiger und Raubtierbändigerinnen ist Legion. Man musste als Dompteur ja nur stolpern und fallen, den bloßen Bruchteil einer Sekunde unaufmerksam sein, das Tier – hier ähnelt es tatsächlich dem Menschen – auf dem falschen Fuß erwischen oder in schlechter Stimmung antreffen, schon konnte es zu lebensgefährlichen oder tödlichen Verletzungen kommen. Oder das Tier irritierten Störquellen außerhalb des Käfigs. Miss Senide wurde, Signor Saltarino zufolge, 1887 bei einem Fototermin anlässlich eines Gastspiels in Dublin Opfer der Elektrifizierung. Während sie für den Fotografen im Käfig mit dem Kopf im Maul ihrer Löwin Fatima posierte, verlöschte im Zirkus das Licht und die Großkatze biss zu. Trotz der schweren Verletzung, die sie sich dabei zuzog, soll Miss Senide ihre Auftritte ohne Unterbrechung fortgesetzt haben.

Restlos berechenbar sind Wildkatzen nicht, wie schon Hagenbeck wusste. Man könne das Tier dressieren, so der indische Dompteur Damoo Dhotre in den 1960er-Jahren, wirklich zähmen lasse es sich nicht. „Man weiß nie", schrieb er, „was es im nächsten Moment tun wird." Dies zu vergessen, konnte schmerz-

haft oder sogar tödlich sein. Im engen Käfigwagen war die Gefahr von Attacken naturgemäß entschieden höher als später im Zentralkäfig. Auch dann, wenn man den Abstand einhielt, den das Tier noch braucht, um sicher auszuweichen.

Der Versuch, in Berlin zur beginnenden Hoch-Zeit des deutschen Kolonialismus ein Verbot von Raubtierdressuren durchzusetzen, war zum Scheitern verurteilt. Miss Senide, die mit bürgerlichem Namen Henriette Willardt hieß und laut den Akten der Berliner Theaterpolizei 1866 in Königsberg (heute Kaliningrad) geboren worden war, erlebte bei Renz an jenem 12. Dezember 1883 den bravourösen Beginn einer glänzenden Karriere als Dompteurin. Renz aber nahm sie in den folgenden Saisons nicht mehr ins Programm. Es scheint, als habe er, wie schon beim Feuerpferd Aly, auf die seiner Reputation abträglichen Schlagzeilen mit Rückzug reagiert.

Die Hagenbecks machen Schule

„Längst hatte ich gefunden, daß durch Liebe, Güte und Beharrlichkeit, gepaart mit Strenge, auch von einem Tiere mehr zu erreichen ist, als durch rohe Gewalt", bemerkte Carl Hagenbeck über die Anfänge der zahmen Dressur. „Wie Menschen wollen auch sie individuell behandelt werden, denn nur so kann man ihr Zutrauen erwerben und ihre Fähigkeiten wecken." Die Einsichten, dass Tiere derselben Gattung und Art verschieden gebaut, psychisch disponiert und talentiert sind, dass sie unterschiedliche Charaktere aufweisen und dass man ihnen, will man sehenswerte Dressurergebnisse erzielen, als Individuen begegnen muss, hatte im 18. Jahrhundert schon La Guérinière. Bei ihm freilich ging es um die „Vervollkommnung" des einzelnen Pferdes, bei Hagenbeck dagegen darum, die Leistung des einzelnen Löwen zum Zweck seiner Schaustellung und Vermarktung zu steigern. La Guérinière suchte die Anlagen zu fördern und zu entwickeln, die das Pferd selbst schon mitbrachte. Bei Hagenbeck wurde dagegen, wie er eingestand, „von den Tieren etwas verlangt, was zum großen Teil ihrer Natur fremd" ist. Galten die Raubtiere bislang als Furcht erregende Bestien, legte es Hagenbeck nun darauf an, sie zu vermenschlichen. Nichts zeigt das eindringlicher als die einstudierten Nummern: Löwen wurden zu Reitern, Akrobaten, Seiltänzern und Gleichgewichtskünstlern, speisten an hochherrschaftlichen Tafeln, tranken Tee, schossen ihrerseits aus Pistolen und besuchten Bars. Und nirgends wird der Unterschied zu den altrömischen Gladiatorenkämpfen und den Tierhetzen sichtbarer. Damals bekämpften Menschen noch Tiere und Tiere andere Tiere erbittert auf Leben und Tod. Nun unterwarfen die Dompteure die Tiere nicht, um lediglich ihre Überlegenheit zu demonstrieren. Vielmehr galt es, die Lernfähigkeit und Erziehbarkeit der Tiere vorzuführen.

Claire Heliot, von Hagenbeck hoch geschätzt, war weltweit eine der bedeutendsten Dompteurinnen, die nach der neuen Dressurmethode arbeiteten. In der kurzen Zeitspanne von nur zehn Jahren gelang ihr das Meisterstück, eine zwölfköpfige Löwengruppe auf humane Weise zu dressieren und zugleich neue, ungekannte Tricks zu kreieren. Als Dreißigjährige hatte sie 1897 bei Ernst Pinkert im Leipziger Zoo begonnen, mit Löwen zu arbeiten. Ihren neuen Brotberuf krönte rasch phänomenaler Erfolg. Bald gastierte Claire Heliot, mit bürgerlichem Namen Clara Hanmann geb. Pleßke, in den ersten Häusern, so im Circus Busch in Berlin am Beginn der Herbstsaison 1905. Dort sah sie die Avantgardeautorin Else Lasker-Schüler. Ihr verdanken wir eine ausführliche Beschreibung von Claire Heliots Dressurnummer in einer Zirkuskritik für die *Vossische Zeitung*:

„Als wir wieder auf unseren Plätzen saßen, war die Manege mit eisernen Gittern umzäunt. Zwei mächtige Löwen schreiten in den Käfig und hinter ihnen die anderen Könige der Kraft. ,Nero! Herkules! Agamemnon! Odysseus! Hektor! Kambyses! Hierher! Dorthin: Willst Du! Vite, Vite! Ah mon cher' – und dann wieder im gebrochenen Deutsch: ,Aben Sie die Güte, mein Freund.' Mademoiselle Claire, Du grausamste Braut! Mit erhobenem Arm, mit drohender Liebenswürdigkeit beugt sie den Willen ihrer grimmigen Sklaven. Ihr weißer Hals lockt wie Küsse, ihr blendender Hals, das Ideal ihrer brüllenden Verehrer."

Anders als viele ihrer Kollegen gab Claire Heliot ihre Kommandos auf Französisch und nicht in der Dressursprache Deutsch, die durch die Hagenbeck-Schule geläufig wurde. Immer wieder wurden die Tiere zur Ordnung gerufen, wurde appelliert und ermahnt. „,Ah, messieurs Hektor, Agamannon, Kambyses, dînez, s'il vous plaît.' Und sie tafelt ihnen blutende Leckerbissen. Das gierige Brüllen und Knurren dröhnt durch die weiten Räume des Zirkus in aufwachender Wildheit."

Hörbare Zeichen ungebändigter Vitalität waren dramaturgisch klug platziert. Nicht nur trugen die Löwen allesamt Namen, die klassisch-humanistisches Bildungsgut verraten. Bei den Tischsitten ging es hochherrschaftlich zu: Claire Heliot fütterte ihre Löwen tatsächlich an einem Tisch, um den herum die Löwen jeweils auf ihren Podesten saßen.

Anders als bei der Jagd in der Savanne führen im Käfig nicht Schnelligkeit und Kraft zum Erfolg, sondern Gehorsam, Begabung und Disziplin. „Hastig eilt der Diener herein und wieder heraus aus dem Käfig, Gerätschaften bringend, Kugeln, Stangen, Fässer holend, Stühle und Tische – aus Gauklern besteht die gefährliche Truppe. ,Genug Madame Claire!' Nero muß sich noch auf dem Seil produzieren. Gewandt, wie ein Seiltänzer dreht er sich, in der Mitte des Seiles angelangt, um sich selbst. ,Brav gemacht!'"

Die gebändigten Wildtiere wurden ins Spiel geleitet, das in der inszenierten Bedrohlichkeit und dem gauklerhaften Gebaren die Regeln des Mediums

Frauen, Männer, Raubtiere

Während Claire Heliot ihre Wildtiere auch gern einmal als Salonlöwen und sich selbst als Salondame auf Postkarten und Plakaten ablichten ließ, erinnerte Tilly Bébés mädchenhaftes Kittelkleid an die sexualisierte Kindfrau, die um 1900 als Inszenierung über die Unterhaltungsbühnen tingelte – man denke an das Gesangsquintett Five Sisters Barrison – und durch die populäre wie die anspruchsvolle Literatur spukte.

Dompteurinnen wurden durch ihr Geschlecht wahrgenommen, oder besser: durch seine vermeintlichen Eigenschaften. Schon bei Miss Senide wurde das deutlich. Dabei war es für die Arbeit im Raubtierkäfig völlig einerlei, ob die Dompteurinnen schön oder oder weniger schön waren, ob sie anmutig wie Claire Heliot oder keck in Uniform wie Mabel Stark, aufregend wie Tilly Bébé oder züchtig wie Ida Krone (Foto rechts) ausschauten.

Viele Dompteurinnen machten aus der Not eine Tugend und bedienten die zeitgenössischen Erwartungen. In der als verführerisch, zärtlich, liebenswürdig, fürsorglich, befehlend, drohend und grausam beschriebenen Dompteurin fielen Rollenklischees, Angst- und Wunschfantasien von Kindfrau, Mutter und *femme fatale* in eins. Indem man sie auf Plakaten und Postkarten, in Reklameanzeigen und Kritiken als Löwen- oder Tigerbraut affichierte, übertrug man die Geschlechterbeziehung auf die Beziehung zwischen Raubtier und Dompteurin und erotisierte sie auf diese Weise. Tatsächlich behandelten Claire Heliot und Tilly

Bébé ihre Tiere, als seien sie menschliche Partner. Sie brachten ihnen entsprechende Gefühle entgegen, minimierten die Distanz und ließen den Unterschied zwischen Mensch und Tier fast verschwinden. 1907, im Jahr ihres selbst gewählten Abschieds vom Dompteurinnenberuf, wurde Claire Heliot von einem ihrer Löwen schwer verletzt. Doch die schlimme Enttäuschung und seelische Erschütterung, die sie dadurch erlitt, war auch eine Folge des geleugneten Unterschieds zwischen Tier und Mensch.

Ein Zeichen von Kaltblütigkeit war es dagegen, ruhte ein Dompteur umstellt von seinen Löwen, von denen einer seinen Brustkorb besetzt hielt, auf einer Récamiere. So plakatierte Hagenbeck im Jahre 1908.

Oft setzte man die Beziehung zwischen Raubtier und Dompteur als Konfrontation zweier Rivalen in Szene. Hartnäckig hielt sich das aus der Zeit der wilden Dressur herrührende verbale und visuelle Vokabular: Der *Kampf mit der Tiger-Bestie* titelte noch 1923 ein Plakat des Circus Busch. Es zeigte einen Dompteur im Cowboy-Look beim Nahkampf mit einem fauchenden Königtiger. Zur vollen Größe hoch aufgerichtet, legt das Tier die Pranke auf die Schulter des Dompteurs und wird, das Maul mit den riesigen, spitzen Zähnen weit aufgerissen, mit einem großen Stück Fleisch zur Räson gebracht. Thomas Batty im Käfigwagen, aber auch spätere, berühmte Raubtierdompteure im Zentralkäfig, wie Richard Sawade, Julius Seeth und Kapitän Alfred Schneider (Foto links), kleideten sich noch überwiegend in Fantasieuniformen. Alfred Court und Alex Kerr trugen dann oft bis über die Knie reichende Schaftstiefel und farbige Hemden, während der indische Dompteur Damoo Dhotre mutig mit freiem Oberkörper auftrat.

STUTTGART.

Hans Hildenbrand

Claire Heliot auf dem so genannten „lebenden Teppich", um 1899.

wiederholte, das beständige Pendeln zwischen heroischem Dressurakt und Posse. Der Seillauf eines der Löwen soll wie auch der folgende zu den Tricks zählen, die Claire Heliot erstmals einstudiert und vorgeführt hat. Schließlich „liegt" Nero „ausgestreckt, wie im Sande der Wüste, und schlummert. ‚Nero wache auf! Nero, ich muß bitten' – aber Nero rührt sich nicht, er öffnet zwar seine gelben Augen – und ihn auf den Schultern nach Hause tragend, wie ein müdes Baby, durchschreitet die furchtbare Heilige, die heilige Kriegerin, eine Siegerin das Eisentor." Dieser Trick wurde später viel kopiert.

Als Mensch allein im Raubtierkäfig, war die Dompteurin ihrer Löwengruppe schutzlos ausgeliefert. Die Tiere hatten im Käfig die Macht über Leben und Tod. Aber mit Stimme, Tonfall, Worten, Gesten und Gebärden versuchte die Dompteurin dieses Potenzial zu kontrollieren. Und aus den „Königen" wurden tatsächlich „Sklaven". Das drückte sich noch in Agamemnons Aufbegehren und Neros Geste hingebungsvoller Unterwerfung aus.

Auch den „lebenden Teppich", einen um 1900 geläufigen Trick, hatte Claire Heliot im Repertoire: Die Dompteurin lag entspannt über die Rücken ihrer ne-

beneinander auf der Erde platzieren Löwen hingebreitet. Das war hochriskant, weil sie dabei nicht hinreichend beweglich sein konnte. Und über den Ausgang einer unvermittelt eintretenden kritischen Situation entschied im Raubtierkäfig nicht nur die Geistesgegenwart der Dompteure, sondern auch ihre körperliche Reaktionsgeschwindigkeit. Noch eingeschränkter war die Möglichkeit, körperlich blitzschnell zu reagieren, wenn sich Dompteure wie Tilly Bébé zwischen ihre Löwen auf den Boden legten und das klare Dominanzverhältnis zum Verschwinden brachten.

Tilly Bébé, die jenseits der Manege Mathilde Rupp hieß und aus Wien stammte, war der zweite große Star unter den zeitgenössischen Dompteurinnen. Mit ihren Schlangen, Löwen, Hyänen und Eisbären wurde sie oft von Regisseuren für Stunts gebucht und für ganze Abenteuerfilme engagiert. Auf Sarrasanis Südamerika-Tournee von 1923 war sie eine der großen Zugnummern. Tollkühner als Claire Heliot, inszenierte sie sich auf einer Werbefotografie wie eine Geliebte auf dem Rücken unterhalb eines ihrer Löwen liegend, einen Arm um seine Mähne geschlungen.

Die humane Dressurmethode der Hagenbecks – sie nannten sie die „vernunftgemäßere" – hatte sich in

Alfred Court inmitten seiner Tiger.

der Manegenarbeit mit Raubtieren durchgesetzt. Rasch wurde sie internationaler Standard. Wie schon in der Pferdedressur bei La Guérinière, später dann bei Raubtierdompteuren wie Henri Martin, mussten sich am Anfang aller Dressurarbeit Dompteur und Tier aneinander gewöhnen und Vertrauen zueinander aufbauen. Am besten erschien man, wollte man ein Tier trainieren, jeden Tag pünktlich zur gleichen Zeit, um mit den ersten Übungsschritten zu beginnen. Das wussten auch Clowns wie Whimsical Walker oder die Durow-Brüder, die sich auf Dressurkomik spezialisiert hatten. Zuvor aber musste man das geeignete Tier ausgewählt und dazu seinen Charakter eingeschätzt haben. Das Tier bekam einen Namen, lernte, den Klang wiederzuerkennen und auf ihn zu hören.

Mit den Hagenbecks wurden die großen gemischten Tiergruppen populär. Noch unbehelligt von der eigentlichen Dressurarbeit, hatten die Tiere zu lernen, im Zentralkäfig friedfertig miteinander umzugehen. Begannen sie zu raufen oder einander anzugreifen, griffen der Dompteur und sein Assistent ein, ermahnten die Tiere mit Worten, Gesten, Gebärden und Ge-

räuschen: „Sobald sich ein Raubtier den kleinsten verstohlenen Blick in Richtung auf die Hunde erlaubte, rief es ein trockener Peitschenknall vor seiner Nase zur Ordnung", schrieb der 1883 in Marseille geborene Dompteur Alfred Court über seine Dressur einer aus Löwen, Tigern, Tibetbären, Eisbären und Hunden bestehenden, achtzehnköpfigen Raubtiergruppe. Später gesellte Court noch Hyänen, Leoparden, Panther, Pumas und Jaguare hinzu. Anfangs arbeitete er überdies immer mit einem Lasso, das die Tiere einige Zeit um den Hals trugen und mit dem er sie in ihre Grenzen verwies, wenn sie vom Postament sprangen, um ihre Kollegen anzugreifen. Veritable Raufbolde und Widerspenstige wurden, weil sie den Menschen wie die anderen Tiere gefährdeten, aus der Gruppe entfernt. Gehorsam dagegen wurde mit kleinen Fleischstücken belohnt. Hagenbeck zufolge führten Strafen, auch wenn sie gelegentlich notwendig waren, nicht sonderlich weit; mitunter machten sie das Tier sogar noch störrischer.

Mit Wippen, Tonnen, Kugeln, Postamenten, all den Gegenständen, mit denen sie später arbeiten würden, mussten die Tieren erst vertraut gemacht werden. Um allmählich herausfinden, welches Tier für welchen Trick geeignet war, mussten Dompteure jedes einzelne Tier unermüdlich beobachten, seine Gewohnheiten und Eigenarten ganz genau studieren. Langsam, in endlosen Schleifen und unermüdlichen Wiederholungen, lernten die Tiere, was sie auf bestimmte Befehle hin zu tun hatten, um der ihnen winkenden Belohnung habhaft zu werden. Und sie lernten, mit den Gerätschaften umzugehen, auf einem bestimmten Podest zu sitzen, über ein Seil zu laufen oder auf einer Kugel zu balancieren.

Jeder Dompteur entwickelte seine eigene Methode, bestimmte Tricks einzustudieren. Mabel Stark brachte Raubtieren das Kugellaufen dadurch bei, dass sie die Kugel in einer Rinne befestigte, ihren Tiger mit einem Fleischspieß dazu anhielt, sie zu besteigen. Die Kugel wurde mithilfe von zwei Seilen langsam innerhalb der Rinne bewegt und der Tiger lernte allmählich, sein Gleichgewicht auszubalancieren. Bevor er den Trick beherrschte und entspannt auf der Kugel durch den Zentralkäfig rollte, vergingen Monate. Klassische Raubtierdressuren bieten Tricks wie die Löwentafel, das ‚Postositzen‘, das Balancieren auf Fässern oder Kugeln, das Springen durch Reifen oder auch das Küssen der Tiere, praktiziert von Tilly Bébé über Alex Court bis hin zu Eisbärendompteurinnen wie Ursula Böttcher und Doris Schaaff-Arndt oder dem Wildkatzendompteur Gilbert Houcke und seinem Schüler Hanno Coldam, wobei sie ein Stück Fleisch im Mund hatten, das sich das Tier als Belohnung gleichsam abholte. Heute bekommt man sie weitaus seltener zu sehen; das liegt zum einen an Bedenken hinsichtlich des Tierschutzes, zum anderen fehlt es an dazu fähigen Dompteuren.

„Ein würdevolles Tier erträgt gelassen den verrückten Dompteur"

Für das Einstudieren der Tricks benötigen Dompteure eine schier unerschöpfliche Geduld. Alex Kerr, 1920 in Glasgow geboren, pflegte sich von der daraus resultierenden Anspannung bei der Arbeit mit seinen Raubtieren zu entlasten, indem er ein ganzes Sortiment ausgesucht übler Flüche in einem gleichmäßig „sanft

Martin Lacey mit seinem Löwen im Circus Krone, Saison 2010/11.

fließenden, beruhigenden Ton" von sich gab. Dem Sinn nach war es eine Schimpfkanonade, dem Stimmfall nach die zärtlichste Schmeichelei.

Das Heben und das Senken in Tonfall und Stimme sind bis heute ein wichtiges Instrument in der humanen Raubtierdressur. Die Löwin Cuba, so erzählte der Dompteur Damoo Dhotre, vertrug es nicht, war ungehorsam und erstarrte, sprach er mit ihr laut. Am Ende der Vorführung, wenn sie allein auf ihrem Podest in der Manege saß, befahl ihr Dhotre aus voller Kehle den Abgang. Dann spielte er ein bisschen verrückt, knallte mit der Peitsche, gestikulierte wild mit der geballten Faust und machte sich, Verzweiflung vortäuschend, an den Käfigstäben zu schaffen. Die Löwin blieb stur. Schließlich ging er ohne Stock und Peitsche auf sie zu, lüpfte seinen Turban, verbeugte sich „Cuba, hinaus" murmelnd und die Gnädigste schritt würdevoll hinaus. Ahmte ein Dompteur ihre eigenen Laute nach, konnte das die Tiere überdies unendlich beruhigen. Hagenbeck erzählte, dass er einmal einen wilden Tiger, einen Neuankömmling, der im Käfig randalierte und mit den Tatzen nach ihm schlug, durch Imitation des „Tigerschnurrens", mithin in „seiner eigenen Sprache", besänftigen konnte. Vertrauen herzustellen, gelang dem Tierhändler freilich erst mit den regelmäßig verabreichten Fleischstückchen.

Spätestens mit Dompteuren wie Kerr oder dem im Jahre 1902 im indischen Poona City geborenen Dhotre begannen sich Worte wie „Respekt" und „Freundschaft" in die Beschreibungen der Beziehung zwischen Mensch und Raubtier einzubürgern. Raubtiere hatten nun „Stolz", „Würde" und eine eigene „Persönlichkeit". Zweifellos lag das auch am Einfluss der Tierschutzbewegung, die sich seit den 1930er-Jahren öffentlich immer stärker bemerkbar machte. Eine größere Rolle scheint freilich eine Einsicht gespielt zu haben, die sich bereits bei Hagenbeck findet: Die Tiere sind bei humaner Behandlung nicht nur leistungsfähiger, weil sie gern tun, was sie in der Manege vollbringen – nach diesem Prinzip werden die für sie passenden Kunststücke ja ausgewählt –, sie legen auch eine ganz andere Haltung an den Tag. Man sieht einem Tier in der Manege an, ob es misshandelt wird und leidet.

Der Dompteur muss in der Manege das Leittier sein; er muss die Raubtiere dominieren. Aber wie er diese Dominanz herstellt, ist entscheidend. Dhotre war es nicht darum zu tun, „ein wildes Tier zu meistern" oder die vermeintliche Bestie zu bändigen. Er wollte mit seinen Tieren Freundschaft schließen. Und er war sicher einer der Ersten, die nach einem Grundsatz arbeiteten, der heute allgemein üblich ist: Dhotre machte sich die Marotten und Auffälligkeiten der Tiere zunutze, um aus ihnen die Tricks zu entwickeln. Das aber ging schon weit über die Hagenbeck-Schule hinaus.

Ein Pantherweibchen etwa hatte die schlechte Angewohnheit, Dhotre anzuspringen. Daraus machte der Dompteur ein kleines Kunststück. Er legte sich einen Tuchumhang um den freien Oberkörper, der von einer leicht zu öffnenden Kette gehalten wurde. Das Pantherweibchen lernte auf Kommando zu springen und riss, als Dhotre sich blitzschnell zur Seite wandte, mit der Pranke das Tuch zu Boden – wie ein Assistent, der dem Maestro am Beginn des Auftritts aus dem Mantel hilft.

Dhotre arbeitete selbst mit Tieren, die ihm als bösartig, angriffslustig und undressierbar geschildert wurden. Wie die Leopardin Sonia. Mit ihr verstand er sich auf Anhieb. Denn „ungeachtet des über sie Gehörten war ich sicher, daß sie kein bösartiges Tier war. Bösartigkeit zeigt sich im Gesicht eines Tieres, und in

diesem sah ich keine Anzeichen dafür." Am Beginn stand das Vertrauen in das eigene Urteilsvermögen, wie es bereits Henri Martin dem Dompteur abverlangte. Dhotres respektvolle Art und Weise, sich dem Tier ganz langsam zu nähern und seine Individualität zu beachten, führte in nicht allzu langer Zeit zum Dressurerfolg. Entspannt folgte die Leopardin, glaubt man Dhotre, seinen mit der Peitsche gegebenen Anweisungen. In der humanen Dressur werden Tiere mit der Peitsche nicht geschlagen. Ihr Knallen ermahnt sie und ruft sie zur Ordnung, ist sonst aber reiner Showeffekt. Sie zeigt den Tieren vor allem die Richtung: „Ich hielt das Peitschenende über ihren Kopf und bewegte mich langsam nach rechts. Sonia hob ihren Kopf, um die Peitsche zu beobachten, und folgte ihr Schritt für Schritt durch den Käfig. Dann beschrieb ich mit der Peitsche über ihrem Kopf einen Kreis, und sie drehte sich völlig herum."

Bezeichnend für Dhotre ist seine selbstkritische Haltung als Dompteur. Damit rechnen, dass ein Raubtier urplötzlich zum Angriff übergeht, müssen Dompteure immer. Lebensgefährliche Attacken und tödliche Unfälle ereignen sich in den Manegen auch, wenn Dompteure straucheln und stolpern. Solche Unglücke ließen sich restlos nur durch das Aufgeben von Raubtierdressuren vermeiden. Verantwortlich aber ist am Ende immer der Mensch. Dhotre gestand sich, kam es zu bedrohlichen Situationen, seine Fehler ein. Denn zu den „Grundregeln aller Dressur" gehöre das Wissen, „daß an jeder Narbe der Dompteur selbst schuld ist". Als sich einmal im Zuge von Dreharbeiten zu einem Abenteuerfilm eine bedrohliche Situation ergab, die er hätte voraussehen müssen, warf er sich später vor, „eingebildet" und „selbstzufrieden" gewesen zu sein. Raubtiere erkennen ihren Dompteur am Geruch, an der Stimme und am Aussehen. Dhotre war am ganzen Körper geschminkt und roch auch noch anders. Nur weil er geistesgegenwärtig begann, ununterbrochen mit ihr zu reden, hat ihn die Leopardin Sonia schließlich an seiner Stimme erkannt.

Man kann darüber streiten, ob und wie Raubtiere in der Manege präsentiert werden sollten. Immerhin kam der historische Zirkus über ein halbes Jahrhundert lang mit heimischen Haustieren aus, mit Pferden, Eseln, Hunden, Enten, Gänsen, Ziegen, Hühnern, Mäusen, Ratten, Flöhen oder Schweinen. Doch durch

Ursula Böttcher mit ihren Eisbären, 1983.

die zirzensischen Dressuren mit Wildkatzen wuchsen auch Wissen und Erfahrung über die Beziehungen zwischen Raubtier und Mensch. Und damit nicht zuletzt die Möglichkeiten, die Tiere zu schützen, ihre Krankheiten zu kurieren, sie vor dem Aussterben zu bewahren.

Vermutlich gibt es auch heute noch Dompteure, die Zwang ausüben, Schmerzen zufügen und ihre Tiere misshandeln. Die Regel dürfte das nicht sein. Man erzielt Dressurergebnisse, wie sie Claire Heliot, Tilly Bébé, Ursula Böttcher und Doris Arndt vorführten, unmöglich mit Gewalt. Kein Dompteur dürfte allzu lange Raubkatzen überleben, die er sich zugleich zum Feind macht und quält. Und die Legende von der bösartigen, grausamen und mordlustigen Bestie haben die Hagenbecks gründlich widerlegt.

EXOTISCHE RIESEN-WANDER-MENAGERIE!

*Hier sehen Sie, wie einer erst mutlos
an Barnum und Bailey vorbeitrottet und dann
am Ende doch noch triumphiert.*

Werbeplakat für den Circus Barum, 1931. Wie Krone und Holzmüller war der Circus Barum aus einer Menagerie entstanden.

BESICHTIGUNG DER ELEFANTEN,
PELIKANE, KAMELE,
KROKODILE UND GIRAFFEN BEI KRONE

Bei Magdeburg wälzte sich im Juli 1900 eine Riesen-karawane Elefanten, Kamele, Nashörner, Zebras, Gi-raffen, Löwen, Tiger, Panther, Pferde, Affen, kurzum alles, was Gott an prächtigen Tieren in die Welt ge-setzt hat, über die Elbebrücke. Gepäck-, Schmiede-, Prunk-, Zelt- und Wohnwagen mit Zirkusartisten aller Sparten holperten hinterdrein. Und allerlei Wunder-freaks zogen mit, Männer mit Löwen- oder Vogelköp-fen, Damen mit Bart und ohne Unterleib, Tätowierte, die sich als lebende Bildergalerien präsentierten, Zyk-lopenjungen und Kleinwüchsige mögen es gewesen sein. Das Zelt, in dem sie ihre Vorstellungen gaben, hatte drei Manegen, und in den Pausen konnte man Menschen und Tiere in einer Sideshow bewundern. „The Largest Grandest Best Amusement Institution", das gigantische Unternehmen von BARNUM & BAILEY, befand sich im Zuge seiner zweiten Europatournee auf dem Weg zum nächsten Gastspielort.

An ihm vorbei zog in die andere Richtung eine kleine Wandermenagerie. Sie besaß nur einen einzi-gen Elefanten. Zu gern hätte der sich jetzt seinen Ver-wandten aus den USA angeschlossen. Mit Mühe brach-te ihn Carl Krone jun. davon ab.[10] Es sollten noch über zwei Jahrzehnte vergehen, bis der zukünftige Zirkus-direktor über stolze 27 Dickhäuter verfügte. Einstwei-len dachte er an höchstens einen zweiten. Aber der Elefant, so viel war sicher, musste zu seinem Wappen-tier werden.

Von der Menagerie
in die Manege

Wie das der Holzmüllers oder der Kreiser-Barums ist das Zirkusunternehmen von Carl Krone aus einer Menagerie hervorgegangen. Menagerien mit exoti-schen Tieren gab es in Europa seit Jahrhunderten, ob im Tower of London oder im Schloss von Lissabon, in den Residenzen italienischer Fürsten oder den Park-anlagen von Versailles und Schönbrunn, später sogar auf der Pfaueninsel in Berlin. Doch erst Mitte des 18. Jahrhunderts, als die ersten Wanderunternehmen entstanden, sollte es auch Nichtadligen vergönnt sein, seltene und exotische Tiere kennenzulernen. Als Fahrgeschäfte zogen die Wandermenagerien von Ort zu Ort und zeigten gegen Entgelt ihren Tierbestand auf Messen und Jahrmärkten. Selbst Großwildtiere gab es immer häufiger zu sehen. Angemessen unter-bringen, halten und pflegen konnten die Wandeme-nagerien sie nicht. Zu trauriger Berühmtheit haben es die zwei Elefanten des Berliner Tierhändlers und Schaustellers Garnier in den Jahren 1819/20 gebracht. Als sie, durch Schüsse und Lärm verstört und aufge-reizt, nicht mehr zu bändigen waren, erschoss man sie kurzerhand mit Kanonenkugeln. Vorfälle wie diese gehören in die dunkelsten Kapitel der Beziehungsge-schichte von Mensch und Tier.

Im letzten Jahrzehnt vor der Gründung des deut-schen Kaiserreichs, als Renz das Nonplusultra euro-päischer Zirkuskunst war, reisten die Krones noch mit einer Afrika-Schau über Land.[11] Die sollte sich freilich schon bald nicht mehr rentieren. So entstand 1870 die mit zwei Käfigwagen, einem Pack- und einem Wohnwagen ausgestattete MENAGERIE CONTINENTAL. Bären und Wölfe bildeten den ganzen Tierbestand.[12] Er wurde im Zelt präsentiert; Carl Krone sen. höchstselbst bat das Publikum einzutreten. Zu alledem gab es Drehorgelmusik. Gleich seinen Geschwistern produzierte sich auch der jüngste Sohn, der wie sein Vater Carl hieß, schon im Kindesalter als Tierbändiger. Zwei Bären animierte der ältere Bruder dazu, sich um die eigene Achse zu drehen; die Schwestern scheuchten die Wölfe und ließen sie über eine Stange springen. Eines Tages krümmte Carl Krone jun. seinen Rücken zu einer „lebenden Barriere", über die die Wölfe fortan von einem Podest aus hinwegsetzten. Bis einer der Bären den Bruder Fritz anfiel, vermutlich durch eine ungeschickte Bewegung provoziert. Fritz starb nach einem beschwerlichen Weg ins ferne Krankenhaus, Carl Krone sen. stellte die Dressuren ein. Seinen Sohn Carl gab er zu Verwandten nach Berlin, damit er dort die Schule besuchen konnte. Von ihnen bekam der junge Carl als Lohn für ein gutes Zeugnis einen Besuch im CIRCUS RENZ geschenkt.

Als Carl Krone jun. in die väterliche Menagerie zurückkehrte, war das Unternehmen gewachsen. Ab 1885 gab es einen Elefanten; 7000 Mark soll der Dickhäuter gekostet haben. Der sechzehnjährige Carl hatte ihn zu betreuen. Vom Pfleger, der ihn überbrachte, erhielt er nur eine Handvoll knapper Tipps für den Umgang mit dem Tier. Jahrzehnte später schrieb Carl Krone:[13]

„Pluto zeigte sich durchaus als gesitteter und wohlerzogener Reisebegleiter. Bis mir nach vielen Meilen dann doch die Hitze zu arg wurde und die steinige Landstraße mir allzu sehr auf den Fußsohlen brannte. Ich ließ daher den Elefanten den linken Fuß heben und kletterte über diesen auf seinen breiten Rücken hinauf. Pluto aber passte das durchaus nicht in den Kram. Laut trompetend begann er hin- und her zu springen und stieß mit wütendem Ruck so lange die Stoßzähne in den Boden, bis die ‚süße Last' sich ächzend im Staub der Landstraße wälzte. Ich habe noch oft den glei-

chen Versuch wiederholt, und erst, als es keine Stelle meines Körpers mehr gab, auf die noch ein blauer Fleck gepasst hätte, habe ich den Fall als hoffnungslos aufgegeben."

Allmählich erweiterte sich der Tierbestand der Krones um eine Reihe exotischer Tiere, eine Hyäne, Affen und ein Lama. Und auch um eine „blinde Löwin", die die Kasse klingeln ließ. Kurzzeitig wurde das Geschäft in KRONES ZOOLOGISCHE AUSSTELLUNG umbenannt. Der Name zog und die Einnahmen stiegen. Leicht war das Leben in einer Wandermenagerie nicht. Im Winter konnten die Krones aus Geldmangel nicht pausieren. Geheizt wurde mit Koksöfen. Aber die Kälte kroch überall hin.

Vor allem hatte der junge Carl Krone Pläne. Er bestand nicht nur beharrlich auf neuen Tierdressuren, er wollte sie auch selber ausführen. Und nun war da auch noch ein Elefant. Ein afrikanischer überdies: „Der Afrikaner hat Riesenohren, einen gedrungenen Körper, und beide Geschlechter tragen Stroßzähne; der Asiate besitzt kleinere Ohrlappen, einen gewaltigen Schädel, einen gestreckteren Körper, und nur die Bullen sind Stoßzahnträger." Das muss man wissen, will man Elefanten kaufen und dressieren.

Und Carl Krone jun. liebte Löwen. Eine vierköpfige Gruppe Jungtiere nahm er selbst am Bahnhof in Empfang und arbeitete mit ihnen ausdauernd und mit Geschick. Prompt bekam er gute Presse, als er mit der Dressur unter dem Namen „Monsieur Charles" zum ersten Mal in der väterlichen Menagerie auftrat: „Hier gab der jüngste Dompteur der Welt sein Debüt. Monsieur Charles führt ohne Stock und Peitsche vier Löwen vor und springt mit ihnen um, als wären es keine Raubtiere, sondern Hauskatzen." In Schwerin kaufte Carl Krone jun. einem alten Schausteller Krokodile, Schlangen und eine Schildkröte ab. Nicht nur beim Kauf hatte er Geschäftssinn bewiesen; er wusste die „Ungeheuer", die sie für die meisten Menschen in Deutschland trotz zoologischer Gärten noch immer darstellten, auch marktgerecht und wirkungsvoll zu präsentieren. Schließlich schaffte er ein eigenes Vorführzelt an. Was BARNUM & BAILEY im großen Stil betrieben, versuchte Carl Krone jun. nun im Kleinen: eine Sideshow zum väterlichen Unternehmen.[14]

Die Menagerie
Continental 1884
in Breslau.

„Weltberühmter zoologischer Zirkus: Riesen-Elefantin mit Elefanten-Baby"

In Hamburg wurde „Monsieur Charles" in Wilhelm Hagenbecks Dressurschule vorstellig. Als „Schiet mit de Leuwen" soll Hagenbeck die Löwendressur des jungen Krone bezeichnet haben. Erzählt wird, dass Carl Krone jun. der Erfinder des Laufgangs gewesen sei, der den Zentralkäfig in der Manege mit den außerhalb befindlichen Käfigwagen verband. Im Gespräch mit Wilhelm Hagenbeck soll er diese Idee vorgestellt und entwickelt haben. Jedenfalls erhielt er die Erlaubnis, Hagenbecks Paradenummer des *Löwen zu Pferde* vorzuführen, was er in einem weiteren, angekauften Zelt ein paar Jahre später auch tat. Eine alte Reklame-Anzeige mit einer Zeichnung dokumentiert die dem Repertoire der Hagenbecks entlehnte Dressurnummer von „Monsieur Charles". Das Unternehmen hieß nun MENAGERIE-CIRCUS. Ganz unten auf der Anzeige war klein und unscheinbar vermerkt: „Schlachtpferde, Kaninchen und Tauben werden täglich angekauft". Der Futterbedarf muss bei den Königstigern, Jaguaren,

Leoparden, Riesen-Eisbären, Hyänen, Wölfen und Braunbären wohl außerordentlich groß gewesen sein. Und später sollte es auch noch Pelikane und Seelöwen geben.

Ebenfalls in Hamburg, beim Gastspiel von AHLERS AFFENTHEATER, lernte der Junior Ida Ahlers kennen, die Tochter des Unternehmers. 1902 sollten sie heiraten. Später und bis ins Jahr 1913 führte Ida Krone die hauseigene Berberlöwengruppe, ganze vierundzwanzig Tiere, in der Manege vor. Ihr Vater Benoit Ahlers, der sein Unternehmen 1904 dem MENAGERIE-CIRCUS seines Schwiegersohns angliederte und so die Sideshow bereicherte, präsentierte bei Krone künftig die Pferdedressuren.

Berlin, genauer der Rosenthaler Platz, wurde zum ersten Gastspielort des selbstständig mit einem noch ganz kleinen Raubtier-Circus reisenden jungen Carl Krone. Im Jahre 1900 starb Carl Krone senior. Er hinterließ einen wahren Schuldenberg, den sein Sohn nun abzutragen hatte. Danach begann der schrittweise Aufbau des zukünftigen Großzirkusunternehmens. Am 28. Mai 1905 gab Carl Krone mit dem CIRCUS CHARLES in Bremen seine Eröffnungsvorstellung – in

Das boxende Känguru war eine der beliebtesten Nummern im
Zirkus, Varieté und frühen Stummfilm. Hier im Kampf mit dem
Clown Franck Anderson im Pariser Cirque Medrano, 1952.

einem neuen, großen Zelt. Die Kapelle bestand aus
fünfzehn Musikern. Neben einer stattlichen Anzahl an
Raubtieren und Pferden verfügte das junge Zirkusunternehmen auch über einen Elefanten, über Strauße,
Pelikane, exotische Vögel, Schlangen und Krokodile
sowie das Affentheater von Carl Krones Schwiegerva-
ter. Bald gehörten eine eigene Sattlerei, Schlosserei,
Schneiderei, Schmiede und Tischlerei zum Geschäft.
Eines schönen Tages gab es auch eine Giraffe. Sie hieß
Marguerite und bekam einen eigens für sie angefertig-
ten Transportwagen. Sie war eine der Attraktionen
des Unternehmens, zumal Giraffen sehr schwer zu
dressieren sind. Schon 1875 hatten Giraffen beim alten

Renz in der Pantomime *Ein afrikanisches Fest der Königin von Abessinien* einen Prachtwagen durch die Manege gezogen. Zum regulären zirzensischen Tierbestand wurden sie jedoch erst mit Hagenbeck. In den
1930er-Jahren ließen die Krones für die Giraffe Gretl
einen beheizbaren Spezialwagen bauen, schreibt der
Krone-Biograf Klaus-Dieter Kürschner. „Der einmalige
Giraffen-Wagen ist 4,50 Meter hoch; eine Hydraulik-
anlage ermöglicht per Knopfdruck das Senken des
Dachs, immer wenn der Giraffen-Truck unter Brücken
hindurchrollen oder in Tunnels einfahren muss. Den
Giraffen macht das nichts aus, denn sie sind daran ge-
wöhnt, und ziehen es sowieso vor, im Liegen zu reisen,

Die von Christel Sembach-Krone dressierte Giraffe Baluku im Circus Krone, 1976.

denn ihre staksigen Beine sind nicht so ‚ausgelegt‘ wie die von Seeleuten auf einem schwankenden Schiff." Heute wird die Haltung von Giraffen im Zirkus zu Recht heftig kritisiert.

Zurück zu den bescheidenen Anfängen des Unternehmens. Um halb acht Uhr abends lud man das Publikum ein, der Fütterung der Tiere zuzusehen. Und zwischen zehn Uhr morgens und sechs Uhr abends war die Menagerie gegen ein Entgelt von dreißig Pfennig zu besichtigen. So viel kostete auch ein Galerieplatz im Zirkuszelt, in dem man täglich eine Nachmittags- und Abendvorstellung gab. Auf dem zweiten Platz zahlte man sechzig Pfennig, auf dem ersten eine

Mark und auf dem Sperrsitz fünfzig Pfennig mehr. Die Eintrittspreise waren, wie es in der Reklame-Anzeige hieß, den „heutigen Zeitverhältnissen" angepasst. Und wie es damals üblich war – ganz gleich, ob man ein Panoptikum, einen Vergnügungspark oder einen Zirkus besuchte –, zahlten Soldaten „vom Feldwebel abwärts" und Kinder unter zehn Jahren die Hälfte des Eintrittspreises. In den ganz großen Unternehmen wie Busch und Schumann, zu denen Krone damals noch nicht zählte, war der Eintritt für ein Kind pro erwachsenen Besucher frei. Hatte CIRCUS CHARLES auch nicht die Dimension des Hagenbeck'schen Unternehmens, von BARNUM & BAILEY ganz zu schweigen,

so war doch sein Aufbau ganz diesen beiden Vorbildern geschuldet. Gewiss, es gab auch eine Pferdedressur. Aber weder war sie eine Angelegenheit der Direktion noch hatte sie gegenüber den Raubtier- und Exotendressuren allzu viel Gewicht. Damit aber lagen die Krones 1905 im Trend der Zeit.

Im Frühjahr 1914 gab Carl Krones CIRCUS CHARLES ein Gastspiel in Wien. Die Zuschauer strömten in Scharen. Bis am 28. Juni ein serbischer Nationalist in Sarajewo das österreichische Thronfolgerehepaar Franz Ferdinand und Sophie Gräfin Chotek ermordete. Zwei Wochen lang ruhte der Zirkusbetrieb. Danach blieb das Publikum aus; die zuerst so erfolgreiche Tournee war vorüber. Im August war es auch mit dem Frieden vorbei. Im Ersten Weltkrieg waren der Transport, die Futterversorgung, das Engagement von Artisten schwer zu bewältigende Herausforderungen. Weil Pferde keine große Rolle in Krones Manege spielten, wurden ihm wenigstens nicht seine wichtigsten Akteure vom Militär beschlagnahmt. Seinen Namen „Charles" aber hat Krone dem kriegerischen Zeitgeist geopfert. Ein rosafarbener Überklebezettel auf dem Programmheft verlautbarte: „Zur Beachtung! Zufolge der Bestrebungen zur Reinigung unserer Sprache von allerlei Fremdwörtern und Französeleien habe auch ich mich entschlossen, mitzutun, und bitte davon Kenntnis zu nehmen, dass ich meine seitherige Firma

‚Circus Charles‘ gestrichen habe, um dafür in Zukunft den Namen ‚Circus Krone‘ zu führen. Alle ferneren Zuschriften bitte also mit der Aufschrift ‚Circus Krone' zu versehen."

Circus Krone wird in München sesshaft

Im Juni 1919, nach Ende des Ersten Weltkriegs entschieden die Krones, sich in München niederzulassen – trotz der revolutionären Unruhen und Straßenkämpfe, die mit der Gründung der Bayrischen Räterepublik verbunden waren. Ein stationärer Zirkusbetrieb und Tourneen sollten künftig ihr wirtschaftliches Überleben sichern. Mit einer Galavorstellung eröffneten Carl und Ida Krone am 10. Mai 1919 ihren festen Zirkusbau auf dem Münchner Marsfeld. Während der Sommermonate gingen die Krones regelmäßig auf Tournee, bereisten Deutschland und Europa.

Während in den 1920er-Jahren viele Zirkusunternehmen um ihre Existenz kämpfen mussten, sollten die Krones auf Erfolgskurs bleiben. 1931 wurde ihr Kapital auf 25 Millionen Goldmark geschätzt. Wie Sarrasani repräsentierten sie nicht nur den neuen Zirkusstil; infolge mangelnder Bindung an die alten Eliten mussten sie auch keinen Trennungsschmerz überwin-

Revolution im Circus Busch

In den Revolutionstagen hatte es so mancher Zirkusunternehmer schwer. Paul Buschs Berliner Zirkusbau am Bahnhof Börse wurde von Revolutionären besetzt. Sie wollten dem alten Kommissionsrat mit der militärisch-straffen Haltung, für den mit dem Sturz der Monarchie eine ganze Welt zusammengebrochen war, den Zutritt zu seinem Gebäude verwehren. Das misslang. Paula Busch schrieb 1957 in ihren Memoiren:

„ ,... und fordern wir Sie hiermit auf, sofort den Ballettmeister Riegel zu entlassen, andernfalls wir gegen die Direktion Maßnahmen ergreifen werden. Die Ballettätinnen des Circus Busch, gez. Ottilie Pfannstiel.'
Ich gehe mit diesem Schreiben hinüber in Vaters Büro.

,Ja', nickt der alte Herr, ,bei mir ist vor 'ner halben Stunde der Requisiteurrat gewesen. Und für heute Nachmittag hat sich der Kutscherrat angemeldet. Alle wollen sie jetzt mitregieren! Soll'n se!'

,Aber Vater, ich bitt' dich! Das geht vielleicht in einer Fabrik. Aber doch nicht bei uns im Zirkus!'

Paul Busch winkt ab: ,Keine Aufregung, mein Kind. Es kömmt sich alles, wie meine Großmutter zu sagen pflegte. In Revolutionszeiten muss man sich wahrscheinlich an Überhitzungen und Überspitzungen gewöhnen ... Bitteschön, habe ich zu den Herren Requisiteurräten gesagt, wenn Sie schon Budget- und künstlerisches Mitbestimmungsrecht bei unsren Pantomimen haben wollen – – bitte, meine Herren, übernehmen Sie die Gesamtleitung meiner Zirkusse! Nur eine Bedingung müssen Sie erfüllen: Meine große Zirkusfamilie, für die ich ein Vierteljahrhundert nach bestem Wissen und Gewissen gesorgt habe – diese Zirkusfamilie darf in den nächsten zwei Jahren nicht brotlos werden! Können Sie mir Garantie dafür geben?'
– – – Da haben die neuen Räte den alten Rat verdutzt angeschaut und sind brummend abgezogen ...“

Paula Buschs Erinnerungen sind nostalgisch gefärbt. Denkwürdig und beredt ist die Auffassung des Zirkusensembles mit seiner klaren Hierarchie als Großfamilie. Unüberlesbar ist auch der paternalistische Zug, den Paul und Paula Buschs Vorstellungen von der Beziehung zwischen Direktor und Ensemble trugen. So wie Ernst Jakob Renz und der alte Carl Hagenbeck die sehr anders geartete 1848er-Revolution überstanden – man erinnere sich an Renz' Wohltätigkeitsvorstellungen zugunsten der hungernden Armen und der Märzgefallenen –, so sollten die Buschs auch den Wechsel der Staatsform verkraften. Gewiss, die alte aristokratisch-militärische, elegante und mondäne „Pferdelebewelt" passte nicht mehr zu Demokratie und Republik. Den Phantomschmerz lebte Paula Busch gemeinsam mit Adolf Steinmann auf sehr spezielle Weise in ihren nationalistischen Pantomimen aus. Aber sie passte sich dem neuen Geist mit ihren Revuen und einer Vorliebe für bestimmte Exoten auch an. Der junge Carl Krone hatte die Faszinationskraft, die Riesenschlangen auf das Publikum ausübten, früh erkannt. Nun wandte sich auch Paula Busch den Reptilien zu. In der Pantomime *Die Schlange der Durgha* trat sie mit der Riesenschlange Kleopatra auf. Hagenbeck, der ihr den „Drei-Meter-Brocken" verkauft hatte, soll ihr geraten haben, Kleopatra einen für das Publikum unsichtbaren Haarmaulkorb anzulegen. Das tat sie nicht. An Mut hat es Paula Busch zeitlebens nicht gefehlt.

den. Einzig Carl Krones Lieblingsmusik in der Manege, der Triumphmarsch aus Giuseppe Verdis Oper *Aida*, verrät mit ihrem imperialen Gestus noch die Sozialisation des Direktors im wilhelminischen Kaiserreich. Mitte der 1920er-Jahre expandierte das Unternehmen. Wie BARNUM & BAILEY bespielte nun auch Carl Krone eine Zeit lang ein Drei-Manegen-Zelt. Darüber hielt er später in seinen Aufzeichnungen fest:

> „Und hier erfüllte sich nun endlich mein lang gehegter Plan, den Zirkus zu schaffen, der der neuen Zeit entsprach. Das durfte kein Rundcircus mehr sein. Es musste eine Riesenhalle werden, in der wie ein toller Wirbel die Attraktionen durcheinander fegten ... So entstand der erste europäische 3-Manegen-2-Bühnen-Circus. Er erforderte natürlich, wollte er seinen Zweck erfüllen, eine riesige Vermehrung von Material und Personal, und er zwang mich ebenfalls zu einer erheblichen Vermehrung meines Tierbestandes."

Um die zehntausend Zuschauer fanden in dem neuen Viermaster Platz. Im zweiten der drei Ringe präsentierte der Münchner Zirkusunternehmer seine Hauptattraktion: „Elefantenherde, dressiert und vorgeführt von Direktor Carl Krone!" Er hatte jetzt erreicht, woran nicht im Entferntesten zu denken war, als im Jahre 1900 die große Elefantenkarawane der amerikanischen Zirkuskönige auf der Elbebrücke bei Magdeburg an ihm vorbeigezogen war. Einer der größten Triumphe Carl Krones aber wird wohl John Ringling North' Besuch einer seiner Zirkusvorstellungen im Jahre 1939 gewesen sein. North war Präsident der fusionierten Zirkusgroßunternehmen RINGLING BROS. AND BARNUM & BAILEY.

1927 führte den CIRCUS KRONE eine außerordentlich erfolgreiche und einträgliche Spanien-Tournee nach Barcelona, Valencia, Granada, Malaga und Madrid. Der spanische König Alfons XIII. besuchte einige Vorstellungen, und zu diesem Anlass trug das aus achtzig Tänzerinnen bestehende Corps de ballet als Trikot die spanische Flagge. Der König soll dem Zirkusdirektor

Der Rad fahrende Elefant Bijoya im Circus Krone.

Werbeplakat des Circus Knie, 1925.

einen hohen Orden verliehen haben; überliefert ist auch ein Besuch Alfons XIII. im Zirkuswagen, bei dem er äußerte: „Hier fühle ich mich zu Hause!"[15] Warum auch nicht. In Bilbao war der Publikumsandrang so groß, dass der Kassenwagen umzukippen drohte. Zur Sicherheit ließ Krone seinen Elefanten Assam neben dem Wagen ‚Posto beziehen'.

Wie Carl Strassburger, so hat auch Carl Krone seine Gastspielorte in den 1920er-Jahren mit Bedacht ausgewählt. Wo sich die dauernden Wirtschaftskrisen nicht so stark ausgewirkt hatten, konnte auch ein Zirkusunternehmen noch Gewinne einspielen. Und hier hatte Carl Krone sehr viel mehr Glück und bewies wohl auch ungleich mehr Geschick als sein Konkurrent Hans Stosch-Sarrasani, den allerdings mitunter nicht einfach nur das Pech, sondern auch missgünstige Kollegen verfolgten. Organisiert war Krones Großzirkus inzwischen wie ein Industriebetrieb: An der Spitze stand wie der Firmenchef der Direktor. Ihm untergeordnet waren eine technische Verwaltung, ein Tierpark mit den Stallmeistern, eine künstlerische Leitung, eine kaufmännische Verwaltung und eine Betriebsverwaltung. Alle diese Abteilungen waren im Innern ihrerseits in hierarchisch geordnete Unterabteilungen mit weiteren kleinen Verzweigungen bis hin zur Kassiererin gegliedert. So ließ sich ein modernes Zirkusunternehmen straff am jeweils kurzen Zügel führen. Und immer wieder auch die eine oder andere Phase wirtschaftlicher Engpässe bewältigen. Auch die Krones erlebten, wie die meisten anderen Zirkusse, zwischen 1928 und 1934 eine Zeit stagnierender oder gar ausfallender Einnahmen. Allein schon die Arbeitslosigkeit bewirkte einen Zuschauerschwund.

Ab Mitte der 1930er-Jahre prosperierte das Unternehmen wieder. Carl Krone war schon 1932 der NSDAP beigetreten. 1937 folgte ihm sein Schwiegersohn, der Dompteur Carl Sembach-Krone. Zwei Jahre zuvor hatte er Ida, Carl Krones Tochter Frieda, die als Schulreiterin auftrat, geheiratet. Das bedeutete für ihn den Abschied von den Raubtieren; er spezialisierte sich auf die Pferdedressur. So kehrte wenigstens teilweise bei den Krones die alte Tradition des Pferdezirkus zurück. Auch die 1936 geborene heutige Direktorin Christel Sembach-Krone hat die Schulreiterei und Pferdedressur fortgeführt. Als Carl Krone 1943 starb, übernahm Carl Sembach-Krone die Direktion.

1937 eröffneten die Krones eine Tierfarm in Weßling. Sie dient bis heute der Aufzucht der Tiere und bietet ihnen die Möglichkeit zum Auslauf, aber auch einen Platz zum Altern, wenn ihre Glanzzeit in der Manege vorüber ist. Während des Luftkriegs brachten die Krones viele ihrer Zirkustiere hier unter. Deshalb büßten sie weniger Tiere ein, als der Münchner Krone-Bau im Dezember 1944 bei einem Luftangriff zerstört wurde. Die Verluste Paula Buschs und Trude Stosch-Sarrasanis waren ungleich größer. In Weßling erlebten die Krones und ihre Tiere auch die Befreiung und die erste Nachkriegszeit. Schon ein Jahr nach der Zerstörung gaben die Krones ihre Premiere im neu errichteten Zirkusgebäude an der Marsstraße.

Dann wurden die Krones von ihren Verstrickungen mit dem Nationalsozialismus eingeholt. Im Zuge der Entnazifizierung kam das Unternehmen 1946 in treuhänderische Verwaltung. Das private Vermögen der Familie wurde konfisziert. Hitler hatte im Krone-Bau Reden gehalten und darüber in *Mein Kampf* ausführlich berichtet. Und die beiden aufeinanderfolgenden Direktoren Carl Krone und Carl Sembach-Krone waren NSDAP-Mitglieder. Sie mögen der NSDAP aus Opportunismus beigetreten sein, hierfür verantwortlich waren sie durchaus. Schließlich wurden der bereits verstorbene Carl Krone und sein Schwiegersohn Carl Sembach-Krone als Mitläufer eingestuft. Die Krones erhielten ihren Besitz und die Lizenz zur Führung ihres Zirkusunternehmens zurück.

Rasch wurde der CIRCUS KRONE in den darauffolgenden Jahrzehnten wieder zu einem der berühmtesten Zirkusunternehmen Europas. In der Programmgestaltung blieben die Krones immer konventionell, passten sich aber behutsam dem Zeitgeist an. Frieda Sembach-Krone ritt nicht nur Hohe Schule, sondern präsentierte auch die traditionellen Elefanten-Dressuren des Unternehmens. Carl Sembach-Krone und die Tochter Christel spezialisierten sich auf die Pferdenummern. 1962 eröffnete das hochmoderne Krone-Zirkusgebäude mit freitragender Kuppel; mehr als fünf Jahrzehnte lang wurde die dort aufgenommene Show *Stars in der Manege* im Fernsehen ausgestrahlt. Neben professionellen Zirkuskünstlern traten dort Prominente aus Kultur und Politik als Artisten, Dompteure oder Clowns auf; die Einnahmen kamen wohl-

Werbeplakat des US-amerikanischen Zirkusunternehmens Barnum & Bailey. Von der „World's Largest Grandest Best Amusement Institution" war auch der junge Carl Krone beeindruckt.

tätigen Zwecken zugute. Inzwischen wurde die Sendereihe eingestellt. Aber der Zirkus hat den Abschied von den Fernsehteams überlebt. Seit dem Tod von Carl Sembach-Krone im Jahr 1984 und Frieda Sembach-Krone im Jahr 1995 leitet die gemeinsame Tochter Christel das Unternehmen allein.

Noch immer bespielt das Zirkusunternehmen den festen Krone-Bau in München während der Wintersaison und geht im Sommer auf Tournee. Mit Christel Sembach-Krones Patentochter, der Schulreiterin Jana Mandana, die schon im Alter von drei Jahren durch die Manege ritt, ist auch die Nachfolge in der Direktion gesichert. Gut möglich, dass sich der Tierbestand des Zirkusunternehmens in den kommenden Jahren ändert. Auf der Agenda steht seit Langem auch in Deutschland das Wildtierverbot. Zukunft haben kann der Zirkus aber auch ohne Elefanten, Giraffen, Nashörner und Flusspferde.

CIRCUS SARRASANI

Eine Scene aus Wildwest

SENSATIONELLE NOVITÄTEN!

Und nun der wahrhaftigste Maharadscha,
die waschechtesten Indianer,
der tapferste Fakir, der stärkste Mann
und der geschickteste
Entfesselungskünstler des ganzen Universums.

Der Fakir Blacaman im Circus Busch, 1928.

FAKIRE, KRAFTMENSCHEN
UND INDIANER IN SARRASANIS
WUNDERWELT

Elefantenbaden in der Elbe! Mit dem legendenumwobenen Maharadscha Hans Stosch-Sarrasani erhielt Dresden neuen Charme. Zeitlebens spann Sarrasani Legenden um sich und sein Unternehmen. Unausgesetzt erfand er sich selbst neu. Und zur Eigenwerbung ließ sich ja fast alles verwerten.

Begonnen hatte Hans Stosch, der Sohn eines sächsischen Glasfabrikanten, seine Zirkuskarriere als Stallbursche, Bereiter und Clown bei einer Wanderschau. Er lebte sparsam und investierte in einen eigenen Tierbestand. Bald besaß er zwei Affen, einen Ziegenbock, ein Schwein und einen Esel. Bescheidene Anfänge eines Zirkusunternehmens, das in der Zwischenkriegszeit zu den größten Europas gehören sollte. Früh legte sich Hans Stosch den Namen ‚Sarrasani‘ zu.[16] Vermutlich war er leicht modifiziert einer viel gelesenen Novelle Honoré de Balzacs entlehnt. Um 1900 hat Sarrasani einen Zeltzirkus begründet. Bot er anfangs noch ein ganz klassisches Zirkusprogramm, entdeckte er bald Reiz und Erfolg von Sensationsnummern. Berühmt war damals Bizarres wie das Boxende Känguru das der Stummfilm zum Leinwandstar gemacht hatte. Aber auch Elefanten traten mit Boxhandschuhen auf dem Rüssel gegen ihre Dompteure an. Bei Sarrasani vollführte später der Terrier Riego einen halsbrecherischen Loopingakt. Auch Fakire, Kraftathleten und todesmutig über dem Löwenkäfig kreisende Radfahrer waren *en vogue*. Am meisten geliebt aber hat Hans Stosch-Sarrasani seinen Mitarbeitern zufolge Indianer.

„Indianer kommen!"

Seit William Frederick Cody mit seiner Wildwest-Show von 1887 bis 1892 durch Europa getourt war, kannte man auch in Deutschland leibhaftige Büffeljäger und Indianer. Ab 1905 konnte man Buffalo Bills Abenteuer in Deutschland auch im Groschenheft studieren. Die *Lederstrumpf*-Erzählungen und -Romane von James Fenimore Cooper wurden ebenso gern gelesen wie später die *Winnetou*-Bücher von Karl May. Hier waren die Indianer freilich stets ‚edle Wilde‘. Mit Cody kamen die ‚echten‘, die sich allerdings, um erfolgreich zu sein, ganz der Erwartung des Publikums anschmiegen mussten. Schon 1890 war Cody in Dresden aufgetreten, 1906 dann erneut. Er hatte sich einst bei einer Eisenbahn-Gesellschaft verdingt, um für die Nahrungsversorgung der Arbeiter Büffel zu schießen; als Kundschafter der US-Army war er in einige der Kämpfe gegen die Indianer verwickelt. Und manchmal bezog er daraus die Vorlagen für seine Shows. Für sie wurden später auch so prominente Indianer wie Sitting Bull angeworben.

In den Vereinigten Staaten hatte man begonnen, die Indianer in Reservate zu verbringen. Bevor man sich anschickte, ihren einstigen Alltag stereotyp und Gewinn bringend in Shows zu inszenieren, hatte man ihre Lebensgrundlagen zerstört. Gemeinsam mit eigens hierfür angeheuerten Indianern absolvierte Cody das für Wildwest-Shows übliche Programm. Es gab eine Büffeljagd, einen Postkutschenüberfall, den

Sarrasanis Elefanten baden
in der Elbe, 1906.

Kampf am Little Big Horn, verschiedene Gefechts-, Raub- und Tanzszenen: „Wenn sich die kreischenden, barbarischen Indianer auf ihre armen, weißen Opfer stürzen, prescht im allerletzten Moment ein Rettungskommando herbei, angeführt von keinem anderen als Buffalo Bill. Und das alles für fünfzig Pfennig!" 1910 hatte Carl Hagenbeck ebenfalls eine Schau mit Sioux-Indianern im Repertoire.

Als Sarrasani im März 1913 in Dresden erstmals Indianer zeigte, folgte er lediglich Jahrzehnte alten Schablonen. Die erste von ihm angeheuerte Indianer-Truppe hatte bereits Erfahrungen im Showgeschäft. Ihre Ankunft auf dem Dresdener Hauptbahnhof war ein gesellschaftliches Ereignis erster Güte. Die Kinder erhielten schulfrei, „um die leibhaftigen Gestalten

ihrer fantastischen Träume" in Empfang zu nehmen. Die *Dresdner Nachrichten* berichteten minutiös:

„Die Polizei hatte eben mit Mühe und Not ein wenig Ordnung in die wogenden Massen auf dem Wiener Platz gebracht, die Photographen sich in Positur gesetzt, da kam unter schmetternden Trompetenklängen die vom Zirkus Sarrasani gestellte Ehreneskorte durch die Prager Straße geritten. Kaum hatte sie in der Nähe des Fürstensalons Aufstellung genommen, da tauchten schon im Seitenportal der Bahnhofshalle die vertrauten Federbüsche auf, die hohe kräftige Menschengestalten zierten. Sie waren in ‚full dress', grauenhaft gelb und rot bemalt, genauso, wie sie in der

Von Sarrasani engagierte Indianer, die als Sioux-Truppe in der Wildwest-Show auftraten, um 1913.

Phantasie eines richtigen Jungen leben. Das Gedränge um die Rothäute wurde geradezu beängstigend. [...] Die Fenster waren überall dicht besetzt, der Fahr- und Fußverkehr stockte völlig, und mit unnachahmlicher, hoheitsvoller Missachtung blickten die gefeierten Gäste von hohen Rossen auf die indianerbegeisterten Dresdner herab."

Fast hatte der Empfang das Format eines Staatsakts. Doch dergleichen war im wilhelminischen Kaiserreich beim Eintreffen von Völkerschaugruppen nicht unüblich. Die Veranstalter nutzten die Ankunft, um kostengünstig Reklame für ihre Schaustellungen zu machen. Die Presse wurde vorab informiert und erschien zahlreich. Und wer am Empfang selbst nicht teilnehmen konnte, erfuhr tags darauf aus der Zeitung, wie sich die Ankunft gestaltet hatte.

Sarrasanis Indianer waren freilich nicht in erster Linie zu Zwecken der Schaustellung engagiert worden, auch wenn sie außerhalb der Manege „Parade saßen". [17] Der umtriebige Dresdner Zirkusdirektor entwarf ein Manegespektakel *Wild-West. Exotisches Schauspiel in vier Bildern mit kinematografischen Zwischenspielen*. Die Filmaufnahmen wurden in Dresden gemacht und in den Pausen der Zirkusvorstellungen gezeigt. Die Handlung des Schauspiels fand sowohl in

der Manege als auch in Fortsetzung auf der Leinwand statt. Die Idee war brillant und ein Beispiel für Sarrasanis Fähigkeit, sämtliche Medien und Techniken zu nutzen, um sein Publikum an sich zu binden. Trotz Theaterdonner und Leinwandspektakel erhob Sarrasani den Anspruch auf eine „naturgetreue, wissenschaftlich nachprüfbare Wiedergabe des Lebens und Treibens in der Prärie, echt bis in die äußerste Kleinigkeit hinein". Doch solche Beteuerungen gehörten gleichfalls zu den Usancen im Schaustellungsgewerbe. Außergewöhnlich war nicht Sarrasanis Art und Weise, Indianer zu präsentieren; neu war, dass er mit ihnen über ein Jahr lang im Zeltzirkus auch kleinere Städte und Ortschaften bereiste.

Auch Sarrasanis spätere Wildwest-Shows verliefen erfolgreich und erregten eine Menge Aufsehen. Nur waren die Indianer, die er 1926 engagierte, im ‚Indianerleben' denkbar unerfahren und mussten erst lernen,

„[...] was nach Karl May zu einem richtigen Indianer gehört, also: Federschmuck, Perlstickereien, Lederhosen, Tomahawks, Pfeil und Bogen, Zelte, Lagerfeuer. Denn unsere Original-Rothäute hatten keine Ahnung von alledem, sie waren genauso harmlos und unromantisch wie jeder andere

Amerikaner. Wenn sie nun endlich da waren, hießen sie in ihren Pässen Mr. Smith oder Brown oder Miller und wir gaben ihnen erst mal echte Indianernamen. Den, der am ältesten aussah, machten wir zum Häuptling ‚White Eagle' oder ‚Big Snake' oder ‚Black Horse'. An ihre Tippies[!], die kleinen spitzen Zelte, die in unserem Hof aufgebaut wurden, gewöhnten sie sich bald. Aber ihnen ein indianisches Betragen beizubringen, war nicht so leicht. Die Männer mussten im Gebrauch von Pfeil und Bogen unterwiesen werden, die Squaws im Sticken bunter Perlmuster, und den Kindern musste man abgewöhnen, immer an unseren Autos herumzuspielen, anstatt primitives Familienleben mitzumachen. Kriegstänze, Benehmen am Marterpfahl, Überfall der Postkutsche studierten der Oberregisseur und der Clown Magrini ein, der dann in der Wild-West-Pantomime immer für den ‚echtesten' Indianer gehalten wurde."

So weit der ernüchternde Bericht eines Sarrasani-Mitarbeiters.[18] Mit den einstigen Bewohnern der Prärie, wie sie als Stereotyp in den Büchern und Groschenheften kursierten und in den Fantasien des Publikums existierten, hatten die engagierten Indianer nichts mehr gemein. Ein Foto aus dem Jahre 1928 zeigt einen außerordentlichen Besuch von Sarrasanis Indianern in der Karl-May-Stiftung, dem späteren Museum. In ihren Indianerkostümen nahmen sie sich aus wie Exponate.

Doch wenigstens handelte es sich bei der Truppe von 1926 ganz entschieden um Indianer. In der Zeit unmittelbar nach dem Ersten Weltkrieg hatte Sarrasani in großen Schwierigkeiten gesteckt. Ihm waren infolge der Futterknappheit nicht nur viele Tiere weggestorben, auch die Technik war bei Kriegsausbruch teils requiriert worden – Sarrasanis Dampflokomobile und Zugmaschinen sollen angeblich die Dicke Berta gezogen haben –, teils inzwischen marode. Um an die Glanzjahre vor dem Krieg wieder anzuschließen, rührte er die Werbetrommel für eine *Wildwest*-Pantomime mit Cowboys und Indianern. Letztere waren allerdings zu diesem Zeitpunkt in Deutschland nirgends aufzutreiben; Sarrasani ließ seine Mitarbeiter als Indianer ausstaffieren, ohne dies auf dem Programmzettel zu vermerken. Die Öffentlichkeit bekam Wind

davon, Sarrasani büßte an Integrität und Glaubwürdigkeit ein. Wenigstens hinterließ der Bluff den Witz vom „sächsischen Indianer', der das Ohr auf die Schienen legt und horcht, derweil ihn sein Landsmann-Häuptling in waschechter Muttersprache fragt: ‚Härst'n schon kummn?'"[19]

Sarrasanis Sinn für Technik

Seit Dezember 1912 betrieb Sarrasani in Dresden einen festen Zirkusbau mit über 3800 Zuschauerplätzen. Neben den Honoratioren der Stadt, allen voran der Bürgermeister und der Polizeipräsident, hatte auch der sächsische König an der Eröffnungsvorstellung teilgenommen. Sarrasani ließ an diesem Abend seinen gesamten Tierbestand und sämtliche engagierten Artisten durch die Manege paradieren. Zweihundert Pferde, danach Büffel, Zebras, Tapire und Kamele, Elefanten, Schweine, Bären, Gänse, Hunde und Nilpferde bot der vierzigjährige Zirkusdirektor auf. Die Schar der Artisten und Beschäftigten hätte internationaler kaum sein können: „Japaner, Chinesen, Marokkaner, Engländer, Türken, Inder, Akrobaten, Jockeys, Schulreiterinnen, drollige Clowns, Dresseure, Equilibristen, Harlekine, Stallmeister, Diener, Ordner, Wärter, Herren in bunten Fracks, Damen in Trikots und allerlei Phantasiekostümen" ließen die *Dresdner Nachrichten* tags darauf noch einmal vorbeidefilieren.

Und die vierköpfige Familie Sarrasani, Hans Stosch, seine Frau Maria, beider Sohn Hans und beider Tochter Hedwig bezogen eine der Mietwohnungen im Zirkusgebäude. Ganz ohne Mängel war das neue Haus allerdings nicht. Es heißt, die Akustik sei atemberaubend schlecht gewesen, die Garderoben hätten nicht ausgereicht, und gezogen haben soll es auch mächtig, sodass sich die Premierenzuschauer schon bald in ihre Mäntel hüllten. Dessen ungeachtet galt Sarrasanis fester Zirkusbau als einer der modernsten Europas.

Gut ausgestattet war Sarrasani lange vor der Einweihung des neuen Hauses. Nicht nur der Tierbestand war ihm wichtig, er legte größten Wert auf modernste Technik. So soll sein Winterzelt bereits über eine Dampfheizung verfügt haben, der Direktorenwagen über elektrisches Licht und der Bürowagen über eine

Gasheizung; schon 1906 umfasste sein Fuhrpark 32 Transportwagen, hatte er eine Elektrozentrale, Dampf- und Lichtmaschinen sowie eine eigene Feuerwehr.[20] Bald zogen Dampflokomobile seine Zirkuswagen durch die Straßen der Weltstädte. Wo immer Sarrasani auftauchte, veranstaltete er einen gigantischen Reklamerummel. Gewiss, Sarrasani war einst Dressurclown und führte Pferde- und Elefantendressuren vor. Als herausragender Artist aber machte er nie von sich reden. Dafür wäre kein Renz, kein Busch, kein Schumann je auf die Idee gekommen, sich im Maharad-

scha-Look zu präsentieren. Als ihm die Lustbarkeitssteuer zu viel von seinem Gewinn nahm, schloss Paul Busch, ohne viel Aufhebens davon zu machen, einfach sein Unternehmen. Sarrasani aber ließ mit Farbe und in weithin sichtbaren riesengroßen Lettern „Ein Opfer der Lustbarkeitssteuer" und „Der tot gesteuerte Zirkus" auf seine Zirkuskuppel schreiben. Und gab es einmal nichts zu reden, dann scheute er sich nicht, auch den einen oder anderen Skandal zu inszenieren, um auf sich aufmerksam zu machen. Dabei ging es keineswegs immer fein zu.

„Bittä, Härr Sigismund!"

Als das Geschäft bei einem Berliner Gastspiel nicht so gut lief, begab sich Hans Stosch-Sarrasani mit den bei ihm engagierten „stärksten Männern der Welt" in ein Berliner Lokal. Dort brachen die Männer, die alle in Kostümen steckten, einen Streit vom Zaun. Der wurde immer lauter und immer heftiger. Schließlich war die größte Rauferei im Gange. Tische kippten um, Stühle gingen zu Bruch, einer der Muskelprotze hob den Tresen aus und am Ende war die Innenausstattung des Lokals komplett demoliert. Aber die Presse berichtete über Sarrasani, und ganz Berlin wollte die „stärksten Männer der Welt" bestaunen. Die Vorstellungen waren ausverkauft, der angerichtete Schaden wurde bezahlt. Und Sarrasani hatte erreicht, was er beabsichtigt hatte: einen satten Gewinn und mediale Aufmerksamkeit.[21]

Muskelmänner, Titanen, Kraftakrobaten, wie man sie auch nannte, waren beim Zirkus auch schon lange vor 1900 anzutreffen. Manchmal begleiteten sogenannte Ringkampfkonkurrenzen die Zirkusvorstellung. War die Kraftakrobatik zunächst vor allem ein von Männern ausgeübtes Metier, traf man nach 1900 auch Frauen in dieser Sparte an. Konjunktur aber hatte sie hauptsächlich vor dem Ersten Weltkrieg und in der Zwischenkriegszeit.

Die Athleten traten nicht nur im schlichten Trikot auf, sondern manchmal auch in Tiger- oder Leopardenfelle gehüllt oder im Kostüm römischer Gladiatoren. Sie produzierten sich keineswegs nur allein, sondern auch zu zweit oder in der Gruppe, stemmten einander gegenseitig und führten dabei elegante gymnastische Figuren und Balancen aus.

Einer der weltweit berühmtesten jüdischen Artisten war der Kraftathlet Siegmund Breitbart. In den Vereinigten Staaten nannte man ihn auch den „Eisenkönig". Paula Busch will ihn in Begleitung von Max Friedländer von der Hamburger Lithographischen Anstalt im Jahre 1920 in einer Bude auf dem Bremer Freimarkt entdeckt haben: „… und sähen Sie bei uns auch Sigismund, das stählerne Wundär allär Zeiten. Sälbiger ist imstand, mit der bloßen Faust Nägäl einzuschlagen, wie er Ihnen sogleich vordemonstrieren wird! Bittä, Härr Sigismund!'

Werbeplakat für die Sensationsartisten Miss Virginia und William Schultz, 1905/06. Das Skelett signalisierte die Todesgefahr.

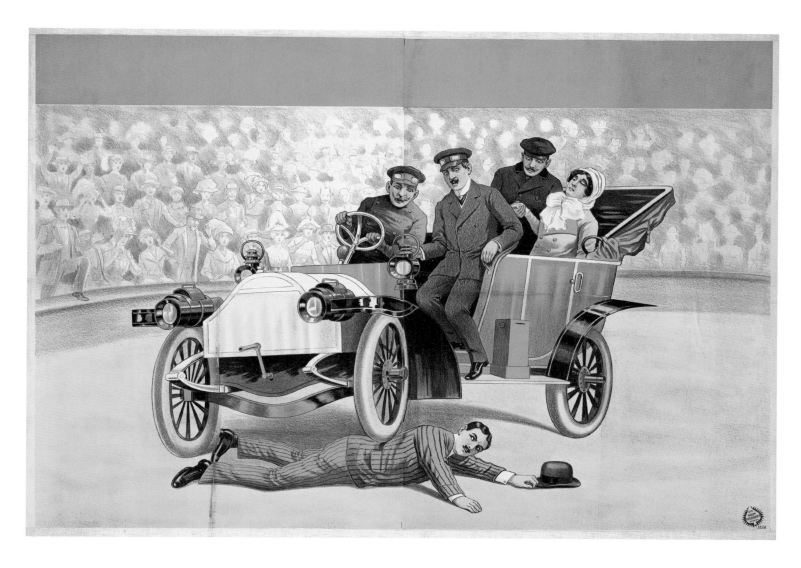

Werbeplakat für einen Schwerathleten, der sich vom Automobil überfahren lässt, 1912. Diese Sensationsnummer war auch im frühen Stummfilm sehr beliebt.

Nicht nur das machte der junge Mensch. Er wickelte sich auch ein Stück Bandeisen um den linken Unterarm, als ob er sich aus Blumendraht einen Armreif zurechtbiegen wollte."

Vom Platz weg hat Paula Busch den Kraftathleten für ihren Zirkus engagiert. Gerade gab sie ein Gastspiel bei Sarrasani in Dresden. „Nu gugge, das is ja där reene August der Schdarge, wie er leibt und läbd!", soll man im Publikum gewaltig gestaunt haben, „mir machn noch mal in Zärgus Busch, un mir nähm sogar unsern Großbabba midd, weil där'sch nich glaubd,

was mir ihm von Breidbahrd erzählt ham!" Breitbart feierte, wie schon in Amerika, so auch in den europäischen Manegen riesige Erfolge. Der 1893 in Lodz geborene Sohn eines Schmiedes hatte schon als Kind davon geträumt, ein moderner Simson zu werden und beim Zirkus anzuheuern. Mithilfe einer Mäzenin gelangte er nach Amerika, absolvierte eine Ringerausbildung und bestritt eine Zeit lang die damals modernen Ringkampfkonkurrenzen. Doch seine Sehnsucht nach dem Zirkus überwog. Breitbart konnte einen Elefanten anheben und Eisenstangen biegen, Hufeisen zerbrechen und mit der Faust Nägel einschlagen, Ketten zerreißen und zerbeißen; mit den Zähnen hielt er ein Seil, an dem vier Pferde zogen und auf dem sieben Männer saßen. Einen Teil seiner Gage spendete er der jüdischen Wohlfahrtspflege. Viel zu früh verstarb er 1925 in der Berliner Charité an einer Verletzung, die er sich beim Einschlagen eines rostigen Nagels zugezogen hatte.

Manche Kraftakrobaten stemmten nicht nur „lebende Gewichte", sondern produzierten sich dabei auch als eine Art Fakir. Der Besitzer des belgischen CIRQUE CAROLI zum Beispiel lag, nur mit einer Turnhose bekleidet, wie der Belag eines Sandwiches zwischen einem Nagelbrett und einem Holzbrett, auf dem ein Pferd sich mit einer Piaffe produzierte. In den 1920er-Jahren ersetzte das Pferd dann ein Automobil, ein Stunt, den man auch aus dem frühen Stummfilm kennt. Bei den Automobilüberfahrten in der Manege kam es nicht zuletzt auf den richtigen Winkel an.

Fakire und Entfesselungskünstler

Unter dem Namen Houdini weltberühmt wurde der 1874 in Budapest geborene jüdische Zauber- und Entfesselungskünstler Harry Weiß. Als Akrobat und Clown hatte er seine Laufbahn begonnen. Weltweites Aufsehen erregte er 1904, als er im Londoner Hippodrom in wenig mehr als einer Stunde ein hoch kompliziertes Kettenschloss löste. Er verspeiste Nähnadeln wie kleine Salzstangen, um sie nur wenig später an einem meterlangen Garn aufgefädelt aus seinem Mund zu ziehen. Bei Busch engagiert, ließ er sich mit Stahlketten und Stahlschlössern gefesselt in einem Fass in der Spree versenken: „Das Faß auf der Brücke erhält einen Stoß, torkelt hinab, schlägt tief ins Spreewasser, kommt hoch, taucht unter, dreht sich, sackt wieder strudelnd ab, und ehe es nennenswert weitertreiben kann, ist es eine taube Nuß geworden. Sein Inhalt hat sich befreit – in geschmeidig raschen Stößen schwimmt Houdini fesselbefreit an eine Ufertreppe", erinnerte sich später Paula Busch.

Auch Fakire waren eine Zeit lang sehr beliebt im europäischen Zirkus- und Schaustellergeschäft. Bei Busch steckte sich der Fakir Josmah riesige Stricknadeln durchs Gesicht, und ließ sich der Fakir Blacaman

bei lebendigem Leibe in den Zirkussand einbuddeln. Blacaman war mit Alligatoren angereist, die er nun in Buschs Manege in einen Starrschlaf versetzte:

„Das erste ,Jottjott!' stöhnte im Publikum auf, wenn der ,Bezwinger des Todes' auf der Leiter mit den scharfgeschliffenen Schwertsprossen barfüßig spazierenging oder sich im Kinnhang an der obersten Schwertschneide baumeln ließ. Da knisterten in den Rängen die Tüten mit den Pfefferminzbonbons gegen den Erregungsschluckauf. Auf das nadelgespickte Ruhebett verzichtete Blacaman und verschaffte sich einen delikateren Fleischeskitzel, indem er – nur mit Hals und Füßen auf zwei messerbewehrten Dreifüßen ruhend – einen Dreiviertelzentner-Granitblock auf seiner Brust zerhämmern ließ. Dazu sind die Herrschaften höflichst eingeladen! Bitte herunter in die Manege zu kommen! Eine oft vergeblich ausgesprochene Bitte. Die Männer wollten schon, jedoch ihre Frauen, von Mitleiden geschüttelt, zischten: ,Hier bleibste! For so wat Perverses jeben wir uns nich her!' "

In einem lila Hemd legte sich Blacaman abschließend in seinen Sarg und ließ sich luftdicht verpackt begraben. Nach zehn Minuten entstieg er ihm wie am frühen Morgen nach einem prächtigen Erholungsschlaf.

Zweimal Südamerika als Rettung

Um die schwierige Situation der Nachkriegsjahre zu meistern, ging Sarrasani auf seine erste Südamerika-Tournee. Er tat sich mit der Stinnes-Gruppe zusammen, die eine Summe von 50 000 Pfund beisteuerte und Schiffe bereitstellte.[22] Stinnes wollte sich im Transportgeschäft profilieren und für sich im Ausland werben.

Reichspräsident Friedrich Ebert wünschte dem Dresdener Zirkusunternehmen gutes Gelingen: „Meine besten Wünsche begleiten den Zirkus Sarrasani auf seiner Auslandsfahrt. Ich bin überzeugt, dass seine Tätigkeit in Südamerika ihm nicht nur über die gegenwärtige schwere Zeit hinweghelfen, sondern auch für Deutschlands Ansehen werben wird."

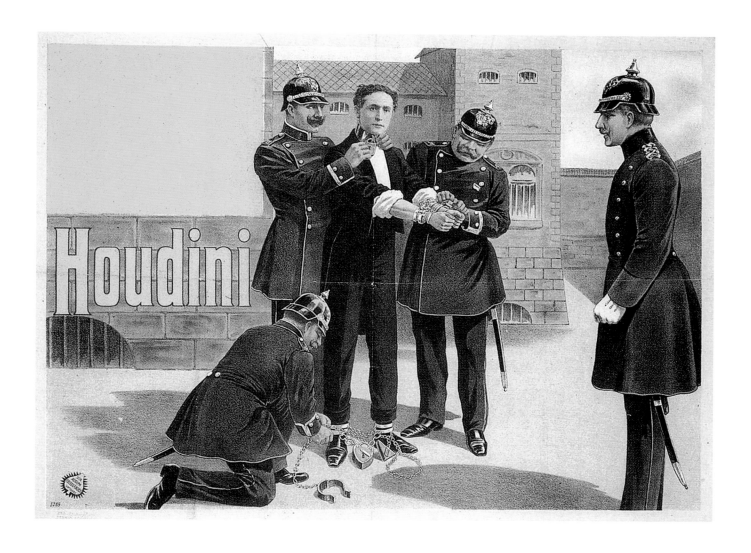

Werbeplakat für den Entfesselungskünstler
Houdini, 1913.

Mit dem Tourneevorhaben, das viele Risiken barg, bot Sarrasani auch den Artisten eine Chance, den Unwägbarkeiten der ersten Nachkriegsjahre innerhalb der Zirkusbranche zu entgehen. In Hamburg gab man noch vor der Abfahrt Vorstellungen. Sarrasani reiste nicht eben mit leichtem Gepäck. Seinen Kostümvorrat hatte er aus der Effektenkammer des sächsischen Hofs aufgebessert, neue Automobile und Stromgeräte angeschafft, Spanischlehrer, Dolmetscher, Artisten für eine Sideshow engagiert.[23] Schließlich musste er noch ein Auge auf die Probiermanege haben, die in eines der Schiffe eingebaut werden sollte. Anfang November stach das Zirkusunternehmen Sarrasani in See.

Alles in allem wurde die zweijährige, von Höhen und Tiefen begleitete Tour durch Uruguay, Argentinien und Brasilien ein Erfolg. Es soll, so schreibt Ernst Günther, „triumphale Premieren" gegeben haben, „bei denen die Plätze im 6000-Personen-Zelt nicht ausreichten" sowie Wohltätigkeitsfeste, darunter eines am „24. Dezember 1925 für 6000 argentinische Kinder, die vom Zirkus auch noch beschenkt wurden", daneben aber auch eine Menge Ärger mit den nordamerikanischen Betreibern von „Varietés, Nachtklubs und Vergnügungsetablissements", denen Sarrasani die Kundschaft abspenstig zu machen drohte, mit politischen Protestaktionen, schließlich mit den Witterungsbedingungen. Nach Dresden zurückgekehrt, bereitete Sarrasani sein „Comeback" in Deutschland vor, „planvoll und in bewährter Reihenfolge – Technik, Tiere, Programm". Tatsächlich sollte Sarrasani neben Krone zu den erfolgreichsten Zirkusunternehmern der kommenden Jahre zählen.

Die Weltwirtschaftskrise begann sich auch auf die Zirkusunternehmen auszuwirken. Verluste konnte man nur vermeiden, indem man wie Carl Strassburger oder Carl Krone diejenigen Länder bereiste, in denen sich die Krise später und nur abgeschwächt bemerkbar machte. Sarrasani erlebte bei seiner Frankreich-Tournee ein Desaster. Aus nationalistischen Gründen polemisierte die französische Presse gegen ihn. Er reiste vorzeitig ab. Auch das vierwöchige Gastspiel in der Schweiz endete erfolglos. Zwischen Zürich und Basel ereignete sich zudem ein schwerer Autounfall. Bei einem der schwer beladenen Transportwagen, der zu allem Überfluss auch noch einen Anhänger zog, zerschlug es die Bremsen. Der Wagen raste durch eine Mauer und kam erst im dahinter befindlichen Gebäude zum Stehen. Zwei Sarrasani-Mitarbeiter starben. Als sich Sarrasani 1931 nach Holland und später nach Belgien wandte, kam es zu Flugblattaktionen und Demonstrationen gegen das Unternehmen. Ernst Günther beschreibt die prekäre Lage, in der sich Sarrasani befand:

> „Schon am ersten Tag waren Flugblätter in der Stadt aufgetaucht, in denen unter dem Motto ‚Denkt an unsere Invaliden' zum Boykott des Zirkus aufgerufen wurde. ‚1914 – erster Angriff auf Belgien, 1931 zweiter Angriff auf Lüttich durch den Zirkus Sarrasani, um uns zu zermalmen ...' Wenig später – am Premierentag – schrien dreihundert Demonstranten das gleiche ‚C'est un Boche!' wie auf den Zetteln; im Zug mitgeführte, improvisierte Wagen stellten Misshandlungen belgischer durch deutsche Soldaten dar; Kriegskrüppel ohne Beine rollten auf vierrädrigen Platten daher und forderten Vergeltung ... Die Sache nahm bedrohliche Ausmaße an, und kurz vor dem Zirkusgelände löste berittene Polizei die Demonstration auf."

Später vermutete man, dass die Aktionen durch den Zirkusunternehmer Julius Gleich lanciert worden waren – über einen Strohmann, den Clown François Libot. Es stellte sich heraus, dass „Libot in Belgien Tourneen für ausländische Zirkusse organisierte, nicht nur für Gleich, sondern auch für Jakob Busch und Amar". Sarrasani zog weiter und schlug sein Zelt bei Antwerpen auf. In der Nacht zum 13. Januar 1932 brach ein schwerer Brand aus. Die Bilanz war verheerend: ein Tiger und zwei Elefanten starben, sechs Tiere mussten aufgrund ihrer Verletzungen eingeschläfert werden, vier weitere überlebten schwer verletzt; der Kostümfundus, das Sattel- und Zaumzeug wurden von den Flammen gänzlich verzehrt. Der Schaden wurde auf 600 000 Mark geschätzt. Man fand einen Benzinkanister, der nicht zum Zirkus gehörte, und ging von Brandstiftung aus; verdächtigt wurden Julius Gleich und Libot. Aufgeklärt wurde die Ursache der Brandkatastrophe nie. Sie wirft indes ein bezeichnendes Licht auf den bisweilen erbitterten Konkurrenzkampf, den sich die Zirkusunternehmen in den wirtschaftlich schwierigeren Zeiten lieferten.

Gegenüber den Nationalsozialisten wahrte Hans Stosch-Sarrasani sen. nach der Machtübernahme 1933 nicht nur Distanz. Er entließ auch Mitarbeiter, die sich als SA- oder NSDAP-Mitglieder zu stark im Unternehmen exponierten oder versuchten, Einfluss zu gewinnen. Sein Sohn Hans war seit 1932 Mitglied der NSDAP, spielte aber auf der Leitungsebene des väterlichen Unternehmens zu diesem Zeitpunkt noch keine allzu große Rolle. Seine jüdischen Mitarbeiter, ob sie nun in leitender Stellung oder als Artisten bei ihm beschäftigt waren, hat Stosch-Sarrasani sen. bedingungs- und ausnahmslos geschützt.[24] Und er blieb auch seinen jüdischen Geschäftspartnern treu. Längst hatte Sarrasani sen. eine zweite Südamerika-Tournee ins Auge gefasst. Sie sollte 1934 starten. Dafür engagierte er ganz gezielt jüdische Mitarbeiter und Artisten – unter ihnen Hans Strassburger –, denen er auf diese Weise ins sichere Exil verhelfen konnte. Er selbst scheint mit der Möglichkeit gespielt zu haben, nicht mehr nach Deutschland zurückzukehren.

Die Premiere in Rio, Esplanada do Castello, und die nächsten Vorstellungen sollen prächtig verlaufen sein, danach stellte sich eine erste Flaute ein. Wegen eines Herzleidens musste sich Hans Stosch-Sarrasani

CIRCUS CORTY·ALTHOFF

WILLY MANNS

DER TODESRITT

Werbeplakat für einen Todesritt, 1904.
Die Nummer war hochriskant.

in Sao Paulo in ein Hospital begeben. Dort starb er am 21. September 1934.

Sein Sohn Hans Stosch-Sarrasani jun. führte sowohl das väterliche Unternehmen als auch die Südamerika-Tournee fort. 1935 entließ er sämtliche jüdische Mitarbeiter. Im Dezember kehrte er nach Deutschland zurück. Seinen Vater überlebt hat er nur um sieben Jahre. Die Ehefrau des Juniors, Trude Stosch-Sarrasani, übernahm 1941 die Direktion. Sie reiste 1948 nach Argentinien aus und leitete dort ein Zirkusunternehmen, das unter dem Namen CIRCO SARRASANI firmierte. Fritz Mey, ehemals ein treuer Mitarbeiter Sarrasanis, gründete am 31. Mai 1956 in der Bundesrepublik einen neuen CIRCUS SARRASANI.

Als Kostümfigur blieben Cowboys und Indianer dem Medium Zirkus vor allem in den Pferde- und Sensationsnummern noch erhalten. Kraftakrobaten und Fakire aber sah man immer seltener.

HIER NOCH NIE GESEHEN!

Wir hoffen, Sie hatten Spaß an der Show!
Lassen Sie sich jetzt noch unsere Zirkuspaläste
und Prunkfassaden zeigen und hören Sie
noch die eine oder andere olle Kamelle aus
unseren Kindertagen.

Das Gebäude des Circus Busch
am Berliner Spreeufer, 1901.

PLAKATE, PALÄSTE, PRUNKFASSADEN —
UND AM ENDE EIN ZELT

Feuer, Wasser, Sturm und andere Katastrophen

„Ja, die Stadt war außer Rand und Band, als der Zirkus in Flammen stand", sang einst Georg Kreisler. Das Chanson war maliziös, doch der Sachverhalt historisch völlig korrekt: Seit Astley waren verheerende Zirkusbrände keine Seltenheit. Und das betraf die stationären Zirkusbauten wie die Zelte. Bei Hunderten von Kerzen und Öllampen in Kandelabern und Lüstern, welche die Garderoben, Stallungen und die Manege erleuchteten, überrascht das kaum. Recht früh wurde mit pyrotechnischen Effekten experimentiert; es gab Feuerwerke, Sprünge über Kerzen oder durch brennende Reifen. Die Gasbeleuchtung wurde noch im ersten Drittel des 19. Jahrhunderts eingeführt. Anfänglich waren die Zirkusbauten aus Holz. Erst allmählich wurden die Gebäude massiver, schließlich ganz aus Stein gebaut. Das dämmte die Gefahr etwas ein, machte ihr aber keineswegs gleich gänzlich den Garaus. In Berlin kontrollierte nicht nur die Theaterpolizei, ob die Zirkusunternehmen die Vorschriften zur Feuersicherung einhielten. Auch die Presse monierte in den 1880er-Jahren Mängel, wies auf die hölzernen Treppen und Wände, schmalen Gänge und zusätzlichen Stuhlreihen bei großem Publikumsandrang hin. Sie hätten ein „unlösbares Gedränge" zur Folge, sodass „mindestens 10 Minuten nothwendig" wären, um Renz' Gebäude bei Feuerausbruch zu räumen. Tatsächlich hatte es ja auch erst kürzlich bei Salamonsky im Markthallenzirkus ge-

brannt. Schreckensmeldungen aus Wien, wo der Ringtheaterbrand im Dezember 1881 viele Menschenleben gekostet hatte, und aus Bukarest, wo der CIRCUS KREMBSER im Januar 1882 „in Flammen aufgegangen" war, „34 Pferde verbrannten, zwei Männer des Personals und die erste Reiterin" vermisst wurden, machten die Berliner Redakteure offenkundig nervös. Sarrasanis Dresdner CIRCUS-THEATER, das 1912 als das weithin „feuersicherste" Gebäude galt, soll über einen „Gefahrenstellen-Anzeiger, 42 Druckknopfmelder und 22 Temperaturmelder" verfügt haben. Sie hätten einen auch nur drohenden Feuerausbruch sofort und direkt der städtischen Feuerwehr gemeldet.

Mit dem Zeltbetrieb, der gegen Ende des 19. Jahrhunderts in Deutschland aufkam, setzten den Zirkusunternehmen Hochwasser und andere Unwetter zu. Kaum ein reisender Zeltzirkus ist wohl von Schäden dieser Art verschont geblieben. Ein Wirbelsturm soll Albert Schumanns Zelt in Warschau förmlich in der Luft zerfetzt haben. Paula Buschs Zelt suchte im Juli 1953 in Frankfurt am Main eine „Sturmböe" heim; Gleiches hatte die Strassburgers schon 1926 im schleswigholsteinischen Segeberg ereilt. Im September 1938 flutete die über die Ufer getretene Neiße Zelt und Wagen von Kreiser-Barum und 1991 stand das Krone-Zelt in Pfarrkirchen unter Wasser. Beutelte ein kleines Unwetter das Zelt von Sarrasanis schon 1902, so sah sich sein Sohn und Erbe auf der Südamerika-Tournee in den 1930er-Jahren mehrmals verheerenden Pampeiros ausgesetzt.

Die „renommierteste deutsche Zeltfabrik"[25] unterhielt Ludwig Stromeyer seit 1872 in Konstanz. Von ihr bezog Sarrasani eines seiner ersten elektrisch beleuchteten Zirkuszelte. Es hatte im Jahre 1902 bereits ein Fassungsvermögen von 3600 Personen. Einige Jahre später bespielte Carl Krone ein Viermast-Zelt. Nach dem Ersten Weltkrieg wurden auch in Deutschland Zwei- und Dreimanegenzelte populär. Nun bestachen die Pferdepyramiden durch die Anzahl der eingesetzten Tiere und waren weniger ein Zeichen raffinierter Dressurkunst als vielmehr der Ausweis wirtschaftlicher Potenz. Unter einem Zeltdach gleichzeitig in drei nebeneinanderliegenden Manegen zirzensische Kunststücke zu präsentieren, war zuvor eine Spezialität Barnum & Baileys und der Ringling Brothers. Julius

Gleich, Carl Krone und die Strassburgers absolvierten zeitweilig mit Zwei- und Dreimanegenzelten ihre Tourneen; durchgesetzt hat sich der Mehrmanegenzeltbetrieb jedoch nicht.

Ein erster Blickfang war immer schon die Fassadengestaltung der Zelte. Zumeist suchten die Unternehmen durch Exotik Aufmerksamkeit zu erregen: Orientalisierende Tor- und Kuppelattrappen mit asiatischen und indischen Stilanleihen oder Wildwest-Szenen lockten das Publikum. Elektrisch beleuchtete, glitzernde Prunkfassaden, die immer größer, bunter und greller wurden, konnte in den Zwanzigerjahren kein Passant mehr übersehen.

Auch den stationären Zirkusbetrieb störten gelegentlich Unglücksfälle und andere Ereignisse. Als im

Der Sarrasani-Bau in Dresden.

Oben: Der Circus Strassburger in Mannheim 1935.

Unten: Das kleine, vom Hochwasser der Neiße heim-gesuchte Zeltstädtchen des Circus Barum, 1938.

Oben: Postkarte mit altem, zerfallendem Holz-Zirkusbau
in Valenciennes.

Rechts: Prunkfassade des Circus Strassburger.

August 1892 in Hamburg die Cholera ausbrach und mit dem gesamten öffentlichen Leben, Handel und Verkehr auch den Zirkusbetrieb lahmlegte, waren die Verluste für Franz Renz und Paul Busch hoch. Auch der Konkurrenzdruck durch andere Unternehmen, Medien wie Varieté und Kino, abträgliche Presseberichte oder – das betraf die jüdischen Unternehmen – antisemitische Propaganda konnten für einen stationären Zirkus existenzbedrohend sein. 1927 betrug die Lustbarkeitssteuer in Deutschland 25 % der Brutto-Einnahmen. Für Sarrasani wie vor ihm schon für Paul Busch waren das schwer tragbare Belastungen. Ein Zeltzirkus konnte ins Ausland ausweichen, ein örtlich fest verankertes Unternehmen nicht. Doch bevor der Zirkus in Zelten reiste, gastierte er im festen Zirkusbau.

Zirkuskönige bespielen Zirkuspaläste

Das war noch einmal gut gegangen; gerade so. Fuchsteufelswild habe Ernst Jakob Renz mit bloßen Händen die Deichsel aus einem Zirkuswagen gerissen, um seinen Geschäftsführer zu verprügeln. Der sprang –

zum Glück – beiseite und davon. Er hatte sich ins Gasthaus verirrt und verabsäumt, für den Aufbau der Spielstätte zu sorgen. Als die kleine Gesellschaft am Gastspielort eintraf, konnte sie ihre Arbeit nicht aufnehmen. Gleichviel, ob sich, was Halperson berichtet, so ereignet hat oder nicht: Die Episode illustriert, wie hoch der existenzielle Druck war, unter dem die Zirkusunternehmen standen. Zu ernähren waren ja nicht nur der Prinzipal und seine Familie, die Artisten und andere Beschäftigte, allen voran der Geschäftsführer, sondern auch die Tiere. Und Einnahmen ließen sich nur erzielen, wenn man unverzüglich mit dem Spielbetrieb begann. Deshalb fuhr den wandernden Unternehmen, waren sie groß genug, meist ein Geschäftsführer voraus, der mit den lokalen Behörden wegen der Spielgenehmigung verhandelte und, falls nötig, die Errichtung einer Spielstätte veranlasste. Gab es in den größeren und mittleren Städten keinen der üblichen Holzrundbauten, ließ man in Windeseile einen zusammenzimmern. In den Garnisonsstädten traten die Gesellschaften gelegentlich auch in Reithallen auf.

Doch der Geburtsort des modernen Zirkus war die Großstadt. Kaum zufällig eröffnete Astley seinen ersten überdachten Zirkusbau in den 1770er-Jahren

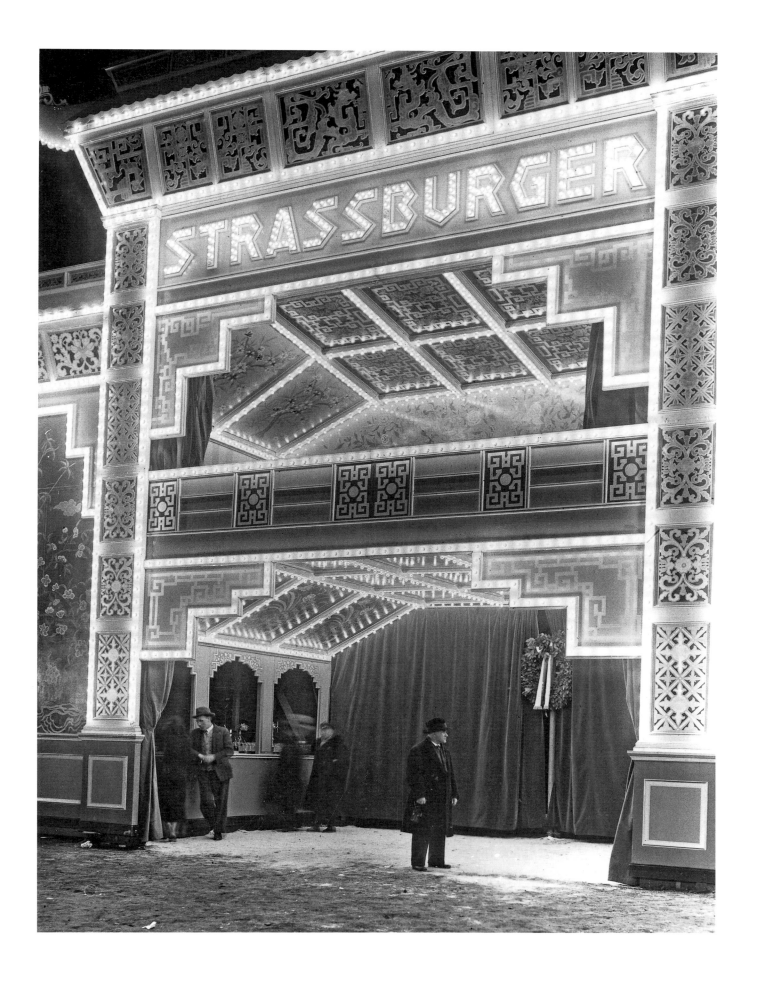

J.J. 2679 - Genève - Place du Cirque

Postkarte mit einem Zirkus-
gebäude in Genf, das dem
Platz seinen Namen gab
Place du Cirque.

in London und ließ ihm 1782, nach einem Gastspiel am französischen Königshof, eine Dependance am Boulevard du Temple in Paris folgen. Um 1800 hatte London die Millionengrenze überschritten; in Paris lebten damals mehrere hunderttausend Menschen. Andernfalls hätte sich für die Zirkusunternehmen der stationäre Saisonbetrieb nicht rentiert.

Astleys Londoner AMPHITHEATRE verfügte wie der ROYAL CIRCUS von Charles Hughes, der ihm ab 1782 in London erbitterte Konkurrenz machte, über eine Manege, eine Bühne für die Pantomimen und ein Orchester. Das sollte die Grundausstattung zukünftiger Zirkuspaläste bleiben. Sand und Sägespäne bildeten den für den Halt der Pferde wichtigen Bodenbelag. Über ihn breitete man bei bestimmten Nummern wie der Bodenakrobatik früher Teppiche und heute Plastikplanen. Bei Astley und den Franconis trennten schmale, hüfthoch zusammengenagelte Bretter die Manege vom Zuschauerraum. Noch fehlte die ab Mitte des 19. Jahrhunderts übliche Piste oder Barriere, der breite, etwa einen halben Meter hohe Manegenrand, über den die Clowns stolpern und auf dem die Pferde laufen oder zur Begrüßung des Publikums die Vorderhufe aufsetzen konnten.

Verändert hat sich später hauptsächlich die immer raffinierter werdende Technik. Irgendwann gab

es drehbare Bühnenelemente und geneigte Ebenen, waren die Manegenböden versenkbar, sprudelten meterhohe, farbig beleuchtete Fontänen der Kuppel entgegen und schossen Wassermassen aus der Flutungsanlage. Doch die Gestalt des bespielbaren Raums sollte die Gleiche bleiben: von der Kreisform über den Durchmesser und die Manegenzugänge bis hin zur Kuppel und den rund um die Manege angeordneten Zuschauerreihen. Den großen, mittleren, kleinen und kleinsten Geldbeuteln des Publikums entsprachen, sorgfältig abgestuft und ganz wie in den zeitgenössischen Theatern, die Zuschauerränge: die Logen, das Parkett und die preisgünstige Galerie. Bei Astley waren die Ränge im Zuschauerraum noch senkrecht angeordnet, ganz wie in den zeitgenössischen Boulevardtheatern. Allmählich aber stiegen sie stufenförmig an, wie man es vom antiken Amphitheater und vom heutigen Zirkus kennt. Später schwebte die Kuppel freitragend; kein Pfosten verstellte mehr den Blick der Zuschauer. Die Kuppel wurde von einem Druckring gehalten und mit einem Laternenaufsatz für die Luftzufuhr versehen. Im Innern der Zirkusgebäude befanden sich außer den Garderoben für die Artisten auch die notorisch zu eng bemessenen Stallungen für die Tiere. Manchmal, etwa bei Franz Renz, gab es in den Anbauten an der Vorderfront Restaurants und Cafés.

Zensiert
Paul Hoffmann & Co.
Berlin-Schöneberg.

1622.

Kundgebung zur Zeichnung der 6. Kriegsanleihe im Berliner
Circus Busch, 1917. Auch der damals noch amtierende Reichskanzler Theobald von Bethmann-Hollweg war anwesend.

Friese, Stuck- und Bronzefiguren oder farbige Gemälde verzierten die Fassaden. Mit ihrer quadratischen
Vorderfront fügten sich die Gebäude, waren sie nicht
als Rundbauten weithin sichtbar, beinahe unauffällig
in die Häuserzeilen und Straßenzüge der Städte ein.
Einzig Schriftzüge und Fassadenbeleuchtung hoben
sie aus ihrer Umgebung heraus.

Durch ihr Fassungsvermögen – schon Mitte des
19. Jahrhunderts fanden Tausende in ihnen Platz –,
ihre in der Regel ausgezeichnete Akustik und die gute
Sicht auf das Geschehen in der Manege waren Zirkuspaläste wie geschaffen für Massenveranstaltungen
jeglicher Art. Ununterbrochen selbst bespielen konnten die Zirkusunternehmen ihre Gebäude nicht. Um
die laufenden Kosten abzudecken, wurden sie vermie-
tet. Entweder an Wanderzirkusse oder aber an die
verschiedensten Veranstalter aus Gesellschaft, Kultur
und Politik. Die Krones verfahren, sind sie auf Tour-

nee, noch immer so. Es gab im Zirkus Sportwettkämpfe,
Radrennen, Konzerte, Kongresse und Großveranstal-
tungen sämtlicher politischer Parteien und Strömun-
gen. Während des Ersten Weltkriegs zeichnete man im
Berliner Busch-Bau Kriegsanleihen.

Der Zirkus rückt vom Rand der Stadt ins Zentrum

Per Kabinettsordre hatte Friedrich II., auch ‚der Große‘
oder ‚der Alte Fritz‘ genannt, im Jahre 1777 sämtliche
populären Spektakel vom Seiltanz bis zu Akrobatik
in der Residenzstadt untersagt. Dass später Joseph
Halperson den Zirkusunternehmer Ernst Jakob Renz
ausgerechnet mit dem Alten Fritz verglich, entbehrt
nicht einer gewissen Ironie. Friedrich II. sah in solcher
Kunst schlicht keinen Sinn. „Wer sich Lust hat, den

Adolf Hitlers Rede im Circus Krone

Für den Abend des 3. Februar 1921 hatte die NSDAP das Gebäude gebucht. „Das ungeheure Rund des Zirkus war verdunkelt. Man hatte den Eindruck, daß es ganz voll war", heißt es in *Effingers*, dem Familienroman der Berliner Historikerin und Journalistin Gabriele Tergit, über den ersten Auftritt Adolf Hitlers im CIRCUS KRONE:

„In einen Lichtkegel trat der Redner: ‚Du alte Frau …‘, sagte er in scharfem Dialekt zu einem alten Weibchen in der ersten Reihe, ‚wer ist schuld daran, daß du so elend aussiehst? Wer hat dich um dein Geld gebracht?‘ Aus dem Riesensaal tönte von hinten eine Stimme, eine dunkle, schwere Stimme: ‚Der Jude.‘ Die Stimmen kamen langsam, einzeln, von oben, von unten, von der einen Seite, von der anderen Seite: ‚Der Jude, der Jude, der Jude.‘ ‚An wen hast du deine goldene Uhr verkauft, die vom Großvater ererbte? Der junge Mann hier vor mir mit dem müden Gesicht? Und du dort, du Alter, der du ein fleißiges Leben hinter dir hast, wer hat dir deine Ersparnisse weggenommen?‘ Und wieder tönte es durch den Riesenraum, ein-zeln, langsam, von oben, von unten, von der einen Seite, von der andern Seite: ‚Der Jude, der Jude, der Jude.‘ [...] ‚Wer hat uns unter die Zinsknechtschaft gebracht? Das jüdische Bankgesindel. Wem muß das deutsche Volk seine Eisenbahnen geben? Seine Bergwerke? Seine Elektrizitätswerke? Seine Eisengießereien? Dem Juden Morgan. Für wen rackerst du in deinem Feld, deutscher Bauer? Für die Finanzjuden von New York. Du hast deine Freiheit verloren, deutsches Volk, du bist hörig dem Juden. Er saugt dir deine Seele aus dem Leib, wie er das Blut deiner Kinder trinkt …‘"

So oder so ähnlich könnte sich die Propagandaveranstaltung an jenem Winterabend abgespielt haben. Wenige Tage darauf wiederholte sie sich. Von Hitlers Reden sollen die Münchner Besucherinnen und Besucher begeistert gewesen sein.[26]

Anders als von einer Bühne herab und anders als in traditionellen Veranstaltungssälen oder Wirtshäusern mit ihrer in der Regel frontalen Anordnung der Akteure ließ sich die antisemitische Hetze im Rund von Manege und Zuschauerraum als ebenso perfekte wie umfassende Interaktion zwischen Führer und Volk inszenieren. Die wechselweisen Zurufe von überallher und nach überallhin, das zeigt der Romanausschnitt überdeutlich, erzeugten den Eindruck einer geschlossenen Gemeinschaft.

Halß zu brechen, kann es an anderen Orthen thun", lautete, lapidar und nüchtern, sein Leitspruch. Sein Haupteinwand gegen „dergleichen fremdes Volk" war wirtschaftlicher Natur. Es „schleppt" ja doch nur einen „Hauffen Geld aus dem Lande". Erst 1821 entstand in Berlin, gleich neben dem Exerzierplatz, der Zirkus vor dem Brandenburger Tor. In ihm trat Mitte der 1830er-Jahre auch Brilloffs Kunstreitergesellschaft auf. 1848 brannte der Bau während der Märzkämpfe nieder. Für ihre Gastspiele nutzten die Gesellschaften von Wollschläger bis Renz gelegentlich auch die Königstädtische Reitbahn in der Sophienstraße. Bis in die 1890er-Jahre sollten in Berlin noch etliche Zirkusbauten entstehen und verschwinden. 1849 errichtete man in der Charlottenstraße den Großkopfschen Zirkus. Im Jahr darauf den Otto'schen Zirkus an der Friedrichstraße 141, den Louis Dejean mit seinem noblen CIRQUE NATIONAL DE PARIS bespielte. Schon 1853 fiel das Gebäude einer „Brandverheerung" zum Opfer. Renz, der es im Jahr zuvor gepachtet hatte, ließ an gleicher Stelle einen neuen, massiven Zirkusbau errichten. 1855 wurde er eingeweiht. Renz nutzte ihn bis 1863 und verkaufte ihn dann Gewinn bringend an die Eisenbahngesellschaft, die das Grundstück für den Bau des Bahnhofs Friedrichstraße benötigte. Zwischenzeitlich hatte Renz im Circus-Theater vor dem Rosenthaler Tor gespielt, das seit Mai 1852 in Betrieb war.

Seit 1873 bespielte Albert Salamonsky den sogenannten Markthallenzirkus. Als sich Salamonsky 1879 nach Russland wandte, übernahm Renz das Gebäude.

Bis zum Konkurs des Unternehmens sollte es Renz'
Berliner Stammsitz bleiben.

Daneben hatte es in der Reichshauptstadt noch
den ‚Wellblechzirkus' gegeben, wie die vorwitzigen
Berliner das Zirkusgebäude Krembser wegen seiner
Außenverkleidung nannten. Mit der Eröffnung von
Paul Buschs Gebäude am S-Bahnhof Börse, dem heutigen Hackeschen Markt, stand das Berliner Zirkusleben 1895 kurz vor seinem Zenit. Einst vor den Toren
der Stadt platziert, war der Zirkus ins Zentrum der
pulsierenden Metropole gerückt.

Alfred Kerr, Theaterkritiker und Berichterstatter
der damals bedeutenden *Breslauer Zeitung,* beschrieb
das veränderte Stadtbild:

Der inzwischen von Ernst Jakob Renz bespielte
Markthallenzirkus Albert Salamonskys in Berlin.

„Aber ein rundes Ungetüm in bunten Farben er-
hebt sich dort; ein massives bemaltes Ziegelge-
bäude, so exponiert und hart am Wasser vorgela-
gert, daß man fürchtet, der Circus mit allen Rossen,
Balletmädchen und Athleten könnte in die Spree
fallen. Darüber ragen, jenseits der schmutzigen
schwarzgrünen Flut mit den venetianisch kolo-
rierten Bootpfählen, die schlanken, dunklen Säulengänge der Nationalgalerie empor, die in vor-
nehmer Melancholie die Insel an jener Seite
umfriedigen. Hier liegt alles im Dunkel, und auf
der anderen Seite, wo es hell ist, elektrisch-hell,
balgen sich die schweißduftenden Bewohner des
Nordens um die Galerieeingänge, ein graubrau-
ner Schwarm, Arbeiter und beurlaubte Bierkut-
scher und Hausdiener, Briefträger, die ihren Aus-
gehtag haben, Kanzlisten und kleine Handwerker,
auch Heringsverkäufer mit ihrem Verhältnis, Fri-
seure mit Gattin, hier und da ein Student, ein Soldat, die Polizisten brüllen, die Droschken rasseln,
die Pferdebahnen klingeln, Tausende von Menschen strömen indes in die Rosenthaler Straße,
auf das häusliche Abendessen gierig, und der
Trott ihrer Stiefel schallt in den allgemeinen Wirr-
warr hinein. Die griechischen Säulengänge drü-
ben bleiben stumm und dunkel. In der Ferne aber
hört ein phantasievolles Ohr den Kommissionsrat
Franz Renz mit den Zähnen klappern, weil ein
neuer Riesencircus, so raffiniert günstig gelegen,
ihm den fetten Verdienst zu schmälern droht."

Tatsächlich verlegte Franz Renz seinen Hauptspielort
nach Hamburg. Wie Berlin, so verfügte auch die Hansestadt früh über feste Zirkusbauten. Renz, Busch und
Schumann gaben hier Vorstellungen und unterhielten
eine Zeit lang Dependancen. Sein erstes Hamburger
Gastspiel gab Ernst Jakob Renz im November 1855.
Beinahe jedes Jahr bestritt er dort seine Sommersai-
son, 1897 führte sein Sohn durch die letzte Vorstellung
des einst so imposanten väterlichen Unternehmens. In
Hamburg gaben Paul und Constance Busch 1888 ihr
erstes Deutschland-Gastspiel: „Es war gewiß ein ge-
wagtes Unternehmen für einen so kleinen und jungen
Zirkus, nach dem altbewährten, berühmten Zirkus
Renz vor das deutsche Publikum zu treten", erzählte
Paul Busch rückblickend. „In Altona gastierten wir zu-

Das Renz-Gebäude am Circusweg in Hamburg-St. Pauli. Franz, der Sohn und Erbe des „alten Renz", bespielte es bis zum Konkurs des Unternehmens im Juli 1897.

nächst in einem provisorischen Holzbau mit so durchschlagendem Erfolge, daß ich mich entschloss, in dieser Stadt ein festes Gebäude zu errichten. Im Jahre 1891 kam der Plan zur Ausführung, und noch jetzt steht jener Bau, nur, daß er heute Schiller-Theater heißt und nicht mehr zirzensischen Zwecken dient."

Buschs Hamburger Haus wurde im Juli 1943 bei einem Luftangriff zerstört. Gleiches widerfuhr im Dezember 1944 dem ersten Münchner Krone-Bau und im Februar 1945 Sarrasanis Haus in Dresden.

„Die Wäsche von der Leine, Komödianten kommen!" – Wie der Zirkus reiste

Ingmar Bergman zeichnete in seinem Schwarzweiß-Film *Abend der Gaukler* ein trostloses, ungeschöntes Bild eines kleinen wandernden Zeltzirkusunternehmens um 1900. Kein Glamour, dafür verschlissene Garderobe und abgenutzte Ausstattung, Kümmernisse und Demütigung. Dazu die Beschwerlichkeiten der

Witterung. Im Sommer schwitzte man entsetzlich und in den kühleren Jahreszeiten fröstelte man grässlich; bei Regen drohten die Wagen im Schlamm des abschüssigen Geländes und der unbefestigten Straßen stecken zu bleiben.

Strapaziös waren nicht nur die physischen Anstrengungen, sondern auch die Sorge um das tägliche Brot und das Futter für die Tiere. Man wilderte; von Ernst Jakob Renz heißt es, er sei ein ausgezeichneter Jagdschütze gewesen. Hafer für die Pferde handelte man den Bauern in den Dörfern ab. Die begegneten den Fahrenden mit einer gehörigen Portion Argwohn und den landläufigen Voreingenommenheiten. Wie alle Fahrenden verdächtigte man die Mitglieder von Wanderzirkussen grundlos, verlogen, verwahrlost und kriminell zu sein. Man hielt sie für Landstreicher und Strauchdiebe, Sittenstrolche und Klinkenputzer. Selbst in den Städten und zu Zeiten, als die großen Zirkusunternehmer gesellschaftlich längst anerkannt und denen, die sie schmähten, wirtschaftlich weit überlegen waren, ließ sich dieses Vokabular an Fantasien mühelos abrufen: „Det is ja de Zirkussche! Jetzt erkenn ick dir! Nu wundat mir ja janisch mehr … Wat bei'n Zirkus rumlooft, is ja allet Kroppzeug, sogar schon die Kinder sind vadorben! … Sicher haste Aprikosen mausen wollen. Na, recht jeschieht dir! Un die Rechnung schick ich mit de Polizei deinem Vater", habe die Gemüsehändlerin vom Hackeschen Markt die zehnjährige Paula Busch angeblafft, als die versehentlich mitten in die Obstauslage radelte. „Reg dir nicht uff, kleene Zigeunerin, die Menschen sind alle garstige Luder!", suchte ein Vorübergehender zu trösten. Selbstbewusst parierte Paula, so schrieb sie als Erwachsene in ihren Memoiren, den Hieb und tat sich mit dem Kronprinzen dicke, weil der sich wegen der Pflege seiner Pferde gerade im Zirkus ihres Vaters aufhielt.

Die verkehrstechnisch immer bessere Erschließung weiter Landstriche erleichterte auch das Reisen. Von den Strassburgers ist eine Zeitungsanzeige überliefert, in der sie 1909 um „Offerten für Heu, Hafer, Stroh, Kleie" baten. Wie so oft hatte das Unternehmen in der alten Militärreitbahn in Strehlen, einer Kleinstadt bei Breslau, Winterquartier bezogen. Man musste für Futter nicht mehr von Hof zu Hof ziehen, finstere

Oben: Albert Schumanns festes Haus in Wien.

Unten: Transport mit Pferden beim Circus Strassburger.

Dampflokomobil des Circus Krone, noch vor 1914.

Blicke kassieren oder gar ein Tracht Prügel riskieren. Selbst größere Mengen ließen sich bequem transportieren und einlagern. Und bereits der alte Renz reiste mit der Eisenbahn: „Ein Renz'scher Extrazug war ein Musterbild an Organisation und Ordnung", schrieb Halperson, „Jeder Artist fand vor der Abfahrt seinen Namen an dem Coupéfenster angeklebt, jeder einzelne hatte mindestens einen gepolsterten Sitzplatz für sich reserviert." Später setzten Großzirkusse wie Krone und Sarrasani Dampflokomobile und Traktoren ein. Sarrasani absolvierte schon früh seine Tourneen mit Autolastzügen. In der zweiten Hälfte der 1920er-Jahre verfügte das Unternehmen über einen stattlichen Fuhrpark, darunter eine Fülle von Spezialfahrzeugen wie das „Nilpferd-Auto mit Warmwasserversorgung", das nach den Wünschen des Direktors konstruiert und gebaut worden war.[27] Vorläufig freilich bewältigten die meisten Unternehmen den Transport ihrer Zirkuswagen vom Bahnhof zum Spielplatz zumeist noch mit Zugtieren. Die Ankunft von Zirkussen waren dabei immer schon ein Ereignis.

„The greatest show on earth" – Wie der Zirkus für sich warb

„Hinaus, hinaus, das sind Husaren", heißt es im Gedicht *Landrinette* von Ferdinand Freiligrath, „da sah'n wir freilich bald, / Daß die Trompeter keine Krieger waren. // Berittne zwar, phantastisch angetan! / Zuerst ein Neger mit gestickter Fahn', / Darnach ein Mädchen, steh'nd auf stolzem Pferde!" Wie die Seiltänzer- und Kunstreitergesellschaften – Freiligraths Zeilen sind der seinerzeit berühmten Kunstreiterin Wilhelmine Hinné gewidmet, die im wirklichen Leben allerdings nicht wie im Gedicht zu Tode stürzte – mussten auch die Zirkusunternehmen ‚Parade machen'. Brilloffs Kunstreitergesellschaft und später auch Renz sollen ihren Einzug an den Gastspielorten ganz ähnlich gestaltet haben: Fanfaren, kostümierte Reiter und Artisten, von denen einer die einzelnen Programmnummern ausrief, die zu sehen sein würden. Als etabliert galt, wer auf solche Werbetouren durch die Hauptstraßen und über die wichtigsten Plätze vor Ort hätte

Straßenparade des Circus Krone in Barcelona während
der Spanien-Tournee des Unternehmens 1927/28.

verzichten können, weil sein phänomenaler Ruf seiner
Ankunft vorausgeeilt war, die sich dann schnell von
Mund zu Mund herumsprach. Man absolvierte sie den-
noch, allein um sich bewundern und feiern zu lassen.

Aufgegeben wurden die Werbeumzüge erst nach
dem Zweiten Weltkrieg. Mit überdimensionierten At-
trappen zog etwa das Krone-Ensemble 1927 während
seiner Spanien-Tournee durch Barcelona. Die Hagenbecks machten 1930 in Berlin vor dem Kaufhaus
Karstadt am Hermannplatz von sich reden. Seelöwen
sollen dem Wagen entstiegen sein, um kleine Kunststücke zu vollführen.[28] Strassburger ritt auf Elefanten
durch die Straßen seiner Gastspielstädte. Und Sarra-

sani setzte schließlich Reklame-Flugzeuge und Laut-
sprecherwagen ein.

Eine weitere Reklamepraxis waren die Ausrufer
oder Rekommandeure. Sie als bloße Jahrmarktschrei-
er abzutun, würde ihnen nicht gerecht. Es handelte
sich manchmal um brotlose, kostümierte Schauspieler,
die, dabei maßlos übertreibend, alles daran setzten,
das Publikum zum Zirkusbesuch zu überreden. Auf
einer improvisierten Bühne vor dem Theater beschwat-
zen Schauspieler in Marcel Carnés Film *Kinder des
Olymp* die Passanten am Boulevard du Temple. Und
bevor sie den Kraftakrobaten Zampano professionell
anpreisen kann, muss Gelsomina in Federico Fellinis

La Strada eine Weile richtig üben. Budencharakter hatte allerdings das neueste Schaustellungsangebot, das der Rekommandeur im roten Frack in Hagenbecks Memoiren beschreit: „Rieseneisbär aus Grönland, der Schrecken der Eskimos, gegen nur vier Schilling lebendig zu besichtigen".

In der ersten Hälfte des 19. Jahrhunderts warben die Zirkusse noch mit Handzetteln und kleinen Anschlägen an Häuserwänden um die Gunst des Publikums; in seinem letzten Drittel gaben die Direktionen große Reklameanzeigen in verschiedenen Tageszeitungen auf. Früh schon tauchten überdies die ersten, heute ein wenig unfertig und grob wirkenden Plakate auf. Das inzwischen wohl berühmteste mag das Plakat für eine Vorstellung von PABLO FANQUE'S CIRCUS ROYAL vom Februar 1843 sein. Zu sehen sind ein Perche-Akt und ein Gymnastiker, darunter versprechen Nummern und Namen in verschiedenen Schriftzügen für die damalige Zeit handfeste Sensationen (siehe S. 19). John Lennon soll das Plakat in einem Antiquariat aufgestöbert haben; den Werbetext verewigte er leicht verändert im Song *Being for the Benefit of Mr. Kite!,* der 1967 auf dem Beatles-Konzeptalbum *Sgt. Pepper's Lonely Hearts Club Band* erschien. Mit den großformatigen, farbigen und handwerklich anspruchsvoll ausgeführten Plakaten der Hamburger Lithographischen Anstalt von Adolph Friedländer, der das gesamte *Who is Who* der deutschen Zirkusbranche belieferte, konnten diese Werke aus der Pionierzeit der Plakatkunst freilich nicht mithalten.

1872 hatte Friedländer sein Unternehmen mit einer Steindruck-Handpresse in der Hamburger Thalstraße begründet.[29] Fünfzehn Jahre später, Friedländer besaß inzwischen eine Schnellpresse und beschäftigte gut ausgebildete Zeichner, Lithografen und Drucker, wurde Carl Hagenbeck sein Auftraggeber – und sollte neben Renz, den Buschs, Schumanns, Althoffs, Blumenfelds, Strassburgers, Sarrasani, Krone und Kreiser-Barum einer seiner besten Kunden bleiben. Friedländer deckte nicht nur den Bedarf des Zirkusmetiers ab, sondern arbeitete fast für das gesamte zeitgenössische Theater- und Schaustellergewerbe, für Varietés, Kleinbühnen, Panoptiken, Menagerien, Veranstalter von Völkerschauen und einzelne Artisten. Seine Zirkusplakate haben heute einen dokumentarischen Wert. Umso mehr, als oft verscholle-

ne Fotografien als Vorlagen dienten. Auch wenn die Zeichnungen stilisieren und – ganz fraglos – schönfärben und ausschmücken, vermitteln sie doch einen guten Eindruck, wie sich die alten, traditionellen Programmnummern gestalteten. Die nach dem Tod ihres Gründers von den Söhnen Ludwig und Max-Otto Friedländer geleitete Lithographische Anstalt prosperierte vom letzten Jahrzehnt des 19. Jahrhunderts bis zum Ausbruch des Ersten Weltkriegs. Je nach Plakatgröße soll die Auflagenzahl zwischen 1000 und 3000 Stück gelegen haben. Wie den Zirkusunternehmen machten auch den Friedländers die Nachkriegsjahre, die Inflation und später die Weltwirtschaftskrise zu schaffen. Mit der Machtübernahme der Nationalsozialisten 1933 verloren sie in Deutschland viele Kunden. 1935 sah sich die jüdische Familie gezwungen, ihr Unternehmen aufzulösen; drei Jahre darauf emigrierte sie.

Der Amerikaner Phineas T. Barnum wurde der „König des Bluffs und des Humbugs" genannt. Sein Credo war, so viel als möglich zu versprechen und davon so gut wie nichts zu halten. Barnum tat sich mit dem Zirkusdirektor Fred Bailey zusammen, nachdem beide einander beinah bankrott konkurriert hatten. Die Besonderheit von BARNUM & BAILEYS „greatest show on earth" war eine Kombination von Zirkus „mit Riesenschaustellungen jeder Art, allerlei Wunderfreaks und Tierparks". Hinzu kam der „nüchterne Business-Charakter" der Direktoren, die keine „Pferdeleute" waren, wie Halperson schrieb.

Barnum hatte die Reklametechniken für den Zirkus buchstäblich neu erfunden. Und er strapazierte sie aufs Äußerste. „Haben Sie gesehen, mein lieber Hagenbeck, wie begeistert ich begrüßt wurde? Ich glaube, die Leute werden sich heute Abend, wenn sie nach Hause gehen, darüber einig sein, daß ich doch die interessanteste Sehenswürdigkeit war!", habe Barnum einmal gegenüber dem gerade aufstrebenden Hamburger Tierhändler geprahlt. Wie Carl Hagenbeck weiter ausführte, ließ sich Barnum am Beginn der Zirkusvorstellung „vierspännig viermal" durch die Manege kutschieren; dazu spendeten bezahlte Claqueure Beifall. Barnums „Täuschungsmanöver", seine „gewerblich, ja industriell genutzte Fantasie" beargwöhnt hatte freilich schon Jules Léotard, der erste fliegende Mensch, in seinen Memoiren.

Der legendäre Handschlag zwischen Hans Stosch-Sarrasani sen. und Carl Krone im Hamburger Hotel Atlantik 1929, der den ruinösen „Reklamekrieg" beendete.

An Barnums Reklamestil orientierte sich bald auch Hans Stosch-Sarrasani senior. Wichtig war, dass über seinen Zirkus geredet und geschrieben wurde, ganz gleich, was, wie und wo, befand der Direktor aus Dresden. Werbepostkarten, Werbebroschüren, inszenierte Skandale, Legenden und zu Katastrophen aufgebauschte Lappalien begleiteten die steile Karriere des Unternehmens von Anfang an. Nach der Rückkehr von seiner ersten Südamerika-Tournee im Winter 1925 musste Sarrasani feststellen, dass ihm nun Carl Krone im Werbeaufkommen den Rang abzulaufen drohte. Entschlossen nahm er den Konkurrenzkampf auf. Jahrelang lieferten sich beide Unternehmen einen veritablen „Reklamekrieg" und wetteiferten um den ersten

Platz in der Zirkuswelt.[30] Fast alles drehte sich um schiere Quantität und die Frage, welcher von beiden Zirkussen sich der „größte Europas" nennen dürfe. Zu allem Überfluss trugen die beiden Zirkuskapitäne den Kampf auch juristisch aus. All das hatte am Ende Unsummen verschlungen und hätte beide Unternehmen über kurz oder lang ruiniert. Im Jahre 1929 kam es zu einem *Gentlemen's Agreement.* Im Hamburger Nobelhotel Atlantik trafen Hans Stosch-Sarrasani sen. und Carl Krone zu einem vierstündigen Gespräch zusammen. Im Ergebnis durfte Carl Krone sein Unternehmen als den „größten Circus Europas" bezeichnen und Hans Stosch-Sarrasani sen. das seine als „die größte Schau zweier Welten".

„Ist unsere Zeit
vorbei?"
Der französische
Clown Beby und
ein Weißclown
im Jahr 1930.

EPILOG:
ZIRKUS HEUTE

Inzwischen ist der Zirkus wieder an den Rand der Großstädte gerückt. Überwiegend baut er seine Zelte auf den Stellplätzen an der Peripherie auf. Das entspricht der Bedeutung, die das Medium gegenwärtig im kulturellen Leben hat. Gewiss, KRONE und KNIE bieten glänzende Programme und geben erfolgreiche Gastspiele. Auch RONCALLI, das vergleichsweise junge Unternehmen, ist fest etabliert. Den größeren Zirkussen gelingt es nach wie vor spielend, die Zuschauerreihen zu füllen. Doch für die kleinen Wanderunternehmen sieht die Welt nicht rosig aus. Kommt heute ein Zeltzirkus in eine Stadt, gibt es nicht selten böse Leserbriefe in der Presse und Flugblattaktionen von Tierschützern.

Noch immer ist das Medium bevorzugter Ort, die Beziehung zwischen Mensch und Tier zu inszenieren. Sicher, *Le Cirque invisible* von Jean-Baptiste Thierrée und Victoria Chaplin, eine Performance, die ohne Tiere auskommt und sie stattdessen mit wechselnden Kostümen darstellt, ist ein kleines Wunder an künstlerischem Gehalt, an Sensibilität, Geist und Einfallsreichtum.

Es gibt auch nur wenig Aufregenderes als eine Vorstellung des inzwischen weltberühmten CIRQUE DU SOLEIL, in der die klassischen Tiernummern durch eine dramaturgisch ausgefeilte Mischung aus Artistik, Theaterkunst und Livemusik ersetzt werden. So anspruchsvoll das auch ist: Es ist Varieté, Revue oder auch wunderbare Performance. Doch ein Zirkus ohne Tiere ist kein Zirkus.

Zirkus heute hat es endlos schwer. Viele andere Medien und Möglichkeiten, sich zu unterhalten und zu amüsieren, rivalisieren mit dem Zirkus um das Publikum. Hinzu kommen die Tierschützer und Tierrechtler. In den 1930er-Jahren entstanden sogenannte Jack London Clubs, die Tierdressuren grundsätzlich als Tierquälerei verstanden und verboten wissen wollten. Es gab aber selbst zu dieser Zeit schon Zirkusunternehmer, die Tierschutzforderungen unterstützten. Paula Busch etwa, die „im Tier unsren Grenznachbarn" sah und notierte: „Werden seine Lebensrechte brutal verletzt, sind wir Mitschuldige, wenn wir schweigen." Das freilich waren vorerst Bekenntnisse. Tiergerecht gehalten haben Paula Busch und ihre renommierten Kollegen aus dem Metier ihre Zirkustiere damals nicht. Das verbot schon der Umfang des Tierbestands. Von der Unterbringung und vom fehlenden Auslauf ganz zu schweigen. Noch in den 1920er-Jahren hatten Sarrasani und Krone ihre Konkurrenz über die Anzahl ihrer Dickhäuter ausgetragen. Glücklicherweise war es damit schon aus Kostengründen bald vorbei. Tatsächlich gibt es heute unter den schätzungsweise 300 Zirkusunternehmen in Deutschland nicht wenige, die ihre Tiere schlecht behandeln. Ein auch nur halbwegs tiergerechtes Reisen, Unterbringen und Halten kostet neben Geld auch sehr viel Zeit. Jede von Tierschützern dokumentierte Misshandlung eines Zirkustiers muss nicht nur angezeigt, sondern auch geahndet werden. Doch wann immer selbst ernannte Anwälte der Tiere so auftreten, als wüssten sie genau, was die Tiere wollen, wünschen, fühlen und benötigen, ist Misstrauen angebracht. Pauschalproteste gegen Tiere im Zirkus und die Forderung eines generellen Verbots sind überzogen. Hier geht es um Ideologie, nicht um die Tiere. Und gekämpft wird mit harten Bandagen, mit Fehlinformationen, Verzerrungen und manchmal auch mit Lügen. Lösten die Hagenbecks und die Tierpsychologen ein Problem, als sie die Gewaltdressur zugunsten der humanen abschafften, so schufen sie doch zugleich ein neues, indem sie die Tiere vermenschlichten.

Seriöse, unterstützungswürdige Tierschützer stellen ihre Forderung nach einem würdevollen Umgang mit den Tieren ganz zu Recht. Seriöse Zirkusunternehmer freilich teilen dieses Ziel allein schon deshalb, weil ein Tier, das sich wohlfühlt, leichter und besser zu trainieren und zu präsentieren ist. Worte wie ‚Dressur' oder ‚abrichten' haben heute einen äußerst schlechten Beiklang. Als empfindungsfähige Lebewesen fühlen Tiere wie Menschen Schmerz, Freude oder Trauer. All das berücksichtigen viele Tierlehrer inzwischen nicht nur, sie bauen ihre Arbeit mit den Tieren darauf auf. Sie sehen ihre Tiere als Partner an, achten darauf, dass sie ihre Kunststücke lustvoll ausführen und die nächsten Lernschritte von selbst anbieten. Kurzum, sie nehmen sich viel Zeit und haben Geduld. Nun sind diese Methoden in Deutschland nicht überall gang und gäbe. Dagegen aber hilft der strikte Entzug der Lizenz.

Anders als Tierschützer, die eine humane Behandlung der Tiere anstreben und ihr unnötiges Leiden verhindern wollen, gehen Tierrechtler in ihren Forderungen sehr viel weiter. Sie möchten Tieren, weil sie Bewusstsein haben und empfindungsfähig sind, unveräußerliche Rechte wie Würde, Freiheit und Selbstbestimmung garantieren. Nur verliert ein Zirkuspferd, wenn es vor einem anerkennenden Publikum Schulfiguren ausführt, so wenig seine Würde wie ein Artist am Trapez.

Nun können Tiere – anders als Menschen – nicht frei entscheiden, was sie lassen oder tun. Doch Gleiches gilt für Kinder, die, würde man sie ihren täglichen Speiseplan wählen lassen, womöglich ausschließlich Gummibärchen und Schokolade verzehren. Und ob der tägliche Schulbesuch auf ihrem Programm stünde, würde ihnen volle Selbstbestimmung gewährt, ist sehr fraglich. Wie für Kinder, so sind erwachsene Menschen

auch für die Tiere in ihrer Obhut verantwortlich. Dazu zählt, sie zu ernähren, sie zu pflegen und sie so zu halten, dass sie nicht leiden.

Unternehmen wie Circus Krone oder Zirkus Knie machen heute um viele EU-Staaten, darunter Österreich, einen Bogen. Denn dort gilt für Zirkusunternehmen ein striktes Wildtierverbot. 2011 hat der Deutsche Bundestag eine Bundesratsinitiative zum Verbot von Elefanten, Primaten, Bären, Flusspferden, Nashörnern und Giraffen im Zirkus noch zurückgewiesen. Sachliche Gründe für den parlamentarischen Vorstoß waren der nicht tiergerechte Transport, die Stressbelastung der Tiere und die Unmöglichkeit, alle Tiere ihren Bedürfnissen gemäß zu halten. Der Erfolg einer solchen Initiative scheint aber gegenwärtig nur noch eine Frage der Zeit zu sein. Vieles spricht für Einschränkungen, für rigide Auflagen, für überaus strenge Kontrollen und harte Sanktionen. Aber es darf dabei nicht vergessen werden, dass nicht nur die Menschen, sondern auch die Tiere ihre Geschichte haben. Mit ihren Lebensbedingungen verändern sich auch sie. Und wie Menschen sind Tiere Individuen. Für viele Elefanten, Bären oder Giraffen mag das Zirkusleben in der Tat eine Tortur sein. Inwiefern das für jedes einzelne Tier zutrifft, sei jedoch dahingestellt. Wenn ein im Zoo oder Zirkus geborener Löwe mit glänzendem Fell, der gut frisst und sich fortpflanzt, um jeden Preis ausgewildert wird, dann könnte das sein Leid, dem manche Tierschützer so ein Ende zu bereiten glauben, überhaupt erst erzeugen. Ein Zoo- oder Zirkuslöwe der dritten, vierten oder gar fünften Generation wäre in der sogenannten Wildnis gar nicht überlebensfähig. Macht man die weitgehend objektivierbare, zum Teil anhand des Stresspegels messbare Abwesenheit von Leid zur Bedingung, verstößt das Auftreten von Tieren im Zirkus nicht prinzipiell gegen den Tierschutz.

Zirkus muss sich heute neu erfinden. Ein Wildtierverbot wäre für das Medium nicht das Aus. Die Beziehung zwischen Mensch und Tier könnte im Zirkus wieder stärker in den Brennpunkt rücken. Nur müsste sie sich zeitgemäßer gestalten.

Schließlich gibt es die Pferde, die Haus- und Kleintiere, die immer schon an den Menschen gebunden waren, die vielen verschiedenen Akrobaten, ja selbst die Pantomime, und vor allem die Clowns. Und der Zirkus kann wieder poetischer werden. Bernhard Paul und André Heller wussten gerade diese Tradition mit ihrem CIRCUS RONCALLI in den 1970er-Jahren neu zu beleben. Entscheidend ist nicht, was das Medium alles hat, sondern was es damit anstellt.

Genauso dringend wie die Tradition braucht Zirkus die Erneuerung. Vor allem einen radikalen Zeitbezug. Seinerzeit hat Charlie Chaplin bewiesen, dass der uralte britische Bühnenclown, hält er sich an Irrwitz, Sorgen, Nöte, aber auch die Schönheiten des Alltags, eine lange Zukunft haben kann. Die Hohe Schule und das Voltigieren zu Pferd sind heute fast ganz in den Sportbereich abgewandert. Doch muss das nicht so bleiben. Entscheidend wird sein, ob es gelingt, gemeinsam mit den Tieren, den Akrobaten und den Clowns wieder kleine theatrale Szenen aufzuführen und Geschichten zu erzählen, die den Lebensnerv der Menschen treffen. Dann wird Zirkus auch das 22. Jahrhundert erleben.

Werbeplakat des Circus Busch, 1922. Die Zeichnung stammt von Heinrich Zille. Rechts von Portal II, neben dem Eingang zum Circus-Restaurant, hat sich der populäre Zeichner auf dem Schild „H. Zille Maler" selbst verewigt.

GLOSSAR

Äquilibristik: Bezeichnung für die Kunst, etwas im Gleichgewicht zu halten. Die Äquilibristik ist eine statische Form der Akrobatik, bei der die Herausforderung darin liegt, anspruchsvolle Gleichgewichtsübungen mit Kraft und Körperbeherrschung vorzuführen.

Bereiter: Gehilfe des Dresseurs bei der Pferdedressur. Er reitet die Pferde zu.

Chambrière: Die Chambrière ist eine lange Dressurpeitsche, die bei der Pferdedressur verwendet wird.

Clown-Entrée: Bezeichnung einer längeren selbstständigen Clownszene, bei der klassische humoristische Szenen meist von mehreren Spaßmachern gemeinsam vorgeführt werden.

Equestrisch: Etwas, das die Reitkunst betrifft. Hierzu gehören neben der Hohen Schule des Reitens auch alle Arten der Akrobatik mit dem Pferd.

Geneten: Als Geneten bezeichnet man sehr gut ausgebildete und folgsame Pferde. Der Begriff geht auf das spanische Wort *jinete* (gutes Reitpferd) zurück. Hiervon leitet sich auch der Name Gineta-Reiterei für eine schnelle und abrupte Reitweise ab.

Groteskreiter: Reitparodie, bei der komische Szenen zu Pferd vorgeführt werden.

Jucker: Jucker nennt man edle, elegante, leichte und schnelle Pferde, die früher, hauptsächlich in Ungarn, Kutschen zogen. Der Begriff bezeichnet nicht eine Rasse von Pferden, sondern ihren Gebrauchstyp.

Klischnigger: Wenn die Künstler extreme Dehnungen und Biegungen ihres Körpers nach hinten oder nach vorn ausführen, nennt man sie auch „Kautschukmenschen" oder Klischnigger.

Kontorsionist: Kartorsionisten (auch Schlangenmenschen) werden Artisten genannt, die ihre Körper extrem verbiegen können.

Pampeiros: Heftige Unwetter, die zu großen Zerstörungen führen können. In der Zeit der großen Zirkusse wurden bei Pampeiros die Zirkuszelte und das Zirkusareal stark beschädigt oder gar zerstört.

Panneau: Ein Panneau, auch Nudelbrett genannt, ist eine Plattform, die auf der Kruppe des Pferdes angebracht wird und den Sattel ersetzt. Es dient Artisten dazu, darauf zu stehen und ihre Kunststücke zu vollführen.

Parforcereiterei: Schnelle Art des Reitens, wobei der Artist dem Publikum verschiedene akrobatische Tricks darbietet.

Parterreakrobatik: Form der Akrobatik, bei der ein Solokünstler oder auch zwei Darsteller gemeinsam Kunststücke auf dem Boden vollführen.

Passage: Bezeichnet zum einen die Gangart bei Pferden, bei der im Trab das jeweils diagonale Beinpaar einen Moment in der Luft gehalten wird,, zum zweiten das Überkreuzen zweier Artisten

am Flugtrapez,oder drittens die schnelle Abfolge und Kombination von Tricks bei der Jonglage.

Perche-Akt: Akrobatisches Kunststück, bei dem eine bis zu acht Meter lange Stange aus Stahlrohr oder Bambus von einem Untermann auf Kinn, Schultern, den Füßen oder anderen Körperteilen balanciert wird. An der Spitze der Stange können verschiedene Vorrichtungen wie ein Fangstuhl oder Handgriffe angebracht sein, woran ein Obermann seine artistischen Übungen vollführt.

Piaffe: Die Piaffe ist eine Gangart der Hohen Schule, bei der das Pferd tänzelnde Bewegung auf der Stelle macht.

Quadrille: Die Quadrille ist eine Art des Formationsreitens, bei der Figuren in Viereraufteilungen geritten werden. Der Begriff wurde von einem gleichnamigen französischen Tanz übernommen.

Rabitzwand: Die Rabitzwand ist eine besonders feuerfeste und robuste Drahtputzwand, die nach ihrem Erfinder Carl Rabitz benannt wurde.

Reprise: So heißen im Zirkus Zwischenspiele, die zumeist Bezug auf das zirzensische Nummernrepertoire nehmen und sie auf spezielle, grotesk verzerrte Weise wiederholen.

Sideshow: Eine Sideshow ist eine Form der Unterhaltung, die vor allem im amerikanischen Zirkus zu finden ist. Man bezeichnet damit die Schaustellung von Abnormitäten oder außergewöhnlichen Künstlern. Mit dem Begriff Sideshow werden zudem Artisten außerhalb des Spielzeltes bezeichnet.

Spanischer Tritt: Gangart des Pferdes in der Hohen Schule. Das Pferd hebt jeweils eines seiner Vorderbeine in einem hohen Bogen bis in die Waagerechte nach vorne.

Steiger: Als Steiger bezeichnet man das Aufrichten und Stehen eines Tieres auf den Hinterbeinen. Der Begriff wird vor allem bei der Dressur von Pferden verwendet.

Steeplechase: Steeplechase ist eine Form des Pferderennens, bei dem die Pferde Hindernisse wie Zäune und Gräben überspringen müssen.

Tabakskollegium: Stellt eine Gruppe von Männern dar, die sich zum Tabakkonsum zusammenfinden. Der Begriff trat im 17. Jahrhundert in den Niederlanden zu ersten Mal auf und wurde dann von dem Preußenkönig Friedrich Wilhelm I verwendet.

Tattersall: Der Begriff geht auf den englischen Stallmeister Richard Tatersall zurück und bezeichnet die Unterbringung und Pflege fremder Pferde.

Tierhetze: Die Tierhetze war im Römischen Reich ein beliebtes Ereignis der antiken Unterhaltungskultur. Hier kämpften zumeist exotische Tiere gegeneinander.

LITERATURVERZEICHNIS

Klassiker der
Zirkusgeschichtsschreibung

Halperson, Joseph: Das Buch vom Zirkus. Beiträge zur Geschichte der Wanderkünstlerwelt. Reprint der Originalausgabe Düsseldorf 1926. Leipzig Zentralantiquariat der DDR 1990.

Kusnezow, Jewgeni: Der Zirkus der Welt. Übersetzung und Bearbeitung der Originalausgabe. Moskau-Leningrad 1931, Ostberlin: Henschelverlag, 1970.

Klassiker zu einzelnen
Unternehmen

Busch, Paula: Das Spiel meines Lebens. Ein halbes Jahrhundert Zirkus. Stuttgart: Engelhornverlag, 1957.

Hagenbeck, Carl: Von Tieren und Menschen. Erlebnisse und Erfahrungen. Nachauflage der Erstausgabe von 1908, Leipzig: Paul List Verlag, 1928.

Raeder, Alwill: Der Circus Renz in Berlin. Eine Denkschrift von Alwill Raeder. Mit vielen Porträts, Illustrationen und Beilagen. Zur Jubiläums-Saison 1896/97. Berlin: Ullstein & Co., 1897.

Vom Zeltcircus zum Kuppelbau. Festschrift zum 50jährigen Bestehen des Circus Busch. Berlin: Selbstverlag Circus Busch, 1934.

Ausgewählte Klassiker zu Clowns,
Artisten und Tierdressuren

La Guérinière, François Robichon De: Ecole de Cavalerie, contenant la connoissance, l'instruction et la conversation du cheval. Faksimiledruck der Ausgabe Paris 1733. Hildesheim/New York: Olms Presse, 1974 (Documenta Hippologica).

Fillis, James: Tagebuch der Dressur. Aus dem Französischen von Joseph Halperson. Stuttgart: Schickhardt & Ebner, 1906.

Grock: Die Memoiren des Königs der Clowns. Stuttgart: Stuttgarter Hausbücherei, ohne Jahr.

Hachet-Souplet, Pierre: Die Dressur der Tiere mit besonderer Berücksichtigung der Hunde, Affen, Pferde, Elephanten und der wilden Tiere. Aus dem Französischen übertragen von O. v. Bieberstein. Reprint der Originalausgabe Leipzig 1898, Leipzig: Zentralantiquariat der DDR, 1988.

Ich – der Komödiant. Die Memoiren des Joseph Grimaldi. Vorgelegt von „Boz" (Charles Dickens). Ins Deutsche gebracht von Annemarie und Heinrich Böll. Eingeleitet von Hilde Spiel. Berlin: Wolf Jobst Siedler Verlag, 1983.

Saltarino, Signor: Artisten-Lexikon. Biographische Notizen über Kunstreiter, Dompteure, Gymnastiker, Clowns, Akrobaten … aller Länder und Zeiten. Reprint der Originalausgabe. Düsseldorf 1895. Leipzig: Zentralantiquariat der DDR, 1987.

Ausgewählte Literatur
zum Zirkus

Bartels, Olaf: Der Circusbau Krone und der Baumeister Ludwig Galitz. Hamburg: Dölling und Galitz Verlag, 1999.

Bemmann, Helga: Das Leben großer Clowns von ihnen selbst erzählt. Aufzeichnungen und Erinnerungen von sechs Spaßmachern der Manege. Ostberlin: Henschelverlag, 1972.

Eichler, Sigrid; Weiland, Elisabeth: Freddy Knie. Die sanfte Art, mit Pferden umzugehen. Stuttgart: Franckh-Kosmos, 1994.

Eberstaller, Gerhard: Zirkus und Varieté in Wien. München: Jugend und Volk, 1974.

Frei, Frederike: Circus Roncalli. München: Steinheim Verlag, 1985

Günther, Ernst: Sarrasani, wie er wirklich war. Ostberlin: Henschelverlag, 1984.

Günther, Ernst; Winkler, Dietmar: Zirkusgeschichte. Ein Abriß der Geschichte des deutschen Zirkus. Ostberlin: Henschelverlag, 1986.

Haerdle, Stephanie: Amazonen der Arena. Zirkusartistinnen und Dompteusen. Berlin: Verlag Klaus Wagenbach, 2010.

Haikal, Mustafa: Auf der Spur des Löwen. 125 Jahre Zoo Leipzig. Leipzig: PRO LEIPZIG, 2003.

Hera, Janina: Der verzauberte Palast. Aus der Geschichte der Pantomime. Ostberlin: Henschelverlag, 1981.

Kirschnick, Sylke: „Hereinspaziert!" Kolonialpolitik als Vergnügungskultur. In: Kolonialismus als Kultur. Literatur, Medien, Wissenschaften in der deutschen Gründerzeit des Fremden, hg. v. Alexander Honold u. Oliver Simons. Tübingen: Francke, 2002, S. 221–241.

Kirschnick, Sylke: Tausend und ein Zeichen. Else Lasker-Schülers Orient und die Berliner Alltags- und Populärkultur um 1900. Würzburg: Königshausen & Neumann, 2007.

Kürschner, Klaus-Dieter: Krone. Von der Menagerie zum größten Circus Europas. Ein dokumentarischer Bericht von Klaus-Dieter Kürschner, herausgegeben vom Circus Krone, Berlin: Ullstein, 1998.

Malhotra, Ruth: Manege frei. Artisten- und Circusplakate von Adolph Friedländer. Dortmund: Harenberg Kommunikation, 1979

Manege frei! Zirkusgeschichten. Herausgegeben von Peter W. Schmidt. Stuttgart: Philipp Reclam jun., 1994.

Menschen, Tiere, Sensationen. Zirkusplakate 1880 – 1930. Ausstellungskatalog. Hannover: Kestner-Gesellschaft, 1978.

Niemeyer, Günter H. W.: Hagenbeck. Geschichte und Geschichten. Hamburg: Christians, 1972.

Nissing, Herbert St.: Strassburger. Geschichte eines jüdischen Circus. Dormagen: CIRCUS-VERLAG, 1993.

Non plus ultra. Circus-Kunst in München. Ausstellungskatalog. München: Stadtmuseum, 2009.

Rémy, Tristan: Klassische Clown-Nummern. Ostberlin: Henschelverlag, 1974.

Rémy, Tristan: Clownnummern. Köln: Kiepenheuer & Witsch, 1982

Rumjanzewa, Natalia: Clown und Zeit. Ostberlin: Henschelverlag, 1989.

McConnell Stott, Andrew: The Pantomime Life of Joseph Grimaldi. Edinburgh: Canongate, 2009.

Winkler, Gisela: Allez hopp durch die Welt. Aus dem Leben berühmter Akrobaten. Ostberlin: Henschelverlag, 1977.

Winkler, Gisela: Circus Busch. Geschichte einer Manege in Berlin. Berlin: bebra, 1998.

Winkler, Gisela: Die große Raubtierschau. Aus dem Leben berühmter Dompteure. Ostberlin: Henschelverlag, 1986.

Winkler, Gisela: Menschen zwischen Himmel und Erde. Aus dem Leben berühmter Hochseilartisten. Ostberlin: Henschelverlag, 1988.

Winkler, Gisela: Von Abfaller bis Zwölferzug. Ein Wörterbuch der Artistik, Edition Schwarzdruck Berlin 2010.

Zirkus – Circus – Cirque. Ausstellungskatalog zu den 28. Berliner Festwochen 1978. Hg. v. Jörn Merkert. Berlin: Nationalgalerie Berlin, 1978.

Zirkus in Berlin. Begleitbuch zur gleichnamigen Ausstellung der Stiftung Stadtmuseum Berlin. Dormagen: CIRCUS-VERLAG, 2005.

PERSONENREGISTER

Martin, Henri 128 f., 136, 138
Masina, Giulietta 77
Maxwell 35
Mayer, Camilio 107, 109
May, Karl 157, 159
Mey, Fritz 16, 167
Molière 65
Monfroid, Pierre 40
Monnet, Mathilde 36
Morton, James 40
Mozart, Wolfgang Amadeus 87

Nadar 65
Napoleon I. 63, 69, 86 f., 100, 105 f., 121
Nestroy, Johann 57, 61
Neuberin, Caroline 61
Nicolet, Jean Baptist 89, 105 f.
Nietzsche, Friedrich 58, 95, 122
Nock, Pio 107
North, John Ringling 150

Old Joe, siehe Grimaldi, Joseph
Olga 75
Oliva, Pepita de 60

Paul, Bernhard 16, 188
Petropolis 112
Petzold, Elise 24, 38
Pic 76 f.
Pierino 75, 77
Pinkert, Ernst 122, 124, 133
Pipo 69
Plata, Rosita und Dolinda de la 128
Poniatowski, Jozef 86
Popow, Oleg 76, 107
Pouce, Tom 69
Price, Carl 34
Price, Demoiselle 35
Price, John 70
Price, Mademoiselle 29

Qualitz, Wilhelm 54, 57, 60, 73

Raeder, Alwill 24, 33, 35, 38, 87
Raimund, Ferdinand 61
Rastelli, Enrico 116

Rastelli (Familie) 116
Redish 57
Reed, Carol 19, 111
Rémy, Tristan 69
Renz, Adolf 25
Renz, Alwine 23
Renz, Antoinette 24
Renz, Antonetta 35
Renz, Ernst Jakob 16, 18, 23 ff., 27, 33 f.,
    37 f., 40 ff., 49, 54, 88 f., 107, 124, 132,
    174, 177 f., 180, 182
Renz, Ernst (jun.) 25, 42
Renz (Familie) 16, 26, 28, 33, 35, 37, 41 ff.,
    149, 179
Renz, Franz 23, 25, 38, 42, 88, 174, 179
Renz, Franz 179
Renz, Käthchen 35 f., 38
Renz, Oceana 38, 107
Renz, Robert 38
Renz, Therese 35, 38
Rhum 69
Riegel (Ballettmeister) 149
Rilke, Rainer Maria 19, 124
Ringelnatz, Joachim 19
Rivela, Carlotta, siehe Rivel, Charlie
Rivel, Charlie 15, 60, 69, 75 f.
Rubinstein, Anton 72
Rupp, Mathilde, siehe Bébé, Tilly
Salamonsky, Albert 35, 37, 73, 178
Salamonsky, Wilhelm 37, 89
Saltarino, Signor 82, 132
Sand, George 65
Saqui, Marguerite Antoinette 105 f., 110,
    116
Sarrasani, siehe Stosch-Sarrasani, Hans
    (sen.)
Saunders 30
Sawade, Richard 134
Schaaff-Arndt, Doris 137
Scharnhorst, Gerhard von 100
Schiller, Friedrich 89
Schneider, Alfred 134
Schulz, Minna 35
Schumacher, Margarete 107
Schumann, Albert 16, 23, 37, 42 ff., 72, 88,
    94, 171

Schumann, Gotthold 36, 41, 84
Schumann, Max 37
Schwarz, Lina 35
Seeth, Julius 134
Sembach-Krone, Carl 152 f.
Sembach-Krone, Christel 152 f.
Sembach-Krone, Frieda 152 f.
Senide, Miss 131 f., 134
Shakespeare, William 55, 59 ff., 87
Simrock, Karl 97
Sitting Bull 157
Speer, Albert 101
Spelterini, Maria 107
Stark, Mabel 131, 134, 137
Stark, Therese siehe Renz, Therese
Stark, Wilhelm 38
Stein, Jeanette, siehe Blumenfeld,
    Jeanette
Steinmann, Adolf 85, 91, 96, 98 f., 149
Stonette 59, 60, 73
Stosch-Sarrasani, Hans (jun.) 15, 160,
    166 f.
Stosch-Sarrasani, Hans (sen.) 18, 135, 148,
    152, 157 ff., 164 ff., 171 f., 174, 180, 182 f.,
    185
Stosch-Sarrasani, Hedwig 160
Stosch-Sarrasani, Maria 160
Stosch-Sarrasani, Trude 152
Stranitzky, Joseph 59
Strassburger, Adolf und Leopold 48
Strassburger, Adolph 44, 48
Strassburger, Carl 48 f., 101, 152, 166, 183
Strassburger (Familie) 15 f., 44, 46, 48 f.,
    101, 171 f., 181
Strassburger, Hans 166
Strassburger, Regina und Elly 49
Strawinsky, Igor 75
Stresemann, Gustav 97
Stromeyer, Ludwig 172

Tergit, Gabriele 178
Thierrée, Jean-Baptiste 187
Thompson, Ephraim 128
Tourniaire 34
Tourniaire, Philippine 35
Trotha, Generalleutnant von 92

ANMERKUNGEN

Die anonymen Zitate wurden Programmheften, Annoncen, Plakaten und anderen zeitgenössischen Dokumenten entnommen.

1 Die Geschichte der Zirkusfamilie Strassburger hat Herbert St. Nissing recherchiert und in einer Monografie aufbereitet. Die Fakten zu den Biografien sind dieser Arbeit entnommen.
2 laut Janina Hera
3 ebd.
4 ebd.
5 ebd.
6 Hierzu mein Aufsatz „'Hereinspaziert!' Kolonialpolitik als Vergnügungskultur".
7 Dies vermutet Gisela Winkler. Die Fakten zur Busch-Biografie sind ihrer Monografie entnommen.
8 laut Gisela Winkler
9 Zur Leipziger Löwenjagd vergleiche auch die Darstellungen bei Mustafa Haikal und Stephanie Haerdle.
10 Klaus-Dieter Kürschner erwähnt die kleine Begebenheit in seiner Krone-Monografie. Die Fakten zur Biografie sind dieser Arbeit entnommen.
11 ebd.
12 ebd.
13 Die Zitate von Carl Krone finden sich in Klaus-Dieter Kürschners Krone-Monografie.

14 So nannte es Klaus-Dieter Kürschner.
15 So Klaus-Dieter Kürschner in seiner Krone-Monografie
16 So der Dresdner Zirkushistoriker Ernst Günther in seiner Sarrasani-Monografie. Die Fakten zur Biografie sind dieser Arbeit entnommen.
17 ebd.
18 Der Bericht findet sich in Ernst Günthers Sarrasani-Monografie.
19 So berichtet und resümiert es Ernst Günther.
20 So Ernst Günter in seiner Sarrasani-Monografie.
21 ebd.
22 ebd.
23 ebd.
24 ebd.
25 ebd.
26 So der Krone-Biograf Klaus-Dieter Kürschner.
27 So berichtet es Ernst Günther in seiner Sarrasani-Monografie.
28 So beschreibt es Gisela Winkler in ihrer Busch-Monografie.
29 So Ruth Malhotra in ihrer Friedländer-Monografie. Sämtliche Angaben zu den Friedländers sind dieser Publikation entnommen.
30 Ernst Günther und Klaus-Dieter Kürschner beschreiben dies in ihren Monografien zu Sarrasani und Krone.

DANKSAGUNG

Allen, die das Zustandekommen dieses Buches unterstützt und wohlwollend begleitet haben, sei herzlich gedankt.

Vor allem Frau Doris Arndt-Schaaff und Herrn Martin Schaaff vom Circus Busch Archiv; beide gaben mir wichtige Hinweise und stellten mir Material zur Verfügung; den Zirkushistorikern Gisela und Dietmar Winkler vom Circusarchiv Winkler, deren Arbeiten und Auskünfte seit Jahren wertvoll für mich sind; Angelika Ret vom Stadtmuseum Berlin/documenta artistica, die mich kenntnisreich durch die Bestände begleitet hat, den Mitarbeitern des Landesarchivs Berlin und Marcello Pocai vom Hippologischen Seminar Berlin-Mitte. Bei früheren Recherchen waren mir Berthold Lang vom Österreichischen Circus- und Clownsmuseum in Wien, das Theatermuseum in Wien und die Wiener Stadt- und Landesbibliothek behilflich.

Für die wunderbare Zusammenarbeit, die Fülle an Ideen und Anregungen danke ich der Bildredakteurin Nicole Janke, der Lektorin Dr. Vera Schneider und dem Programmleiter des THEISS Verlags Rüdiger Müller.

Berlin, im Juni 2012
Sylke Kirschnick

BILDNACHWEIS

akg-images: S. 17 (Gert Schütz); S. 56 (RIA Nowosti); S. 69; S. 77 (RIA Nowosti); S. 84 (Gert Schütz); S. 177
Archiv KNIE, Gebrüder Knie, Schweizer National-Circus AG, CH-Rapperswil: S. 29 (Foto Gerard Bertin, Genf); S. 31 oben (Foto Gerard Bertin, Genf); S. 32 (Foto Torre, W. Hürlimann, Lugano-Cassarate); S. 44 (Foto Claire Hodel, Luzern); S. 46/47 (Foto AVM, T. O. Krath, Lohmar)
Archiv Zirkus Krone: S. 26; S. 49 oben; S. 76 rechts; S. 147; S. 150; S. 183
Bildarchiv Friedhelm von Estorff, Hamburg: S. 116 rechts
www.Bildarchiv-Hamburg.de: S. 180
Bildarchiv Preußischer Kulturbesitz, Berlin: S. 1 (Fritz Eschen); S. 4 (Alfred Paszkowiak); S. 5 (Gerhard Kiesling); S. 7 (Hermann Buresch); S. 20 (Dietmar Katz); S. 34; S. 36; S. 52; S. 72 (Josef Donderer); S. 156 (Kunstbibliothek, SMB, Photothek Willy Römer); S. 170 (SBB/Lautz Isenbeck)
Documenta artistica/Stiftung Stadtmuseum Berlin, Fachbereich Geschichte/Artistica: S. 3 (Artisten-Archiv C. Schwarz); S. 12; S. 30 (Circus Adolf Althoff); S. 37 rechts (Kunstatelier Weitzmann, Wien); S. 39 (Affiches Faria, Paris); S. 41; S. 42; S. 55; S. 60; S. 62 unten (Robert Sennecke Internationaler Illustrations-Verlag); S. 66 (Photo Grün, Paris); S. 71 beide; S. 73; S. 76 links; S. 90; S. 95; S. 108 f.; S. 110 (R. Sennecke, Berlin); S. 113; S. 116 links (Gebr. Garloff, Magdeburg); S. 117 (Sammlung Dr. Alfred Lehmann); S. 123 beide; S. 129; S. 130 (Ambrosio Torino); S. 132 (Alfred Wenzel, Frankfurt); S. 134 links; S. (Ambrosio Torino); S. 135 (Hans Hildebrand, Stuttgart); S. 136; S. 161 (Presse-Bild-Stelle, Berlin); S. 173 beide; S. 174; S. 176; S. 179; S. 181 oben

dpa picture-alliance, Frankfurt/M.: S. 165 (The Advertising Archives)
Eugen Gebhardt: S. 74
Ingrid Grossmann, München: S. 70
Ketterer Kunst, Sammlung Buch- und Kunstantiquariat F. Dörling Hamburg: S. 104; S. 162; S. 167
Sammlung K.-D. Kürschner, Berlin: S. 40; S. 134 rechts; S. 145; S. 182
Sammlung Klaus Lüthje, Berlin: S. 37 links
Münchner Stadtmuseum, Sammlung Puppentheater/Schaustellerei: S. 2; S. 8; S. 43; S. 92; S. 102; S. 120; S. 140; S. 151; S. 154; S. 163
Museum für Kunst und Gewerbe Hamburg: S. 45; S. 48; S. 83; S. 114; S. 118; S. 125; S. 142
Sammlung Barbara Peskova, Prag: S. 115; S. 148; S. 175; S. 181 unten
Sammlung Martin Schaaf, Berlin: S. 78; S. 80 f.; S. 85; S. 93; S. 98–101
Süddeutsche Zeitung Photo/Imagebroker: S. 137
Süddeutsche Zeitung Photo/Scherl: S. 6
Strobridge Lithographing Co., über www.oldwoodtoys.com: S. 153
ullstein bild – Roger-Viollet: S. 14; S. 50 (Maurice Branger); S. 67; S. 146; S. 186
ullstein bild: S. 31 unten; S. 86 (Zangl); S. 96 (Max Halberstadt); S. 111 (adoc-photos/Pesme); S. 139 (ADN-Bildarchiv); S. 149 (Becker & Maass); S. 158; S. 159 (Süddeutsche Zeitung Photo/Scherl); S. 168 (ddp); S. 185; S. 189
Universitätsbibliothek Amsterdam, Special Collections, OTM Pr. C 658: S. 22
Harry Elkins Widener Collection, Harvard University, HEW 2.7.4: S. 64
Courtesy of the Lewis Walpole Library, Yale University: S. 62 oben; S. 63

wikipedia.de: S. 19
Zirkus- und Artistenarchiv Winkler, Berlin: S. 172
Verlag und Autorin danken allen Leihgebern für die Bereitschaft, Bildmaterial für diese Publikation zur Verfügung zu stellen. Leider war es nicht in allen Fällen möglich, die Inhaber der Urheberrrechte zu ermitteln. Etwaige Ansprüche kann der Verlag bei Nachweis entgelten.

Informationen zu den ganzseitigen Abbildungen

S. 1: Der Clown Charlie Rivel, 1953.
S. 2: Werbeplakat des Circus Albert Carré, 1910.
S. 3: Luftakrobatentruppe „Die drei Codonas", 1936.
S. 4: Die Dompteurin Tilly Bébé mit einem ihrer Löwen, 1903.
S. 5: Werbeplakat zur Pantomime *1806*.
S. 6: Vor dem Zelt des Circus Busch, 1961.
S. 7: Dressurtraining beim Circus Barlay, 1953.
S. 8: Werbeplakat des Circus Corty-Althoff, 1914.
S. 20: Werbeplakat des Circus Sarrasani, um 1910.
S. 50: Der Clown Chocolat (links) vom Duo Footit & Chocolat.
S. 78: Programmheft zur Pantomime *Pompeji,* 1913.
S. 102: Werbeplakat für die Okabe Family, 1898/99.
S. 118: Werbeplakat für Hagenbecks Wildtierdressuren, 1892.
S. 140: Werbeplakat für den Circus Althoff, 1912.
S. 154: Werbeplakat für den Circus Sarrasani, 1910.
S. 168: Werbeplakat für den Circus Sarrasani, 1927.

Bibliografische Information der Deutschen Nationalbibliothek
Die Deutsche Nationalbibliothek verzeichnet diese
Publikation in der Deutschen Nationalbibliografie;
detaillierte bibliografische Daten sind im Internet
über http://dnb.d-nb.de abrufbar.

© 2012 Konrad Theiss Verlag GmbH
Alle Rechte vorbehalten
Lektorat: Dr. Vera Schneider, Berlin
Bildredaktion: Nicole Janke, Neuhausen auf
den Fildern
Satz und Gestaltung: Silke Nalbach, Mannheim
Druck und Bindung: Firmengruppe Appl,
aprinta druck, Wemding
Gedruckt auf säurefreiem und alterungs-
beständigem Papier

ISBN 978-3-8062-2703-1

Besuchen Sie uns im Internet: www.theiss.de